Para
o embaixador Rubens Ricupero,
com admiração.

Paulo G. Fagundes Visentini

Professor titular de História Contemporânea e de Relações Internacionais (aposentado) da Universidade Federal do Rio Grande do Sul (UFRGS), onde atualmente coordena o Núcleo Brasileiro de Estratégia e Relações Internacionais (Nerint) do Centro de Estudos Internacionais sobre Governo (Cegov). Leciona Política Internacional no curso de pós-graduação em Políticas Públicas e de Teoria da Guerra na Escola de Comando e Estado-Maior do Exército (Eceme). É pesquisador do Conselho Nacional de Desenvolvimento Científico e Tecnológico (CNPq). Graduou-se em História e é mestre em Ciência Política pela UFRGS e doutor em História Econômica pela Universidade de São Paulo (USP). Cumpriu estágio pós-doutoral em Relações Internacionais na London School of Economics e na Pontifícia Universidade Católica do Rio de Janeiro (PUC-Rio). Ocupou a cátedra Rui Barbosa de Estudos Brasileiros na Universidade de Leiden, Holanda, e a cátedra Rio Branco de Relações Internacionais na Universidade de Oxford, Reino Unido. Foi professor convidado nas Universidades de Veneza e de Cabo Verde. E-mail: paulovi.ufrgs@gmail.com.

Sumário

Introdução   1

1. Paz Armada: impérios marítimos e potências desafiantes (1871-1914)   7

     Formação das potências modernas: Estados-nação e Estados-região   7

     Geopolítica: novas potências desafiam a *Pax Britannica* liberal   16

     Dos diplomatas aos generais: expansão imperial e Paz Armada   25

2. A Nova Guerra dos Trinta Anos e o colapso da Europa (1914-1945)   39

     A Primeira Guerra Mundial e a Revolução Socialista Russa   39

     Versalhes e a Liga das Nações: uma (des)ordem esquizofrênica   46

     O colapso do sistema internacional e a Segunda Guerra Mundial   56

3. Guerra Fria, uma tensão controlada pela *Pax Americana* (1945-1975)   79

     A ordem bipolar americano-soviética e o sistema da ONU   80

     Os Estados pós-coloniais e a formação do Terceiro Mundo   90

     Kissinger e a balança de poder: a aliança sino-americana   105

4. Fim da *détente*, guerra quente e colapso do sistema soviético (1975-1991)   115

     As revoluções no sul, a reação norte-americana e a estagnação soviética   116

     A Era das Reformas: neoliberalismo, *Perestroika* e reformas chinesas   131

     O fim da Guerra Fria, do socialismo europeu e da União Soviética   138

5. A disputa por uma nova ordem para o novo século (1991-2021) 151

Mercados, Guerra ao Terrorismo, ascensão da Ásia e crise de 2008 152

Os eixos do poder mundial e a competição América *versus* China 180

O terremoto Trump e o meteoro Covid-19: incertezas e perspectivas 194

REFERÊNCIAS BIBLIOGRÁFICAS 209

Índice 213

Introdução

Há 150 anos um grupo de 7 potências se cristalizou como núcleo do poder global, permanecendo o mesmo até o presente. A política internacional ocorre dentro de um sistema mundial e é protagonizada por grandes potências, ainda que, jurídica e formalmente, todos os Estados sejam iguais em direitos e deveres. Embora o conceito de potência tenha surgido durante o Congresso de Viena (1815), que estruturou a Ordem Pós-Revolução Francesa, as potências modernas estão associadas ao *status* de Estados industriais. Nesse contexto, os grandes *players* mundiais, com capacidade de projetar poder sobre os demais, são, em sequência histórica, Inglaterra, França, Alemanha, Estados Unidos da América (EUA), Rússia/União das Repúblicas Socialistas Soviéticas (URSS), Japão e China. A competição e as alianças entre essas grandes potências são analisadas nesta obra desde 1871, quando a Prússia forjou o Império Alemão (II Reich), paralelamente à unificação da Itália, alterando o equilíbrio europeu e ameaçando a hegemonia britânica. Na sequência, a Restauração Meiji no Japão e a consolidação e projeção internacional de Estados-região, como EUA, Rússia e, depois, China, acrescentaram novos protagonistas ao tabuleiro geopolítico mundial.

Ainda que há um século e meio o clube de grandes potências permaneça o mesmo, com Brasil e Índia como candidatos ao grupo, a posição de cada uma delas se alterou ao longo do tempo, da mesma forma que as rivalidades e alianças. A Inglaterra foi um império colonial, que após 1945 se tornou um Estado-nação, assim como a França, o Japão e a Alemanha também o são. Já os EUA, a Rússia/URSS e a China constituem Estados-região, de dimensões continentais. O Reino Unido da Grã-Bretanha (comumente, "Inglaterra") foi a senhora dos mares e a oficina do mundo no século XIX; com sua hegemonia liberal (*Pax Britannica*), tornou-se um império colonial e, posteriormente, apenas um Estado nacional, liderando a Comunidade de Nações (Commonwealth). A França teve um papel relevante como monarquia dinástica absolutista e o apogeu como Estado revolucionário, decaindo para um papel mais modesto como império colonial e, atualmente, como líder coadjuvante da União Europeia. A Alemanha, por sua vez, sofreu mudanças radicais desde a sua unificação: vencida na Primeira Guerra Mundial, o III Reich derrotado em 1945, foi reduzida, ocupada e dividida, e novamente reunificada em 1990.

Os EUA e o Japão foram as primeiras potências industriais extraeuropeias e entraram em conflito na Segunda Guerra Mundial, quando os nipônicos deixaram de ser um império, e os

2 AS GRANDES POTÊNCIAS E OS CONFLITOS MUNDIAIS

EUA passaram a ser o hegêmona mundial (*Pax Americana*). A Rússia foi um império continental e, derrotada na Primeira Guerra, vivenciou uma transformação estrutural, tornando-se a URSS, que se fragmentou em 1991, sendo reduzida apenas à Federação Russa. Por fim, a China é o Estado com continuidade histórica mais antigo, foi o mais próspero e é o mais populoso, mas sofreu 150 anos de devastadoras guerras internas e externas. O Império se desagregou, e, em seu lugar, emergiu a República Popular da China em 1949, um Estado socialista que hoje alcançou projeções econômica e diplomática mundiais, sendo percebida pelos EUA como uma ameaça ao poder norte-americano.

As rivalidades e alianças se alteraram muito ao longo do tempo. Na segunda metade do século XIX, a Inglaterra considerava como adversários a França, na Europa, e a Rússia, na Ásia e no Oriente Médio. Na crise que conduziu à Primeira Guerra Mundial, a Inglaterra, a França e a Rússia se aliaram contra a Alemanha; e, na Segunda, a Inglaterra, a França, a URSS, os EUA e a China enfrentaram o Eixo (Alemanha, Japão e Itália). Após 1945, os EUA, a Inglaterra, a França e a Alemanha Ocidental (que constituíram a Organização do Tratado do Atlântico Norte/Otan) estavam aliadas contra a URSS na Guerra Fria. Com o triunfo da Revolução, a China entrou em confronto com os EUA e, depois, com a própria URSS, chegando a aliar-se com os norte-americanos contra os soviéticos desde 1971. Por fim, com o encerramento da Guerra Fria, houve um momento de indefinição estratégica e geopolítica, que foi dando lugar a uma nova polarização entre os anglo-americanos e as potências eurasiáticas, China e Rússia (de Putin). Nesse novo quadro, a França, a Alemanha e o Japão adotam uma posição ambígua, formalmente pró-Ocidente (aliança político-militar), mas com crescente cooperação econômica com chineses e russos, o núcleo duro do Brics.

Historicamente, alternando a diplomacia e a guerra, a política internacional tem sido marcada pela sucessão de sistemas mundiais liderados por uma potência e intercalados por fases de crise, transição e configuração de novas lideranças. Essas, por sua vez, encontram-se apoiadas nos paradigmas econômicos, sociais, políticos, culturais e tecnológicos de cada modelo de produção. Durante os 300 anos compreendidos entre o fim do século XV e do XVIII, a expansão mercantil europeia deu origem ao sistema mundial, no lugar dos anteriores sistemas internacionais de dimensões regionais. O sistema foi criado na Europa e durante mais de quatro séculos o velho continente foi seu centro dinâmico.

Assim, a construção de sistemas internacionais estruturados em escala mundial, dotados de continuidade histórica e de um caráter progressivo, iniciou há 500 anos, com a revolução comercial. Os grandes oceanos se converteram de barreiras em vias de comunicação globais entre continentes. Anteriormente, os grandes impérios chegaram a integrar amplas regiões, mas o colapso deles produziu o retrocesso e, mesmo, a interrupção desse fenômeno. O império mongol de Gengis Khan, que por volta do século XIII construiu a mais vasta unidade política geograficamente contígua (dominando a maior parte da Eurásia), desapareceu bruscamente, quase sem deixar vestígios. Tratava-se, mesmo em sua forma mais elevada, de sistemas internacionais de âmbito regional.

INTRODUÇÃO 3

No século XV o mundo ainda se encontrava compartimentado em polos regionais autônomos, quase sem contatos entre si. Entre eles, podemos mencionar os Astecas, os Maias, os Incas, a cristandade da Europa ocidental, o mundo árabe-islâmico, a Pérsia, a China, o Japão, a Índia e impérios da África negra, como Zimbábue. Seguramente, o polo mais desenvolvido, na época, era a China. E é importante notar que, antes do surgimento do capitalismo, as crises econômicas que produzem ondas de instabilidade e novas relações e acomodações não possuíam qualquer regularidade. Decorriam de guerras, secas, enchentes ou epidemias e pragas, que provocavam explosões demográficas e migrações massivas. Além disso, constituíam crises de escassez, e não de superprodução, como passou a ocorrer desde o século XV, nos ciclos regulares de desenvolvimento do sistema capitalista.

A partir de então, sob o impulso do nascente capitalismo, os reinos europeus iniciaram a expansão comercial. As monarquias dinásticas, legitimadas como atores principais das relações internacionais pela Paz de Westfália (1648) e apoiadas no capitalismo comercial, protagonizaram a estruturação de um sistema mundial. Ele foi liderado, sucessivamente, por Portugal, Espanha, Holanda e França. A sucessão de cada potência líder pela seguinte era acompanhada por uma expansão e pelo aprofundamento do sistema.

Tratava-se de uma "globalização" que ocidentalizava ou europeizava o mundo. Esse sistema era baseado no comércio, na formação de um mercado mundial e no domínio dos grandes espaços oceânicos, e a queda ou declínio de cada uma dessas lideranças não produziu o colapso do sistema. Pelo contrário, cada uma delas foi sucedida por outra mais capacitada, com o sistema se tornando ainda mais complexo e integrado. O sistema mundial capitalista ingressaria na fase madura em fins do século XVIII, com o advento do mundo industrial, da hegemonia inglesa e a estruturação de um novo tipo de relações internacionais, que se consolidou com a derrota do desafio representado pela Revolução Francesa e pelo sistema napoleônico.

Assim, de 1776 (ano da independência dos EUA e da publicação de *A Riqueza das Nações*, de Adam Smith) a 1890, a *Pax Britannica* foi embasada na Revolução Industrial e orientada pelo liberalismo, dando início ao mundo dominado pelas potências anglo-saxônicas. O Congresso de Viena substituiu o conceito de monarquia dinástica pelo de *potência*. Enquanto a potência inglesa dominava o sistema mundial por meio da supremacia marítima e comercial, a Europa continental permanecia em um sistema de equilíbrio de poderes entre França, Áustria, Prússia e Rússia, analisado por Henry Kissinger em *O Mundo Restaurado*. A Inglaterra era o fiel dessa balança de poder, e o acesso dos países europeus ao resto do mundo dependia, direta ou indiretamente, da boa vontade inglesa.

Mas o advento da Segunda Revolução Industrial, desde os anos 1870, bem como de novos países competidores e do paradigma fordista, conduziu ao desgaste da hegemonia inglesa no fim do século XIX. A partir de 1890 inicia-se uma fase de crise e transição marcada pelo acirramento do fenômeno imperialista, com a partilha do mundo afro-asiático, pela formação de blocos militares antagônicos e por duas guerras mundiais. Paralelamente, houve a Grande Depressão, de alcance planetário, e a ascensão do nazifascismo e do comunismo, que, de mo-

4. AS GRANDES POTÊNCIAS E OS CONFLITOS MUNDIAIS

vimento social, transformam-se em regime político. Foram mais de cinco décadas de crise e disputa por uma nova liderança entre potências e projetos de ordem mundial e modelos de sociedade.

Foi no quadro de superação da grande crise e da Segunda Guerra Mundial que o fordismo se tornou condicionado pelo keynesianismo, passando então a dar suporte a uma ordem internacional estável, liderada pelos EUA: a Guerra Fria coexistiu com a *Pax Americana*. Esse novo modelo econômico possibilitou a internacionalização comercial e financeira sob a égide dos EUA. Essa era foi dominada pela bipolaridade da Guerra Fria, que constituía tanto um conflito como um sistema. O Sistema de Yalta, que regulou as relações internacionais desde 1945, introduziu o conceito de *superpotência*, com a consequente redução do papel das potências coloniais europeias e das derrotadas potências do Eixo.

Com uma Europa dividida e não mais constituindo o centro do sistema internacional, o capitalismo mundial passava a ser interligado sob o comando político e econômico de Washington e Nova York, e o bloco soviético representava apenas um polo regional e reativo, com os EUA se tornando o *tipo ideal* fordista-keynesiano e o centro do mundo. Ao mesmo tempo, um acelerado movimento de emancipação das colônias expandia o sistema westfaliano de Estados-nação ao conjunto do planeta. Entretanto, desde os anos 1970, com a emergência da Terceira Revolução Industrial e de seu paradigma científico-tecnológico, iniciou-se um gradual desgaste da hegemonia norte-americana e de recorrentes estratégias de reafirmação por parte dos EUA. Esse fenômeno produziu uma profunda reformulação internacional, cujo marco referencial foi a desintegração do socialismo no Leste Europeu e em vários países do Sul, culminando com o colapso do Estado e do regime soviético.

Finalmente, o sistema internacional pós-bipolar — marcado pela globalização e formação dos blocos regionais, assim como pela instabilidade que acompanha a competição econômica e o reordenamento político internacional a partir dos anos 1990 — sinalizou, possivelmente, o início de uma nova fase de crise e transição na disputa pela configuração de uma nova ordem mundial. Nela, ocorre a emergência da Ásia Oriental, particularmente da China, como novo polo desafiador à liderança norte-americana. Além disso, a base desse período consiste na busca de estruturas que permitam um desenvolvimento estável, o que passa pelo domínio e pela acomodação dos paradigmas da Revolução Científico-Tecnológica, a qual presentemente está desarticulando as estruturas preexistentes.

Nos últimos 100 anos, o primeiro desafio à ordem mundial anglo-americana (impérios marítimos) se deu ainda dentro do núcleo do próprio sistema capitalista, quando a Alemanha, primeiro isoladamente, depois acompanhada pelo Japão e pela Itália, tentou obter uma posição destacada dentro do condomínio do poder global, resultando em duas guerras mundiais. O segundo desafio partiu de fora do sistema, com o socialismo soviético ("em um só país") tentando criar uma alternativa à ordem existente, gerando como consequência a Guerra Fria. A URSS tinha uma economia fechada e constituía apenas uma ameaça político-ideológica e militar. O terceiro desafio, atualmente em curso, emergiu na Ásia Oriental, particularmente por meio da China, constituindo um fenômeno misto, economicamente interno ao sistema capitalista, mas politicamente externo a ele, pois o "Império do Centro" mantém um sistema socialista, o qual filtra da globalização o que lhe convém, barrando as ameaças.

Na passagem do século, após uma década de panaceia universal, o conceito de *fim da história* (Francis Fukuyama) perdeu terreno para o de *choque de civilizações* (Samuel Huntington), com os atentados do 11 de setembro de 2001 a Nova York e Washington. Às turbulências financeiras que haviam abalado a Ásia e os mercados emergentes em 1997-1998, seguiu-se a guerra ao terrorismo, com a intervenção norte-americana no Afeganistão e no Iraque; guerras que não acabam, como destacou Donald Trump. Em 2008-2009 houve a crise do *subprime* nos EUA e a do Euro, logo seguidas pela Primavera Árabe, que gerou instabilidade política e conflitos intermináveis, como os da Síria, Iêmen e Líbia. Além disso, provocou nova onda de terrorismo e fluxos massivos de refugiados, especialmente em direção à Europa, cuja integração encontra-se perigosamente desgastada e da qual a Inglaterra se retirou. Enquanto isso, o desenvolvimento econômico-tecnológico e a projeção internacional da China atingiram níveis que surpreenderam os analistas.

Nesse contexto, a eleição de Donald Trump representou uma reação a determinados efeitos da globalização. Curiosamente, segundo sua lógica empresarial, ele colocou os EUA contra o sistema diplomático e comercial multilateral, o qual, por suprema ironia, passou a ter na China a defensora da globalização e do livre-comércio. Foram anos de extrema perplexidade mundial em todos os campos e, como se não bastasse, foram "coroados" pelo coronavírus, a pandemia da Covid-19 em 2020, algo que abalou os fundamentos da vida internacional. Assim, o início do terceiro milênio sinaliza também uma época de crise e transição rumo a um novo período histórico, com a tendência de declínio do ciclo de expansão ocidental, iniciado há cinco séculos, e a ascensão da Ásia. Mas a História nem sempre avança continuamente e em linha reta, estando sujeita a estancamentos, desvios e retrocessos temporários.

Agradeço ao Conselho Nacional de Desenvolvimento Científico e Tecnológico (CNPq), cuja bolsa de produtividade me permite desenvolver pesquisas sobre a História das Relações Internacionais, da qual este livro constitui um dos resultados.

Porto Alegre, dezembro de 2020.

CAPÍTULO

1

Paz Armada: impérios marítimos e potências desafiantes (1871-1914)

A *Pax Britannica*, a primeira hegemonia no sistema mundial, durou de 1776 a 1890, quando o Império Alemão partiu para o desafio aberto com a *Weltpolitik* (política mundial), após a demissão de Bismarck. Na década de 1870, as unificações alemã e italiana mudaram o mapa da Europa Central, enquanto a Turquia recuava nos Balcãs. Formaram-se três regiões geopolíticas: a Ocidental, consolidada e liberal; a Central, com novas potências desafiantes; e a Oriental, com antigos impérios plurinacionais e absolutistas. O avanço da Segunda Revolução Industrial levava o desenvolvimento e o nacionalismo ao continente, ao mesmo tempo que o advento de uma sociedade de massas fomentava o movimento socialista e a reação nacionalista. Tudo isso enfraquecia a capacidade inglesa de controlar os sistemas mundial e europeu, levando a Grã-Bretanha a retomar o controle de regiões coloniais na Ásia, na África e na Oceania, em uma corrida imperialista emulada pelas demais potências, atingindo o clímax com a Primeira Guerra Mundial.

Formação das potências modernas: Estados-nação e Estados-região

A formação do sistema mundial e do europeu

A formação do sistema mundial ocorreu a partir da transição do feudalismo ao capitalismo no continente europeu. Os descobrimentos geográficos e as primeiras conquistas coloniais dos

8 AS GRANDES POTÊNCIAS E OS CONFLITOS MUNDIAIS

séculos XV e XVI estavam associados ao desenvolvimento de relações monetário-mercantis, e a alteração das rotas e centros de comércio dos mares Mediterrâneo e Báltico para o Atlântico modificou as relações internacionais da Europa. Nesse novo contexto, os países mais próximos a esses novos centros passaram a desempenhar papel principal — Portugal, Espanha, Países Baixos, França e Inglaterra. No século XV, os governantes ibéricos e os banqueiros genoveses uniram-se em uma relação na qual os primeiros, especializados no fornecimento de proteção e na busca de poder político-militar, complementavam e dinamizavam a capacidade genovesa de comércio de mercadorias com base no lucro. A associação ao capital genovês e a adesão ao espírito renascentista permitiram aos ibéricos uma contínua expansão.

Em 1519, o poder do capital genovês era tal que praticamente sustentou a eleição de Carlos V, então Rei da Espanha, ao trono de Imperador do Sacro Império Romano-Germânico. No entanto, as estratégias de acumulação genovesa tenderam a um esgotamento, pois a expansão marítimo-comercial portuguesa passou a suprir a Europa de especiarias asiáticas, e, na sequência, o abastecimento espanhol de prata começou a vir da América. Assim, começou a competir com a prata alemã nos mercados europeus, levando os genoveses a se envolver cada vez mais no financiamento de guerras intermináveis, sem que esses financiamentos fossem pagos.

No plano político, a necessidade de uma unidade estatal era imperativa. O controle da economia pelo Estado carreou maiores recursos para as monarquias, facilitando a consolidação do absolutismo e do comércio. Quanto à política exterior, são os interesses das dinastias e as aspirações da nobreza que cumprem papel preponderante, pois eram Estados dinásticos e não nacionais. Todavia, a ascendente burguesia, interessada na conquista de novos mercados e colônias, passou a exercer uma influência política cada vez maior. Esses interesses estão na origem da maioria das guerras europeias ao longo dos séculos XVI e XVII e aparecem como conteúdo de quase todos os tratados internacionais desse período. O advento da Reforma Religiosa, que estava associada às transformações sociais, econômicas e políticas, rompeu a unidade cristã ocidental, gerando um conjunto de conflitos que se prolongaram por um século e meio. Em decorrência deles, a Alemanha foi arrasada, e a Itália prosseguiu dividida em Cidades-Estado rivais.

O século XVII, apesar de ser marcado pelo domínio marítimo inglês, também se caracterizou pela ascendência continental da França absolutista, que posteriormente se tornaria a principal rival da Inglaterra nos mares. Nesse período, a França absolutista não só se distanciou da Espanha enfraquecida, como também contribuiu para o esfacelamento do Sacro Império Romano-Germânico, esmagado pelos novos centros econômicos da Europa Ocidental.

PAZ ARMADA: IMPÉRIOS MARÍTIMOS E POTÊNCIAS DESAFIANTES (1871-1914) 9

A fragmentação da Europa Central perdurou até a segunda metade do século XIX, com o Sacro Império perdendo relevância internacional e desintegrando-se em múltiplos pequenos Estados independentes, entre os quais, pouco a pouco, originaram-se duas novas formações políticas: Áustria e Prússia. No Leste da Europa, durante os séculos XVI e XVII, o Estado russo se incorporou à vida internacional de forma cada vez mais ativa, buscando uma saída para o mar no Báltico (sueco) e no Mar Negro (turco). Ao mesmo tempo avançava contra os decadentes canatos mongóis do Volga e se expandia pelo vazio demográfico da Sibéria, até chegar ao Pacífico e ao Alasca, formando um império terrestre gigantesco. Os turcos otomanos dominaram os Balcãs e mantiveram uma aliança com a França católica, contra a dinastia Habsburgo dos espanhóis e austríacos.

No século XVI, como consequência do desenvolvimento do comércio, da ampliação do espaço colonial e das disputas pelas rotas marítimas, o problema da conquista das colônias tornou-se crucial. Os conflitos europeus se intensificaram, associando as rivalidades europeias com as disputas coloniais e tornando as guerras *mundiais*. A luta entre França e Espanha no continente e a rivalidade entre Inglaterra e Espanha pela supremacia dos mares conduziram as relações internacionais da Europa Ocidental. A consequência desses conflitos foi o enfraquecimento da Espanha, cujo poderio declinou diante da rivalidade inglesa e, em particular, devido à luta com os súditos holandeses. Nesse contexto, Inglaterra, França e Países Baixos saíram fortalecidos.

No século XVII, a França aspirava à preponderância na Europa e estabelecia um importante império colonial. Contudo, nesse período se produziu a revolução liberal na Inglaterra, e, entre as grandes potências navais (Inglaterra e Países Baixos), desenvolveu-se a luta pelo domínio dos mares, que culminou com a vitória inglesa. É apenas no século XVIII que França e a Inglaterra tornar-se-iam rivais diretas. No conflito entre as duas potências, a França conservou o posto como primeira potência do continente, ainda que tenha perdido a maior parte das colônias do ultramar durante a Guerra dos Sete Anos (1756-1773). No fim do século XVIII, a Inglaterra se converteu na primeira potência colonial e marítima e se transformou na *oficina do mundo*, fabricando produtos para todos os continentes.

Três grandes fases caracterizaram a dinâmica europeia entre os séculos XVI e XVIII e expressaram as grandes contradições internacionais da época. Em primeiro lugar, deve-se destacar a fase de preponderância espanhola, que abarcou quase todo o século XVI. Foi um período de intensas guerras religiosas em que a Espanha assumiu o papel mais ativo como representante da reação católica e feudal. Ao mesmo tempo foi um período de rivalidade hispano-francesa e hispano-inglesa. A segunda grande fase foi a da preponderância francesa na Europa,

10 AS GRANDES POTÊNCIAS E OS CONFLITOS MUNDIAIS

com o ponto culminante na Paz de Westfália, em 1648. Foi também um tempo de rivalidade entre a França e os Países Baixos, da atuação internacional destacada da jovem República das Províncias Unidas e de fortalecimento da Inglaterra, especialmente depois da revolução de 1640. Por fim, a última fase coincide com o século XVIII, quando França e Inglaterra disputaram colônias e a preponderância na política mundial. Foi também um período de êxito do grande e jovem exército russo na luta para encontrar saídas pelos mares Báltico e Negro.

Em um plano mais amplo, também é possível identificar diferentes focos de contradições que ajudam a explicar os grandes antagonismos dos períodos subsequentes. Um primeiro foco de tensões se localizou a oeste da Europa, onde se chocavam os interesses comerciais e coloniais das quatro potências mais avançadas — Espanha, França, Inglaterra e, a partir do século XVII, os Países Baixos. Em segundo lugar, deve-se considerar os conflitos no sudeste da Europa. A Questão do Oriente, que consiste no conflito entre potências europeias e o Império Otomano, nasceu no século XVI e se estabeleceu com toda a força no século XVIII. E, no nordeste da Europa, as grandes, embora fugazes, potências nórdicas mantiveram durante esses séculos uma luta permanente que buscava a supremacia no Báltico. Esses três focos de tensões influenciaram-se mutuamente, conduzindo a diferentes conflitos no cenário europeu.

Contudo, é importante notar que ao longo desse período forjou-se um novo sistema, definido com o término de um dos principais conflitos da época, a Guerra dos Trinta Anos (1618-1648). Com a Paz de Westfália, as relações entre os Estados europeus se transformaram devido ao princípio de que os Estados soberanos compunham um sistema político mundial fundamentado em um direito internacional e no equilíbrio de poder. Cabia ao soberano decidir a religião do Estado, sem pressão supranacional externa, e, com isso, definir seus alinhamentos diplomáticos.

A Revolução Industrial, ainda que tenha sido fruto de uma longa transição, iniciou na segunda metade do século XVIII, originando um novo padrão de organização social, política, econômica e cultural. Esse processo, de grandeza apenas comparável à Revolução Agrícola que marcou o fim do Período Neolítico, foi acompanhado por um vigoroso movimento de ruptura político-ideológica, a Revolução Liberal-Burguesa. A Inglaterra foi a pioneira nesse processo, seguida dos Estados Unidos da América (EUA) e da França. A primazia inglesa propiciou a construção de uma hegemonia internacional que perdurou até fins do século XIX e se transformou, gradativamente, num sistema mundial marítimo liderado pelos anglo-saxões. Por ironia, o ponto de partida da liderança britânica foi, justamente, o momento em que, logo após vencer a Guerra dos Sete Anos, o país perdeu as Treze Colônias Americanas.

PAZ ARMADA: IMPÉRIOS MARÍTIMOS E POTÊNCIAS DESAFIANTES (1871-1914) 11

Como é possível explicar o início de um ciclo hegemônico a partir de uma derrota? Os colonos norte-americanos triunfaram não sobre a nascente Inglaterra capitalista, mas sobre a declinante Inglaterra mercantilista e senhorial. A *black England* sobrepujava gradativamente a *green England*. Além disso, 1776 foi também o ano da edição de *A Riqueza das Nações*, de Adam Smith, obra clássica do liberalismo econômico. A Revolução Americana, por um lado, e a Revolução Francesa, por outro, contribuíram para a consolidação desse mundo nascente que marca o início da história contemporânea e da hegemonia anglo-saxônica do sistema mundial. Esse corte temporal, aparentemente menos impactante que a queda da Bastilha, apresenta uma dimensão global mais importante em termos de movimento de longa duração, uma vez que a Revolução Francesa, apesar do impacto direto na independência das colônias ibero-americanas, teve uma influência mais duradoura no plano da filosofia política e no âmbito europeu.

A Revolução Francesa e o sistema napoleônico (1789-1815) consolidaram a divisão das relações internacionais em duas esferas, a europeia terrestre e a mundial oceânica, simbolizada pelo bloqueio continental (1806) e institucionalizada no Congresso de Viena (1815). A Grã-Bretanha dominava um império marítimo por meio do livre-comércio e do poder da sua armada de guerra, enquanto a Europa mantinha o conservadorismo antiliberal e o sistema securitário da Santa Aliança e do equilíbrio de poder. França, Prússia, Rússia e Áustria, assim, ficavam confinadas ao continente, com a Grã-Bretanha dominando os circuitos mundiais com uma mão e evitando, com a outra, o surgimento desafiante de potências ou alianças. Uma lógica que prossegue até o Brexit.

Unificações italiana e alemã

A unificação italiana

Assim como os Estados alemães, os italianos se encontravam defasados dos demais países europeus ocidentais quanto ao desenvolvimento histórico. Três concepções distintas buscavam a unificação. Uma, de base carbonária e de caráter democrático-republicano, defendia um Estado unitário e laico. Outra, apoiada pelo papado e pela Áustria, denominada de *neoguelfismo,* preferia uma confederação sob a presidência do Sumo Pontífice e a influência austríaca. A terceira, que viria a ser vencedora, tinha certa influência maçônica e se apoiava na conquista da península pelo Reino do Piemonte, instalando-se uma monarquia constitucional

12 AS GRANDES POTÊNCIAS E OS CONFLITOS MUNDIAIS

laica. Mas a unificação era impossível a partir apenas da força dos atores locais, sendo necessárias alianças internas e externas.

Assim, a unidade italiana viria a ocorrer mediante a anexação de toda a península pelo Reino do Piemonte, entre 1850 e 1870, onde se concentrava boa parte da nascente indústria italiana. O rei Vítor Emanuel II (1849-1878), ao assumir o trono do Piemonte-Sardenha, teve no primeiro-ministro Camilo Benso, conde de Cavour, a grande liderança no processo de unificação da Itália, sob a autoridade da Casa de Saboia. O maior problema para o sucesso da unidade italiana, segundo Cavour, era a influência da Áustria na região. Após fortalecer política e economicamente o Reino Sardo-Piemontês, sob a égide do liberalismo, Cavour aproveitou-se com habilidade das circunstâncias diplomáticas europeias para obter apoio de outros países a fim de promover a unificação.

Parecia claro a Cavour que seria fundamental construir uma aliança com uma potência em condições de enfrentar a Áustria. Assim, em 1858, concluiu-se a aliança entre o Piemonte e a França, em Plombières. Na ocasião da entrevista entre Cavour e Napoleão III, foram esboçadas as bases de um futuro acordo e, também, a distribuição dos papéis diplomáticos de cada um. Durante as negociações, Napoleão pediu que lhes fossem cedidas as regiões de Saboia e Nice em troca da conclusão de uma aliança com o rei Vítor Emanuel II. Os líderes declararam de comum acordo a guerra com a Áustria e comprometeram-se em não depor armas enquanto os austríacos não fossem expulsos da Lombardia-Venécia. Pouco tempo depois, Napoleão III recebeu apoio diplomático do czar Alexandre II para derrotar a Áustria.

Iniciado o conflito em 1859, italianos e franceses rapidamente derrotaram os austríacos e conquistaram a Lombardia. Pelo Tratado de Zurique, a região foi entregue ao Piemonte-Sardenha. Entretanto, os italianos logo perderam o apoio francês diante do fato de que a possível unificação italiana significaria a perda de espaços de interesses franceses na região, mais especificamente, os Estados do centro, embora Saboia e Nice tenham sido incorporadas à França. Outro aspecto importante para o recuo do apoio foi a preocupação com os reflexos das vitórias francesas na Alemanha (a Prússia concentrou poderoso exército nas fronteiras com a França) e com a reação dos católicos que protestavam contra o ataque aos Estados da Igreja.

A repercussão do processo de unificação em toda a Itália foi um incômodo aos governos conservadores europeus, pois a derrota austríaca precipitou uma onda revolucionária na península. Os voluntários esquerdistas e nacionalistas liderados por Giuseppe Garibaldi (os "camisas vermelhas") invadiram e conquistaram o Reino de Nápoles, ou das Duas Sicílias, em apoio aos movimentos aí eclodidos, tomando também o poder nos ducados de Luca, Parma, Modena e Toscana e os Estados papais, exceto o Lácio. Para impedir que a situação escapasse

PAZ ARMADA: IMPÉRIOS MARÍTIMOS E POTÊNCIAS DESAFIANTES (1871-1914) 13

ao controle, a monarquia piemontesa encampou o movimento revolucionário e, por meio da realização de plebiscitos, anexou essas regiões. Quando em 1861 Vítor Emanuel II foi proclamado Rei da Itália, ainda permaneciam sem solução Venécia, em poder da Áustria, e Roma, em poder do papa, que se encontrava protegido por uma guarnição francesa.

O resto da unificação teve de esperar por momento mais propício. Os garibaldinos estavam frustrados pela entrega de Nice (cidade natal do "herói de dois mundos") e Saboia, bem como pelo esforço não haver resultado na criação de uma nova Itália republicana, mas na ampliação do Reino do Piemonte. Apenas em 1866, quando a Itália se aliou à Prússia contra a Áustria, e esta foi derrotada por Bismarck, a Venécia foi anexada aos domínios italianos. Finalmente, em 1870, quando Napoleão retirou as tropas francesas em função da guerra franco-prussiana, Roma foi conquistada e transformada na capital do Reino da Itália.

O papado não aceitou a nova situação, pois mantinha o controle apenas sobre o Vaticano, declarando-se prisioneiro do novo Estado italiano. Este, de tendência laica e marcado pela influência maçônica, havia separado a Igreja do Estado, acabando com privilégios milenares. O papa excomungou os novos dirigentes que desencadeavam a industrialização do país e a abolição dos resquícios feudais. A geopolítica da região do mediterrâneo também se alterava significativamente, repercutindo na Europa Central, frente ao enfraquecido Império Austro-Húngaro.

A unificação alemã

Já a unidade alemã foi mais complexa. A tese da *pequena Alemanha* concebia o processo de unificação mediante a anexação ("a ferro e sangue", segundo Bismarck) pela Prússia, excluindo a Áustria. O projeto da *grande Alemanha era* defendido pelo papa e pela Áustria, ampliando a Confederação Germânica com o ingresso de todo o Império Austro-Húngaro, tornando a influência de Viena dominante, mas incorporando as populações alógenas no virtual Novo Império Alemão. De inspiração católica e agrário-feudal, essa solução tinha pouca viabilidade frente ao projeto de base industrial da militarmente poderosa Prússia. Havia ainda o projeto da burguesia alemã, que achava que a unificação se faria pelo mercado, e o projeto democrático-republicano, que queria transformar o parlamento de Frankfurt no núcleo político do novo país. Ambos os projetos foram inviabilizados pela Revolução de 1848 e seus resultados na Alemanha.

O chanceler prussiano Otto von Bismarck cuidou da preparação diplomático-militar apoiando-se no nacionalismo étnico antifrancês e em uma aliança com a aristocracia Junker

14. AS GRANDES POTÊNCIAS E OS CONFLITOS MUNDIAIS

e a burguesia industrial, liderada pelos aristocratas. Ainda que a ideologia da Revolução Francesa tenha sido rejeitada, o Estado prussiano soube copiar as técnicas e a administração, fazendo reformas, modernizando e aparelhando o exército, ampliando a educação (especialmente a técnica) e criando uma poderosa infraestrutura, particularmente ferrovias. Um a um seriam derrotados os países que se interpunham a seu projeto: em 1864, a Dinamarca; em 1866, a Áustria; e, em 1870-1871, a França de Napoleão III. Em todas essas guerras foram também derrotados e subjugados os Estados alemães contrários ao projeto da Prússia. Em janeiro de 1871 foi proclamado o Império Alemão, ou II Reich, governado pelo cáiser Guilherme I.

Assim como no caso italiano, a unidade alemã dependeu do fortalecimento político e econômico de um Estado que defendesse o princípio das nacionalidades. Quem desempenhou esse papel foi o Reino da Prússia, governado pelos Hohenzollern, que, nas décadas de 1850 e 1860, sofreu um notável desenvolvimento do capitalismo industrial, embora politicamente persistisse o poder de uma aristocracia territorial, composta por monarquistas convictos, ultranacionalistas e partidários das soluções de força (Junkers). Bismarck ocupava a posição de primeiro-ministro de Guilherme I acreditando que a unificação alemã só poderia ser conquistada por meio da eliminação da influência política da Áustria, o que, inevitavelmente, implicaria o emprego de força militar.

Apesar de a organização da Confederação Germânica ter afetado o poder prussiano, em detrimento do austríaco, a Prússia foi aos poucos ascendendo a uma posição de prestígio. Cabe recordar a manutenção do Zollverein, criado por iniciativa prussiana e responsável pela crescente integração econômica dos Estados alemães. Ademais, a ampliação e o aperfeiçoamento do poderio militar prussiano contribuíram para que seu Exército se convertesse em uma disciplinada máquina de guerra. Em termos diplomáticos, Bismarck empenhou-se em criar uma imagem negativa da Áustria diante dos Estados confederados e, em 1864, aliou-se a eles na Guerra dos Ducados Dinamarqueses (Schleswig e Holstein).

Em seguida, Bismarck garantiu uma aliança com a Itália (interessada na Venécia) e a neutralidade de Napoleão III durante novo confronto. Na Guerra Austro-Prussiana (1866), o exército prussiano esmagou a Áustria, a qual, pelo Tratado de Praga, saiu da Confederação Germânica. Essa confederação foi, então, dissolvida e substituída pela Confederação da Alemanha do Norte, sob o comando do Rei da Prússia e fortalecida pela anexação de Estados aliados à Áustria. Entretanto, havia ainda dois grandes obstáculos à unificação: externamente, a França e, internamente, os Estados do sul. Napoleão, em troca da neutralidade durante guerra, passou a exigir compensações territoriais. Baviera, Württemberg, Baden e Hesse-Darmstadt recusavam-se a reconhecer o predomínio prussiano.

PAZ ARMADA: IMPÉRIOS MARÍTIMOS E POTÊNCIAS DESAFIANTES (1871-1914) 15

Todavia, as exigências francesas que visavam aos territórios germânicos no Reno eram uma séria ameaça aos Estados do sul, que não demoraram em organizar uma aliança militar com a Prússia. A ideia da necessidade de uma "unidade nacional" contra a França foi habilmente explorada por Bismarck. A Guerra Franco-Prussiana (1870-1871) tanto foi decisiva para a unificação alemã, como teve consequências importantes para a França. Os franceses viram cair o Segundo Império, substituído pelo Governo de Defesa Nacional, além da eclosão da Comuna de Paris. Em fevereiro de 1871, em Versalhes, foram discutidas as condições preliminares para a paz. A França perdeu a Alsácia-Lorena e foi obrigada a pagar forte indenização, além de o país permanecer ocupado militarmente.

O II Reich, então estabelecido, constituía uma formação híbrida, com a Prússia luterana permanecendo como um Estado maior dentro do novo Estado, pois manteve suas instituições e tinha, aproximadamente, dois terços do território, da população e da produção. Os Estados católicos mantinham certa autonomia, e o Rei da Prússia passou a ser, também, o Imperador da Alemanha, que formava uma economia unificada. O Império Austro-Húngaro, também comandado por alemães, após uma fase de ressentimento, passou a ser um aliado subordinado de Berlim. O objetivo nunca foi o de reunir todos os alemães em um só Estado, como alegava a narrativa política romantizada. Tratava-se de um projeto da Prússia militarista e luterana, que já controlava a indústria renana, a burocracia e o exército do leste. Externamente, a França derrotada ainda era uma preocupação. O Tratado de Frankfurt, que pôs fim à guerra franco--prussiana, não eliminou a velha hostilidade entre os dois países. Ao contrário, os receios mútuos e a desconfiança conduziram a uma corrida armamentista e ao incremento do militarismo, servindo como suporte não só para os problemas externos como também para a contenção do movimento operário em ambos os países.

Mais do que meros movimentos políticos nacionais, as unificações italiana e alemã marcavam o advento das chamadas Revoluções Burguesas Tardias ou pelo Alto, ou, ainda, "via bismarckiana ao capitalismo". Tratava-se de revoluções pelo alto, com uma aliança entre o poder econômico e as elites político-militares, como forma de promover a industrialização e o desenvolvimento de tipo capitalista, mantendo o controle, simultaneamente, da classe operária. A via japonesa da Revolução Meiji, ocorrida na mesma época, também se apoiava nesse paradigma, embora a classe operária no Japão ainda não estivesse constituída. Não por acaso, esses países que chegavam mais tarde ao mundo industrial manteriam as bases de regimes autoritários, que emergiriam radicalizados nos anos 1930, constituindo o Eixo.

Geopolítica: novas potências desafiam a *Pax Britannica* liberal

A emergência de potências desafiadoras (1870-1890)

De 1871 a 1890, as relações entre as grandes potências foram dominadas pelo sistema de alianças estruturado por Bismarck e pela corrida rumo a novos territórios coloniais. Nessa fase, embora a Alemanha se apresentasse com potencial econômico e militar suficiente para romper com o equilíbrio de poderes consagrado em 1815, preferiu apostar em uma política mais cautelosa, na qual não se pusesse em risco a unificação e o isolamento do grande rival, a França. A Grã-Bretanha persistia na política de manter-se afastada das disputas de poder na Europa que não afetassem os interesses britânicos. O período inaugurado com a Segunda Revolução Industrial influencia e altera as dinâmicas internacionais, universalizando um novo paradigma científico e tecnológico.

Nesse contexto, as unificações alemã e italiana alteraram o equilíbrio europeu, ao forjar, no centro da Europa, duas novas potências cujo desenvolvimento viria a desestabilizar a balança de poder, na medida em que o II Reich se tornava a potência mais dinâmica no centro e, depois, no conjunto do continente. A nova Revolução Industrial desenvolveu setores como a eletricidade (aplicada a energia, motores e transportes), a química (responsável pelas novas matérias-primas sintéticas) e os motores de explosão, que revolucionaram os transportes e tornaram o petróleo economicamente estratégico (EUA e Rússia eram os maiores produtores). A metalurgia constituiu outra marca da nova industrialização, com aço e novos metais (níquel, alumínio) sendo intensamente utilizados em navios, trens, pontes, construções, armas (inventaram a metralhadora, o submarino e o torpedo) e veículos automotores.

A agricultura, com a utilização de máquinas, fertilizantes químicos e novos cultivos, ampliou a produção mundial de alimentos, contrariando as previsões de Malthus e tornando os Estados Unidos, o Canadá, a Austrália e a Argentina celeiros mundiais. Os sistemas de comunicação e transportes desenvolveram redes em escala planetária, com telefones, telégrafo sem fio, cabos submarinos, ferrovias transcontinentais (transcontinentais na América do Norte, transandina, transiberiana e transeuropeias), canais interoceânicos (Suez e Panamá) e rodovias para automóveis. Adotou-se a produção em série, utilizando-se intensivamente o maquinismo, a racionalização dos métodos de trabalho e a gestão empresarial científica (Taylor,

PAZ ARMADA: IMPÉRIOS MARÍTIMOS E POTÊNCIAS DESAFIANTES (1871-1914)

Fayol e Ford), que em seu conjunto geraram o fordismo, o qual era acompanhado por um vertiginoso processo de concentração de empresas (os trustes e *holdings* norte-americanos e os cartéis alemães) e pelo progressivo domínio do capital financeiro sobre o processo produtivo.

A fusão do capital bancário e industrial produziu formas oligopólico-monopolistas que visavam a superar a instabilidade dos mercados, bem como a reduzir a concorrência, gerando preços artificiais. A ascendência do capital bancário impôs o padrão-ouro, que estabilizou as finanças mundiais. O comércio internacional, entretanto, tornou-se cada vez mais protecionista (neomercantilismo) devido à crescente concorrência internacional e visando a evitar as crises cíclicas de superprodução típicas do capitalismo (houve uma em 1873). Isso porque o liberalismo vigorava como princípio quando a potência hegemônica não podia ser ameaçada. Na medida em que a competição se tornou ameaçadora para a Inglaterra no centro do sistema, ela começou a reconstruir o império colonial de velho tipo, baseado na dominação direta, e, com isso, o liberalismo era gradualmente abandonado. A dianteira inglesa também se deveu ao fato de o país controlar uma rede de bases e cabeças de ponte nos continentes. O aprofundamento desse processo conduziria ao imperialismo.

Nos novos países industriais, o Estado impulsionava o desenvolvimento não apenas pelas necessidades de controle social interno, mas também para superar o atraso econômico em relação aos países mais industrializados. Aos que necessitavam queimar etapas, o liberalismo não convinha, como argumentou o economista alemão do século XIX Friedrich List, no livro *Sistema Nacional de Economia Política* (1983), popularmente conhecido como *A Economia Nacional*, que inspirou a estratégia aplicada pela industrialização alemã. O protecionismo comercial e a intervenção social e econômica do governo eram considerados indispensáveis para o rápido crescimento econômico, até que fosse atingido um nível suficiente de competitividade.

O Tratado de Frankfurt consagrou simultaneamente a unidade da Alemanha e a elevação desse Estado à categoria de potência dominante no continente, tanto no plano industrial como no militar. O primeiro sistema bismarckiano data de 1872-1873. Deveria ser efêmero e garantir a posição alemã no espectro europeu. Em 1872, Berlim articulou a Liga dos Três Imperadores como uma aliança entre as *potências continentais* — Alemanha, Rússia e Império Austro-Húngaro —, objetivando isolar a França. Paralelamente, Bismarck procurava manter boas relações com Londres, mostrando-se como defensor do *status quo* no continente. Contudo, não era fácil manter dois Estados rivais sob uma mesma aliança. A eclosão da crise balcânica de 1875-1878, opondo Rússia e Áustria, deixava a Alemanha em uma posição delicada. O Congresso de Berlim (1878), no qual Bismarck teve um papel preponderante, conseguiu preservar as relações entre as grandes potências.

18 AS GRANDES POTÊNCIAS E OS CONFLITOS MUNDIAIS

Após uma década de relativa calma, a França conquistou a Tunísia em 1881; partindo da Cochinchina, tomou o Tonquim em 1884-1885; e, de 1880 a 1885, juntamente com a Associação Internacional do Congo (patrocinada por Leopoldo II, rei dos belgas), penetrou na África Equatorial. A Grã-Bretanha, a partir de 1882, instalou-se no Egito, em breve, estendendo-se da Birmânia litorânea para o Norte. A Conferência de Berlim (1884-1885) fixou as regras do processo, pois a expansão passou a ser uma necessidade, devendo ser notificada qualquer anexação às potências estrangeiras.

A Alemanha iniciou tardiamente a expansão colonial. Só em abril de 1884 se instalou no Togo, em Camarões, no sudoeste e oeste africanos, depois em certas ilhas do Pacífico. Para Bismarck, o que realmente interessava eram os assuntos europeus. Todavia, não estava alheio ao novo movimento e às pressões internas. Havia a percepção de que no jogo de interesses coloniais seria possível transpor ao espaço africano as inquietações que se mantinham vivas em relação à reorganização territorial da própria Europa no período que se seguiu às unificações. Para Bismarck, a África não interessava, mas, sim, a Europa. Essa perspectiva torna-se aparente nas relações entre a Alemanha e a França. Para afastar os franceses da Alsácia-Lorena, Bismarck estimulou-os com a possibilidade da expansão africana. Há, portanto, no movimento de expansão colonial, a transposição, além-mar, dos hábitos da diplomacia de equilíbrio europeu. Mas há também uma nova contradição: essa expansão criou novas hostilidades e reanimou rivalidades antigas.

Se, por um lado, a expansão colonial solucionava provisoriamente o problema com os franceses, por outro, as pretensões britânicas em relação ao colonialismo tornavam-se um problema. A política exterior da Grã-Bretanha até então primava pelo denominado "esplêndido isolamento": supunha-se que o país poderia sempre se aproveitar dos conflitos entre as potências continentais para tratar tranquilamente dos assuntos relacionados com as colônias e mercados em todas as partes do mundo. As relações entre a Alemanha e a Grã-Bretanha, na segunda metade dos anos 1880, pautaram-se pela habilidade de seus representantes em explorar as contradições e rivalidades um do outro, evitando um confronto.

Em março de 1888 morreu Guilherme I, e, três meses depois, seu filho Frederico III. Guilherme II subiu ao poder, e logo as divergências entre o novo cáiser e Bismarck levaram o chanceler a pedir a demissão depois de 28 anos de permanência no comando do governo, primeiro da Prússia e, depois, do Império Alemão. Esse fato ocorreu no momento em que Bismarck e o governo russo iniciavam as negociações para renovar o Tratado de Resseguro, vigente até 1890. O novo chanceler, general Caprivi, em consonância com Guilherme II, trazia uma nova concepção para a política exterior do Império: o desenvolvimento industrial e

PAZ ARMADA: IMPÉRIOS MARÍTIMOS E POTÊNCIAS DESAFIANTES (1871-1914) 19

financeiro impunha a necessidade de expansão do poder alemão em escala mundial. Assim, a *Weltpolitik* (política mundial) substituiria a política europeia conservadora de Bismarck, caracterizando as ambições da Alemanha a partir de 1890. A busca de um *status* de potência marítima por parte da Alemanha viria a agravar o antagonismo com a Inglaterra.

A questão do oriente, a Índia e o sudeste asiático

Até aproximadamente o fim dos anos 60 do século XIX, apenas duas das grandes potências tinham o *status* de potência com projeção colonial — a Rússia e a Grã-Bretanha. Os russos colonizavam por extensão territorialmente contínua, formando um coeso império continental eurasiano, que se estendia do Mar Báltico ao Oceano Pacífico. Já os britânicos detinham possessões além-mar nas Américas (Canadá e Antilhas), na Índia, na Colônia do Cabo (África Austral), Austrália, Nova Zelândia e em outros pequenos espaços no litoral ocidental africano. A França dominava a Argélia desde 1830 e pequenos enclaves na costa da África ocidental. Esse fraco interesse em obter possessões coloniais, até o início dos anos 1870, decorria, em larga medida, do fato de que as colônias não tinham maior utilidade, até então, no processo de expansão do capitalismo industrial.

As potências europeias, particularmente a Inglaterra, optavam por formas de dominação indiretas, explorando a condição de dependência informal e a inserção desses espaços na esfera comercial pela via do livre-cambismo. De qualquer forma, com o desaparecimento do domínio colonial espanhol e português na América, o único império verdadeiramente mundial era o britânico (dado que a Rússia não tinha uma motivação capitalista), e suas bandeiras inauguraram uma nova fase imperialista. Assim, no lugar dos impérios mercantis, até 1870-1880, a Grã-Bretanha apresentava-se como o maior império marítimo colonial.

A ambição pelo controle absoluto de territórios africanos e asiáticos despertou tardiamente, embora algumas regiões tivessem valor estratégico, como o Egito (Canal de Suez) e o Sul da África, devido à posição geopolítica, facilitadora para o estabelecimento de rotas comerciais. Ainda, depois das descobertas de reservas minerais africanas, essa região, além de estratégica, ganhou importância econômica. Todavia, o fim do século XIX viria a ser o período, por excelência, das guerras coloniais. Os conflitos intensificavam-se na medida em que as potências europeias ordenavam operações em qualquer ponto dos outros continentes.

Com exceção dos russos, todas as iniciativas expansionistas demandavam um esforço naval. Embora houvesse campanhas de curta duração, a maioria delas desenrolava-se em condições difíceis, exigindo tempo e grande esforço de homens e material. O pouco conhecimento das populações das colônias, de suas línguas, de suas culturas e de suas formas de combate implicava problemas complexos. Não há dúvida de que a superioridade técnica e militar dos europeus era esmagadora, mas a necessidade de se adaptarem ao novo meio não garantia sucesso imediato. Foi muito utilizada a cooptação de forças auxiliares entre os povos colonizados, como forma de manter a ordem.

As potências coloniais e o controle da Ásia Meridional

A conquista da Índia pela Grã-Bretanha foi realizada por meio da Companhia das Índias Orientais, sob a proteção do governo britânico. A Índia, diante da importância que assumia no desenvolvimento capitalista britânico, converteu-se em um negócio que transcendeu ao monopólio da Companhia, transformando-se em um espaço de interesse das empresas britânicas. Os colonizadores mantiveram a exploração feudal, os preconceitos do sistema de castas e as diferenças nacionais e religiosas, fatores que auxiliaram no controle do descontentamento popular. Todavia, a modernização que acompanhava os mecanismos de exploração criou uma tensão que levou à eclosão, em 1857-1858, da grande Revolta dos Cipaios, as tropas coloniais indianas. Após reprimir o movimento, o governo inglês aproveitou a oportunidade para dissolver a velha Companhia das Índias Orientais (um resquício mercantilista) e assumir o controle direto da colônia, colocando-a à disposição do conjunto dos empresários britânicos.

A expansão britânica prosseguiu em direção ao sudeste asiático, com a anexação da Birmânia, em 1866, e da Malásia em 1874, controlando a estratégica passagem do Oceano Índico para o Pacífico por meio do porto de Cingapura. A França havia iniciado a conquista da Indochina em 1862, com a anexação da Cochinchina (Saigon e o delta do Rio Mekong), e do Camboja no ano seguinte. Entre 1883 e 1893, o resto do Vietnã e o Laos (uma província tailandesa) foram anexados. No plano geopolítico, a Tailândia (Sião), cercada entre britânicos e franceses, transformou-se em uma espécie de Estado-tampão, logrando, assim, conservar a independência, apesar das perdas territoriais que sofreu. Mais ao sul, os holandeses procederam à conquista da Indonésia (Índias Holandesas), partindo dos antigos enclaves mercantilistas que ainda detinham no arquipélago. O domínio colonial holandês foi estabelecido dentro de certa aliança com a Inglaterra, como se observa pela criação da companhia petrolífera anglo--holandesa Shell, que tinha uma de suas bases mais importantes justamente na Indonésia.

A questão do oriente e do extremo oriente

Outro foco de problemas internacionais foi a chamada Questão do Oriente. O enfraquecimento e declínio do Império Otomano fizeram com que a área dos estreitos de Dardanelos e do Bósforo e a região dos Balcãs passassem a ser alvo de disputa das principais potências europeias, entre elas, Rússia, Grã-Bretanha, França e Áustria. A Rússia, afastada das rotas comerciais, desenvolveu a política de buscar uma saída para o Mediterrâneo a partir desses estreitos, conhecida como "acesso aos mares quentes e livres". O país somente tinha acesso a mares semifechados, como o caso do Mar Báltico e do Mar Negro, cuja saída era controlada por outras potências; totalmente fechados, como o Mar Cáspio; ou gelados em boa parte do ano, como o Oceano Ártico e o Oceano Pacífico. Assim, ainda que constituindo um Estado continental, a Rússia apresentava um complexo de cerco.

No Oriente Médio, em decorrência da intervenção napoleônica, formou-se em 1808 o Egito autônomo, comandado por Mohamed Ali, um general albanês do exército turco. Mohamed Ali estabeleceu uma estratégia de potência, com políticas modernizadoras e desenvolvimentistas e um grande exército, que chegou a ameaçar o sultão turco. A intervenção europeia em defesa da Turquia, em 1839-1841, obrigou Ali a acatar o domínio turco e desmantelar seu regime econômico, aceitando os interesses econômicos semicoloniais anglo-franceses no Egito em troca do estabelecimento de sua dinastia no país (que perduraria até 1953). Em 1841, como recompensa pelo apoio ao sultão turco, a Inglaterra obteve o fechamento dos Dardanelos aos navios russos.

Assim, o decadente Império Turco ganharia uma sobrevida até a Primeira Guerra Mundial. A Grã-Bretanha não admitia a expansão russa à custa do Império Otomano, pois tinha grandes interesses geopolíticos e econômicos na região, procurando garantir o controle sobre as rotas terrestres e marítimas em direção à Índia, ponto fundamental para o Império Britânico. A França, por sua vez, isolada na Europa, tinha interesse em várias áreas do Império Otomano, especialmente no Egito. Por fim, a Áustria, também carente de bons portos, estava interessada na livre navegação do Rio Danúbio. Dessa forma, o Império Otomano sofreu constantes fraturas em decorrência dos choques internacionais das potências interessadas nos Balcãs. Como resultado, os turcos acabaram por recuar gradativamente da península, contribuindo para a efervescência dos diferentes nacionalismos: búlgaros, romenos, gregos, sérvios, entre outros, organizaram-se em novos Estados, tornando ainda mais complexa a situação europeia.

A conquista da Índia e a constituição de tropas anglo-indianas transformaram-se em pontos de apoio para a expansão dos domínios britânicos e para a ação diplomática em direção aos

Estados vizinhos, Irã, Afeganistão e países da Indochina e ao Extremo Oriente. A diplomacia britânica utilizou várias vezes a justificativa de que as conquistas da Grã-Bretanha no Oriente Próximo e no Oriente Médio eram necessárias para defender a Índia e os países limítrofes de possíveis agressões externas, principalmente por parte da França e da Rússia. O mercado iraniano atraía as burguesias britânica e francesa. A posição estratégica do Irã em relação às fronteiras com a Rússia e a Turquia e aos acessos da Índia à Ásia Central conferia ao país relevância geopolítica. Foi estabelecida uma aliança anglo-iraniana contra o Afeganistão e o compromisso iraniano de não permitir a passagem de tropas de nenhuma potência europeia rumo às fronteiras da Índia. Em contrapartida, o Irã receberia armas e dinheiro.

A Rússia, após a contenção em relação à Turquia, desviou a expansão russa mais para leste, avançando sobre o Império Persa nas duas margens do Mar Cáspio e sobre os decadentes cantos da Ásia Central, como o Turquestão. A região foi ocupada entre os anos 1860 e 1880, e, a partir de então, as tribos afegãs passaram a ser visadas por São Petersburgo. Mas, nessa região, os russos chocaram-se com a expansão dos ingleses a partir da Índia. Assim, a Pérsia e o Afeganistão (na realidade, uma confederação tribal) viriam a se tornar Estados-tampão entre o imperialismo russo e o inglês, mantendo suas independências. A Pérsia chegou a ter áreas de influência dos dois países em 1907, com uma zona neutra no centro. Evoluindo por uma linha de menor resistência, a Rússia, então, acelerou a expansão em direção às periferias oriental e setentrional da China, anexando territórios e estendendo a influência russa sobre a Mongólia Exterior, o Turquestão chinês (Sinkiang) e a Manchúria. A Questão do Oriente evoluía para a Questão do Extremo Oriente. A projeção do poder russo em direção à Coreia provocaria um choque com o Japão e, indiretamente, com a Inglaterra.

Quanto às relações entre a China e a Rússia, até 1860 não havia nenhum comércio marítimo entre os países. As enormes distâncias, a baixa densidade populacional e as dificuldades em atravessar a Sibéria faziam da China um espaço mais débil para a atuação da Rússia, que até a Guerra da Crimeia (1853-1856) era vista como uma grande potência militar na Europa. Diante das preocupações russas de sufocar o movimento revolucionário na Europa e de manter a própria política no Oriente Próximo, era mais interessante que a China mantivesse sua independência e debilidade em vez de servir como instrumento de uma Grã-Bretanha poderosa. A abertura dos portos chineses ameaçava o comércio com os russos, que se desenvolvia por terra.

Em relação ao Japão, a Rússia tinha necessidade de estabelecer relações comerciais para abastecer os povoados do Alasca (que venderia aos EUA em 1867, evitando que fossem controlados pelos britânicos a partir do Canadá) e das ilhas Aleutas e Curilas, bem como as costas do

PAZ ARMADA: IMPÉRIOS MARÍTIMOS E POTÊNCIAS DESAFIANTES (1871-1914) 23

Mar de Okhotsk. Contudo, o alargamento dos domínios russos no Oceano Pacífico despertou certa hostilidade e inquietude nos círculos dirigentes japoneses. Na primeira metade do século XIX, tanto o Japão quanto a Coreia seguiram isolados do resto do mundo. Porém, a Primeira Guerra do Ópio e os tratados desiguais estabelecidos com a China prepararam a exploração colonial de toda a região asiática pelas potências coloniais.

O declínio do Império Chinês e a ascensão do Império Japonês

Nos séculos XVII e XVIII, a China era um poderoso império feudal centralizado que havia realizado grandes conquistas e mantinha um sistema de Estados tributários com Tibete, Manchúria, Mongólia e Sinkiang, além de laços de vassalagem com a Coreia e o Vietnã. Uma hábil política de casamentos e tributos em troca de proteção garantia a estabilidade desse império, que era mais uma civilização confuciana do que um Estado territorial de tipo europeu. Devido ao relativo isolamento da China, o comércio externo era controlado pelo Estado, que comerciava por meio de um pequeno grupo de mercadores privilegiados. A política de isolamento, embora reacionária, tinha o propósito de preservar o país das possíveis agressões externas. Todavia, esse mesmo isolamento contribuiu para acentuar a estagnação e o atraso chinês em relação aos países capitalistas.

A política de isolamento acabou sucumbindo diante das agressões externas iniciadas pela Grã-Bretanha. No início do século XIX, os britânicos levavam a Cantão lã, estanho, ferro, chumbo e algodão e compravam dos chineses chá e seda crua. Por volta de 1820, começou a crescer o contrabando de ópio trazido da Índia. O comércio do ópio era controlado pela Companhia das Índias Orientais Britânica, que lucrava extraordinariamente com a concessão de licenças. Os impostos sobre o cultivo e o tráfico do ópio proporcionaram grande lucro aos britânicos, e logo o ópio passou a ser o principal produto de exportação para a China, como forma de financiar as importações britânicas de produtos chineses.

Em 1939, um comissário imperial em Cantão, encarregado de tomar medidas contra os consumidores de ópio, mandou confiscar e destruir mais de 20 mil caixas do produto de propriedade de comerciantes britânicos. A ação legítima das autoridades chinesas desencadeou a Primeira Guerra do Ópio (1839-1842), na qual a China foi derrotada. Em agosto de 1842 foi assinado o Tratado de Nanquim, no qual a China cedeu Hong Kong à Grã-Bretanha e comprometeu-se a pagar 21 milhões de yuans como reparação de guerra e a abrir 5 portos ao comércio

24. AS GRANDES POTÊNCIAS E OS CONFLITOS MUNDIAIS

britânico, nos quais, posteriormente, seriam criadas concessões estrangeiras. No ano seguinte, foi estabelecido um acordo complementar no qual a China concedia à Grã-Bretanha os direitos de nação mais favorecida e os privilégios da extraterritorialidade (de jurisdição consular). Na verdade, a Primeira Guerra o Ópio significou apenas o primeiro passo para a exploração colonial da China. Em 1844, Estados Unidos e França deram continuidade ao estabelecimento de tratados desiguais com a China.

A China da dinastia Manchu dos Qing (no poder desde 1644), ao mesmo tempo que era vítima de agressões externas, enfrentava a desorganização e os protestos internos, pois estava começando a perder o "mandato celeste". Nos anos 1850 e 1860, foi sacudida pela revolta camponesa dos Taiping. Em 1872, os japoneses ocuparam as ilhas Ryukyu, e, com a vitória deles, em 1894-1895 os chineses perderam a Coreia e Formosa. As reações antiocidentais fomentadas pela enfraquecida dinastia Manchu, como a Revolta dos Boxers em 1900, apenas acarretaram intervenções ainda maiores das potências ocidentais, mais concessões comerciais e de extraterritorialidade, bem como novas perdas territoriais. O Império estava pressionado interna e externamente, enquanto o universo chinês mergulhava no caos e em guerras civis e externas que durariam um século.

A expansão ocidental logo afetou o Japão. Depois que a esquadra norte-americana, liderada pelo comodoro Perry, forçou a abertura japonesa em 1853, as elites nipônicas procuraram evitar que a nação sucumbisse ao colonialismo ocidental, tal como estava ocorrendo com a China. Para tanto, lançaram uma revolução modernizadora a partir de 1868, a Restauração Meiji (governo esclarecido ou iluminado). O país iniciou, então, uma industrialização acelerada, em padrões semelhantes aos da via prussiana. Tal sucesso não se deveu apenas à vontade política da elite japonesa, mas também à situação particular do país, que, graças à limitação de seu mercado interno e de recursos naturais, escapou da voracidade colonialista, a qual se dirigia para a China, devido às maiores perspectivas que o país apresentava para os interesses ocidentais.

Entre 1868 e 1873, várias reformas aboliram o sistema feudal. A antiga divisão social (guerreiros, camponeses, artesãos e comerciantes) é extinta em 1869. Logo, essa situação viria a se alterar com a autorização dos casamentos entre classes (1870) e a instituição do serviço militar obrigatório (1873). Os senhores feudais promoveram uma reforma agrária, tornaram-se industriais e passaram a representar a nova classe que liderava o Estado. Os camponeses, que deveriam indenizar os nobres, aumentaram a produção agrícola e formaram um excedente populacional que se converteu na nova classe operária urbana.

PAZ ARMADA: IMPÉRIOS MARÍTIMOS E POTÊNCIAS DESAFIANTES (1871-1914) 25

Houve, então, uma forte acumulação primitiva de capital em escala doméstica. De qualquer forma, o objetivo primordial dos dirigentes da era Meiji era o de dotar rapidamente o país de uma indústria moderna, nos padrões ocidentais. Contudo, a ideia era copiar as técnicas ocidentais, mas manter as identidades cultural, nacional e histórica japonesas. Sendo uma sociedade confuciana, em que o conhecimento e a educação são bens preciosos, milhares de estudantes foram enviados ao exterior para aprimorar-se nas técnicas industriais. O sistema financeiro foi reorganizado: a nova moeda, o yen, foi instituída em 1871, e o Banco do Japão, e 1882. Estradas de ferro foram construídas, e as primeiras grandes fábricas foram inauguradas (siderúrgicas, estaleiros navais, tecelagem).

Devido a uma grande adesão nacional aos objetivos econômicos e militares do governo Meiji, o Japão rapidamente se apresenta como uma potência asiática e, depois, mundial. O desenvolvimento industrial avançou aceleradamente e foi acompanhado pelo crescimento do setor agrícola, devido aos melhoramentos técnicos. Ao contrário da China, o Japão não sofreu durante muito tempo com o colonialismo do Ocidente. Em um curto período, o país se apresentaria como um rival às potências ocidentais através de uma agressiva política de expansão regional. Em 1895, a China foi derrotada, e, dez anos depois, a Rússia também o era, com o Japão tornando-se uma potência colonial e imperialista na região. A Restauração Meiji permitiu aos privilegiados da antiga ordem converterem-se em homens de negócios, mantendo a crença social nas fortes tradições ancestrais.

Dos diplomatas aos generais: expansão imperial e Paz Armada

Os novos impérios e a expansão colonial

O século XX iniciou-se no Ocidente em clima de otimismo com a *Belle Époque*. A Europa dominava imensos impérios coloniais e ostentava a posição de centro do mundo. Sob o impacto da Segunda Revolução Industrial, os progressos material e científico expandiam-se rapidamente, fundamentando a crença de que a humanidade avançava de forma linear rumo a um futuro promissor. As grandes potências, ainda que mantendo certo nível de rivalidade, conviviam em relativa paz recíproca havia décadas, enquanto a democracia liberal emergia como forma política dominante.

26 AS GRANDES POTÊNCIAS E OS CONFLITOS MUNDIAIS

O planeta parecia integrar-se econômica e culturalmente, sob o impulso do desenvolvimento das comunicações (telégrafo, cinema), dos transportes de longa distância (ferrovias e navios a vapor), dos fluxos comerciais e financeiros, da urbanização e da adoção quase universal de padrões culturais ocidentais. Um quadro, diga-se de passagem, muito semelhante ao do fim do mesmo século, com a revolução científico-tecnológica, a Internet, a onda democratizante e a globalização econômico-financeira e cultural. Só que aquele ciclo de globalização foi ainda mais intenso que o atual, na medida em que havia grande circulação de mão de obra, com milhões de imigrantes se estabelecendo nas Américas e nas colônias. Contudo, sob tal aparência, acumulavam-se contradições que logo explodiriam numa grande guerra, seguida por outros conflitos violentos.

A consolidação do II Reich, no plano diplomático, apoiava-se numa política de isolamento da França, impedindo o revanchismo e estimulando os franceses a desenvolver uma política de grandeza fora da Europa, em direção ao mundo colonial (como forma de sublimar o nacionalismo humilhado). Esse conjunto de práticas ficou conhecido como sistema bismarckiano e foi implementado por meio de uma hábil política de alianças que perdurou até 1890, com a queda do chanceler. Iniciava-se um período de preponderância alemã na Europa, conduzindo ao progressivo declínio da política de equilíbrio de poderes estabelecida pela Grã-Bretanha.

Durante a década de 1870, a Grã-Bretanha começou a perder o controle da balança de poder na Europa e, logo, também no plano mundial. Bismarck tivera sucesso em isolar a França e elevar a Alemanha a uma posição de predominância no velho continente, em relação ao qual a diplomacia inglesa mantinha-se em postura de distanciamento. Mas sobre o sistema europeu existia uma política mundial protagonizada pela Grã-Bretanha e pela Rússia, à qual logo a França ingressaria como o terceiro membro e na qual a Alemanha desempenhava um papel insignificante. O *novo rumo* adotado pela política externa alemã dos sucessores de Bismarck, a partir de 1890, constitui, justamente, uma tentativa de participar dessa política mundial, atitude também tomada pelos Estados Unidos e pelo Japão no mesmo período.

Que razões estavam levando as potências industriais a orientar-se rumo à expansão colonial mundial? A Grã-Bretanha, potência dominante do sistema anterior, começava a perder a capacidade de manter-se como centro da economia mundial e, devido ao crescente deficit comercial com os EUA e a Alemanha, adotara desde 1880 uma política de expansão na África, na Ásia e na Oceania, que ficou conhecida como imperialismo. O termo imperialismo foi definido pelo economista inglês John Hobson, num livro lançado em 1902. As sociedades metropolitanas justificavam ideologicamente a conquista e a dominação dos povos coloniais por teorias como o darwinismo social, que concebia a existência como uma luta pela sobrevivência

PAZ ARMADA: IMPÉRIOS MARÍTIMOS E POTÊNCIAS DESAFIANTES (1871-1914) 27

(em que os fortes predominam), pela consciência de uma missão civilizadora da raça branca e pelas teorias da superioridade racial.

No início desse processo, a principal rivalidade internacional opunha a Grã-Bretanha e a Rússia na região que ia desde os estreitos turcos até a Ásia Central. O império russo expandia--se para essa área por terra, incorporando partes dos decadentes impérios turco, persa e outros, enquanto a expansão britânica dava-se a partir do oceano e da Índia. A Europa tinha bases e enclaves litorâneos, de onde foi desencadeada a conquista do interior dos continentes. Desde a segunda metade do século XIX, missionários religiosos e expedições de exploração científica penetravam para o interior dos continentes, sobretudo da África. A partilha da África resultou numa disputa particularmente acirrada entre os Estados europeus, obrigando-os a estabelecer algumas regras comuns, o que foi conseguido na Conferência de Berlim, em 1885.

A conquista dos imensos territórios coloniais foi possível graças à superioridade militar, econômica e tecnológica dos europeus e foi obtida pela guerra e pela exploração das rivalidades existentes entre os povos dessas regiões. É importante considerar que esse fenômeno produzia uma *ocidentalização do mundo,* superficial ou profunda. Embora a dinâmica evolutiva local fosse bloqueada, as administrações coloniais criaram redes de infraestrutura, saneamento e introduziram modernas estruturas econômico-sociais, na tentativa de maximizar a exploração econômica dessas áreas. A dinâmica imperialista poucas vezes obedecia a um cálculo de custo-benefício de curto prazo. A maioria das colônias era deficitária inicialmente. Mas a expansão das potências foi um fenômeno irracional, ou apenas motivado por uma política de prestígio. Não ocupar uma região por ser relativamente pobre era deixar espaço para outra potência, que posteriormente poderia aí descobrir recursos importantes.

O cenário internacional da época passou a caracterizar-se pela existência dos: a) antigos impérios coloniais de épocas anteriores, como os da Espanha (Filipinas e Cuba), Portugal (Angola, Moçambique e enclaves asiáticos) e Holanda (Indonésia e Guiana Holandesa), que sobreviveram e se ampliaram (geralmente a exploração era compartilhada com outras potências ou empresas estrangeiras, especialmente inglesas); b) grandes impérios coloniais da Inglaterra (o maior de todos, com Canadá, Caribe, grande parte da África, Índia, Austrália, Nova Zelândia, ilhas do Pacífico e Malásia) e da França (África Ocidental, Madagascar, Caribe, Indochina e ilhas do Pacífico); c) novos impérios da Bélgica (Congo), Alemanha (partes da África e ilhas da Oceania), Itália (trechos da África muçulmana) e do Japão (Formosa, Coreia e ilhas da Oceania), país que passou de uma condição "continental" (voltado para dentro) para uma posição "oceânica" (voltado para fora); e d) impérios continentais, de expansão em territórios contíguos, como a Rússia e os Estados Unidos.

Os EUA, que já haviam conquistado posições importantes no Pacífico e estavam presentes na Bacia do Caribe, fizeram sua entrada triunfal na política mundial em 1898. Nesse ano, os norte-americanos entraram em guerra com a Espanha, arrebatando-lhe Cuba, Porto Rico e Filipinas. Os dois últimos tornaram-se territórios coloniais norte-americanos, e Cuba, uma espécie de semicolônia, frustrando as aspirações dos grupos que lutavam pela independência nessas possessões espanholas, quando ocorreu a intervenção norte-americana. Em 1903, Washington estimulou a independência do Panamá (em relação à Colômbia), ao qual os norte-americanos anexaram a área em que se encontravam interrompidas as obras do canal transoceânico, concluíram-nas e o inauguraram em 1914. As Filipinas eram estratégicas para a presença norte-americana na Ásia, funcionavam de forma defensiva contra as potências europeias, dando maior suporte à política de *portas abertas* em relação à China.

A maioria dos antagonismos surgidos nessa época geralmente foi solucionada de forma pacífica entre as potências imperialistas, mas por meio de uma política preventiva de demonstração de força. Seria apenas uma questão de tempo para que as boas maneiras diplomáticas cedessem lugar a um confronto aberto, quando as possibilidades de resolver os problemas a partir da expansão colonial terminassem. Nesse contexto, em 1904, o acordo entre a Grã-Bretanha e a França para resolução das disputas sobre o Egito e o Marrocos lançou as bases da Entente Cordiale. Contudo, no âmbito diplomático, Londres ainda não assumira compromissos formais, o que só se daria com a eclosão da Primeira Guerra Mundial.

O Caribe, por sua vez, transformava-se no *mare nostrum* estadunidense, controlando a passagem marítima do Atlântico para o Pacífico e abrindo caminho para a expansão econômica que se iniciava em direção à América do Sul. Também respondia ao desafio representado pela crescente presença europeia na região. No subcontinente sul-americano, os Estados Unidos apoiavam-se numa *aliança não escrita* (expressão de Bradford Burns) com a recém-proclamada república brasileira, como forma de penetração comercial e financeira, com a qual esperavam contrabalançar a presença econômica inglesa, principalmente na Argentina.

Em relação à América Central e aos países mais fracos do continente, os EUA valiam-se do Corolário Roosevelt à Doutrina Monroe, ou *big stick*, o "grande porrete" com o qual o presidente Ted Roosevelt impunha os interesses *yankees*. A rapidez com que emergiu a nova política exterior norte-americana deveu-se tanto às dimensões alcançadas pela economia desse país, que precisava projetar-se para fora, como também à preocupação dos Estados Unidos em relação à presença de enclaves europeus no Caribe, na América Central e nas Guianas. Essa presença poderia vir a servir de cabeça de ponte para o estabelecimento de impérios coloniais europeus na região, tendo em vista a debilidade da maioria dos Estados latino-americanos da época. A Amazônia foi uma das regiões que, com o ciclo da borracha, correu esse risco.

Nacionalismo, socialismo, geopolítica e projetos estratégicos

A sociedade de massas: nacionalismo e socialismo

As transformações geradas pela Segunda Revolução Industrial fomentaram um forte incremento demográfico e uma concentração urbana acelerada. Essa expansão das cidades resultava da lógica do capital e constituía um modelo ocidental triunfante, que se generalizava pelo planeta. O crescimento populacional, combinado com a modernização econômica que afetava a Europa, ensejou a formação de um expressivo fluxo migratório em direção às colônias de povoamento, à região platina e, principalmente, aos Estados Unidos. Contudo, se a emigração europeia servia para aliviar determinadas tensões sociais, nem por isso diminuía o impacto da formação de uma *sociedade de massas*, pois o aumento da população e sua concentração nas cidades produziam novos fenômenos sociais.

Como foi visto, a Segunda Revolução Industrial acelerou tecnicamente as comunicações e criou novos meios de difusão de ideias. Esse fenômeno se dava paralelamente ao ingresso de grandes contingentes humanos na vida política. A entrada das massas na política, longe de constituir um mero problema quantitativo, representou um salto qualitativo na vida social. Dois elementos que acompanharam esse processo tiveram impactos particularmente importantes: a expansão do aparelho educacional público e o surgimento de uma imprensa popular acessível ao homem comum.

A escolarização constituía uma necessidade inerente ao progresso técnico-industrial, mas seus efeitos não se restringiam à alfabetização e à obtenção de conhecimentos técnicos, pois a escola mostrava-se também como um meio eficaz de socialização. Se, por um lado, a educação teve um caráter predominantemente secular, estabelecendo a crítica à religião e estimulando o pensamento materialista e cientificista, por outro, serviu amplamente como meio para a difusão do nacionalismo pelos governos. Sem dúvida que o nacionalismo se revestiu de variados matizes, mas geralmente foi utilizado como meio de legitimação do Estado e dos governos, como fator de unidade social e como forma de apoio ao imperialismo e ao colonialismo. Isso permitia a convergência dos trabalhadores com o empresariado de seu país, na luta contra as potências rivais.

30 AS GRANDES POTÊNCIAS E OS CONFLITOS MUNDIAIS

Nessa mesma linha, os governos conseguiam estimular uma ideologia mobilizadora para combater a propagação das ideias socialistas que ganhavam terreno. A convergência dos novos elementos técnicos com os fenômenos sociais descritos anteriormente dotou o nacionalismo de uma sólida base popular (cujo núcleo ativo foi geralmente a classe média), o qual serviu também para embasar a formação de um mercado e de uma economia nacionais. A política internacional passou, desde então, a contar com um componente popular, identificado como "opinião pública", vinculando-se dessa maneira diretamente à política interna de cada Estado.

Em alguns países, o nacionalismo revestiu-se de contornos raciais, desenvolvendo-se como correntes políticas pangermanistas, pan-eslavistas e anglo-saxônicas. Esse fenômeno foi particularmente importante no caso da Alemanha, pois a unificação deixara de fora as minorias alemãs da Europa Centro-Oriental. Na medida em que a expansão econômica passou a dirigir-se para os Balcãs, o pangermanismo também se tornou um componente de peso na política austríaca, servindo como elemento de legitimação da política desses países para essa região. Mas a península balcânica também era o lar dos eslavos do sul (a maioria deles de religião ortodoxa), submetidos aos impérios multinacionais austríaco e turco. Assim, o pan-eslavismo serviria como instrumento ideológico para o império russo alcançar seus interesses nesse território, justificando-se como defensor da religião ortodoxa e das minorias eslavas da região. Os anglo-saxões, por sua vez, concebiam como missão histórica o desenvolvimento do império colonial e a primazia mundial de sua civilização.

O operariado urbano-industrial consolidou-se como classe durante esse período, e suas organizações políticas e sindicais expandiram-se constantemente. Esse fenômeno terá um impacto decisivo sobre o desenvolvimento histórico subsequente, inclusive porque suas organizações articularam-se a partir de estruturas supranacionais. Em 1864, foi criada em Londres a Associação Internacional dos Trabalhadores, ou Primeira Internacional. Protagonizada por Marx e Bakunin, a Internacional deixa de existir em 1872. A Segunda Internacional, fundada em 1889, em Bruxelas, já apresentava mais força e coesão, baseada que estava em poderosos partidos operários, como o Partido Trabalhista britânico, os partidos socialistas da França e da Itália e os partidos social-democratas alemão, austríaco e russo. Essa Internacional foi marcada pela luta entre a corrente marxista e a anarquista, que culminou com a expulsão da última em 1896. Em 1904, a tendência reformista foi oficialmente condenada, e em 1912 a Segunda Internacional decidiu utilizar a greve geral como meio de evitar o desencadeamento da guerra que se avizinhava.

Apesar dessas decisões, o movimento operário estava sofrendo uma transformação qualitativa rumo à moderação. A Segunda Revolução Industrial, com seu avanço tecnológico e as

PAZ ARMADA: IMPÉRIOS MARÍTIMOS E POTÊNCIAS DESAFIANTES (1871-1914) 31

novas formas de organização do trabalho, logrou um elevado incremento da produtividade, contendo o fenômeno de empobrecimento dos trabalhadores industriais. Os mais especializados dentre eles passaram a receber aumentos salariais reais e a gozar de uma situação de estabilidade, transformando-os no que se convencionou chamar de *aristocracia operária*. Ora, era justamente esse grupo que fornecia os quadros dirigentes dos sindicatos e dos partidos da Segunda Internacional. Assim, sob a influência dos evolucionistas fabianos da Inglaterra, os adeptos do revisionismo de Bernstein ampliam sua influência no meio operário, substituindo a concepção revolucionária de destruição do capitalismo pela estratégia de uma transformação gradual e pacífica desse sistema.

Nesse contexto, o movimento operário e seus partidos cresciam em número e em influência, em paralelo à moderação de suas posições. Esses partidos cresceram eleitoralmente, ampliaram seu espaço nos parlamentos e na sociedade desenvolvendo uma luta pela secularização (de contornos anticlericais em alguns países), pelo reforço do parlamento e da constituição, mas principalmente pelas reformas sociais, tais como a redução da jornada de trabalho, o descanso semanal remunerado, o seguro contra acidentes de trabalho e o acesso à educação e à habitação. Essa luta obteve alguns êxitos, o que foi facilitado em determinados países, como na Alemanha bismarckiana, onde foi desenvolvida uma política social com os objetivos de reduzir os conflitos internos e dotar o país de maior coesão, enfrentando em melhores condições os desafios internacionais.

Nos anos que antecederam à guerra, o movimento operário de viés socialista crescia depressa, embora, como foi ressaltado, suas posições políticas fossem moderadas. Justamente por isso, as elites de muitos países temiam que o movimento socialista estivesse em vias de se tornar uma alternativa de poder. A polarização entre esquerda e direita era cada vez mais forte nessa época, como o demonstra o caso Dreyfus na França. No verão de 1914, as barricadas haviam voltado às ruas de Moscou, o Partido Social-Democrata alemão e o Partido Socialista francês já tinham mais de uma centena de deputados nos respectivos parlamentos, sendo que esse último, algumas semanas antes do início da guerra, venceu as eleições. Mas o desencadeamento do conflito impediu-os de assumir o poder, porque Poincaré instituiu um governo de União Sagrada, congregando todos os partidos.

A geopolítica e os projetos estratégicos

Na passagem do século XIX ao XX, desenvolveram-se teorias específicas para a compreensão da política internacional das grandes potências. A *geopolítica*, teoria considerada ciência por

32 AS GRANDES POTÊNCIAS E OS CONFLITOS MUNDIAIS

muitos estrategistas, foi formulada especialmente a partir da publicação do livro *Politische Geographie* pelo geógrafo alemão Friedrich Ratzel, em 1897. Segundo esse estudioso, a posição e as características geográficas de um país determinavam sua política externa. Particularmente importante foi o conceito de espaço (*Raum*), segundo o qual esse elemento seria indispensável para o desenvolvimento de uma grande potência. Como visto, essa concepção era perfeitamente adequada para a Alemanha desenvolver uma política que superasse os fatores que entravavam sua ascensão à posição de primeira potência mundial. Historicamente, a geopolítica alemã considerou o Leste Europeu e os Balcãs como sua área natural de expansão contígua, visando a formar a *Mitteleuropa*.

O inglês Halford Mackinder, em 1904, partindo dos estudos de Ratzel, elaborou o que viria a ser a base da geopolítica inglesa e, depois, norte-americana. Segundo ele, o planeta estaria dividido em duas zonas antagônicas: o centro da massa continental eurasiana (ou *heartland*), e a ilha mundial, ou zona oceânica, controlada por uma potência marítima (naquele momento a Grã-Bretanha, depois os EUA). Segundo Mackinder, se uma potência controlasse a totalidade continental, poderia ameaçar a ilha mundial. Já o almirante norte-americano Alfred Mahan, em 1900, desenvolveu uma teoria segundo a qual a hegemonia de uma potência marítima perduraria enquanto ela controlasse uma série de pontos de apoio ao longo das costas da Eurásia.

Ciência ou não, a geopolítica revela muito sobre as percepções, os desejos e os fantasmas que atormentavam seus formuladores. É perceptível a importância conferida aos recursos naturais, no momento em que a Segunda Revolução Industrial aumentava a demanda por matérias-primas, e à noção de espaço, quando a Europa estava repartindo o mundo. Também é visível a oposição entre uma estratégia de domínio mundial centrada no controle dos oceanos (concepções anglo-saxônicas) e outra que prioriza a posse de grandes extensões terrestres contíguas (perspectiva alemã). Cada potência adaptará suas concepções conforme suas necessidades (mais históricas que geográficas), expressando estratégias particulares de expansão, o que permitirá uma maior compreensão das atitudes de cada uma durante a grande guerra. A seguir, são esboçados esquematicamente os objetivos estratégicos de todos os principais protagonistas.

O imperialismo alemão tinha como prioridade a expansão para o Leste da Europa e para o Oriente Médio, onde se encontravam os recursos naturais necessários ao seu crescimento industrial. A aliança com a Áustria-Hungria, a ideologia pangermanista, os investimentos no petróleo turco e a construção da ferrovia Berlim-Bagdá representam materializações dessa orientação. Uma guerra com a Rússia afigurava-se inevitável para ocupar a Polônia, os países bálticos e a Ucrânia, essa última rica em minérios, cereais e espaços infinitos para a coloni-

PAZ ARMADA: IMPÉRIOS MARÍTIMOS E POTÊNCIAS DESAFIANTES (1871-1914) **33**

zação alemã. É importante lembrar que havia minorias alemãs até o Rio Volga, nos limites da Rússia europeia.

Ao lado dessa tendência "natural", a Alemanha tinha que responder aos desafios de seus competidores ocidentais em termos econômicos e militares. Considerava necessário estabelecer uma espécie de confederação econômica que lhe permitisse ter influência sobre a Holanda, a Bélgica, o Luxemburgo e os departamentos industriais do Norte da França. As ambições alemãs no mundo colonial representavam muito mais um ressentimento contra Londres e Paris, e uma diplomacia de prestígio, do que um projeto consistente. Apenas as pretensões de expulsar os ingleses do Egito e da Índia, bem como ter o controle sobre a Turquia, parecem adequar-se mais à sua realidade.

Já a Grã-Bretanha, que era o maior e mais populoso império na época, desejava destruir a capacidade comercial e naval alemã, apoderar-se de parte do Império Turco e dividir as colônias alemãs com a França. Esta, por sua vez, além de partilhar as colônias alemãs com sua aliada, visava a: recuperar a Alsácia-Lorena, ocupar o Sarre e parte da Renânia, destruir a capacidade industrial e militar alemã e participar do desmembramento da Turquia. Já a Rússia tinha objetivos geopolíticos que bem demonstravam sua defasagem no plano internacional. Além de ampliar as fronteiras russas sobre a Alemanha e o Império Austro-Húngaro, desejava, sobretudo, ocupar a cidade de Constantinopla, os estreitos e parte do litoral turco, para ter um acesso ao Mar Mediterrâneo.

A Itália, por sua vez, realmente estava numa posição indefinida, oscilando entre priorizar o irredentismo e expansionismo balcânico ou lançar-se na aventura colonial. A Entente oferecia-lhe os territórios austríacos povoados por italianos, a Dalmácia, a Albânia e alguma parte da Turquia. Já a aliança alemã oferecia-lhe a Córsega, Nice, Saboia e parte das colônias francesas do Norte da África. De qualquer forma, os Balcãs e o Mediterrâneo Oriental parecerão mais interessantes, já que o desenvolvimento industrial italiano ainda não tinha porte para tirar vantagens de um amplo império colonial africano. Quanto ao Japão, desejava ampliar as possessões na China e no Pacífico. Nesse sentido, a conquista das colônias alemãs na Ásia convinha-lhe perfeitamente (Península de Chantung e arquipélagos do Pacífico). O caos se aprofundava na China, particularmente após a queda da dinastia Manchu e a proclamação da República em 1911, o que estimulava ainda mais as ambições japonesas sobre esse país.

Finalmente, no que diz respeito aos Estados Unidos, seus objetivos ainda não se encontravam tão claramente definidos antes da guerra, esboçando-se gradativamente ao longo desse processo. De qualquer maneira, o rígido controle do *mare nostrum* caribenho, a ascendência econômica sobre a América do Sul e a política de *portas abertas* em relação à China eram

34 AS GRANDES POTÊNCIAS E OS CONFLITOS MUNDIAIS

questões sobre as quais Washington não fazia concessões. Começa-se ainda a perceber que, gradativamente, os EUA passam a adotar a política inglesa de equilíbrio de poder em relação à Europa, além de manifestar uma discreta hostilidade em relação ao colonialismo. Como se pode ver, os objetivos geopolíticos de *todas as potências* e a estratégia para alcançá-los permitem caracterizar a guerra iminente principalmente como um conflito pela redivisão do planeta, devido ao ritmo desigual de desenvolvimento das nações industriais. Em 1870, a Inglaterra tinha a maior produção industrial do mundo, vindo os EUA em segundo, a França em terceiro e a Alemanha em quarto. Em 1913, os EUA ocupam a primeira posição, a Alemanha a segunda, a Inglaterra a terceira e a França a quarta!

Os blocos militares e as crises diplomáticas

No mundo afro-asiático, o predomínio europeu afirmava-se gradativamente, com o esmagamento das revoltas anticoloniais de tipo tradicional. Apenas algumas poucas áreas, como a Abissínia (Etiópia), a Pérsia (Irã), o Sião (Tailândia) e a China, escaparam ao domínio direto das potências europeias, sofrendo, entretanto, uma exploração econômica compartilhada por parte delas. Na China, a dinastia Manchu foi derrubada em 1911, instaurando-se uma república liderada por Sun Yat-Sen. Mas o país mergulhou no caos e numa guerra civil que durariam quatro décadas, com a disputa do poder pelos *senhores da guerra* (militares que controlavam as províncias) e depois entre o Kuomintang (Partido Nacional da China) e os comunistas, sempre em meio a intervenções estrangeiras.

O ano de 1904 marcou uma inflexão na evolução diplomática, dando início a uma fase de crises que conduziria à Primeira Guerra Mundial. Nesse ano, foi estabelecida a Entente Cordiale franco-britânica, e no Extremo Oriente eclodiu a guerra russo-japonesa. As pretensões dos dois países na Manchúria e na Coreia eram excludentes, e, contando com o beneplácito inglês, o Japão atacou as forças russas na região, derrotando-as numa ofensiva terrestre e, em 1905, batendo completamente a esquadra naval do báltico (Batalha de Tsushima), que o czar enviara ao Pacífico em reforço à sua armada.

Durante o conflito, eclodiu a Revolução de 1905 na Rússia, comprometendo definitivamente a política internacional do país, que já se encontrava em dificuldades. Essa revolução popular teve início espontaneamente quando a guarda do palácio do czar abriu fogo contra uma manifestação pacífica que ia entregar uma petição. A revolta de operários, soldados (motins e a rebelião dos marinheiros do encouraçado Potemkin) e camponeses se espalhou pelo país sem uma liderança unificada. O czar Alexandre II procurou ganhar tempo, propondo

PAZ ARMADA: IMPÉRIOS MARÍTIMOS E POTÊNCIAS DESAFIANTES (1871-1914) 35

reformas aos revoltosos, cuja ação expandira-se por todo o país, enquanto negociava a paz com o Japão. Com o fim da guerra, e recebendo ajuda internacional, o governo russo iniciou uma feroz repressão contra os revoltosos.

A derrota da Rússia na guerra custou-lhe a perda das ilhas Curilas, de metade da ilha de Sacalina e de suas possessões na China, que passaram ao domínio japonês, e evidenciou a fragilidade e o arcaísmo do país, bem como os riscos existentes de uma revolução social. Por outro lado, era a primeira vez que uma nação asiática vencia uma europeia, colocando o Japão em posição equivalente à das demais potências na Ásia, rebaixando a Rússia na escala de grandeza internacional e acabando ainda com a expansão russa na região. No mesmo ano de 1905, ocorreu a primeira crise do Marrocos. Ao manifestar pretensões em relação ao Marrocos, Berlim desejava barrar a expansão francesa na África do Norte e testar a solidez da Entente. A iniciativa alemã foi mal recebida pela Inglaterra, uma vez que a França já estava presente no Marrocos. Assim, a Conferência de Algeciras, em 1906, teve como resultado o fracasso da Alemanha, que foi obrigada a reconhecer a supremacia francesa na região.

O que o conflito russo-japonês e a crise franco-alemã demonstraram, como manifestação das *forças profundas,* foi o impasse do imperialismo de tipo colonialista. Em linhas gerais, a expansão rumo ao mundo colonial atingira seus limites, pois quase todas as regiões "vazias", isso é, não pertencentes a nenhuma das potências, já tinham sido conquistadas. Quanto às demais, ou já se encontravam destinadas a alguma potência, sendo sua ocupação uma questão de tempo, ou haviam tido sua exploração coletiva decidida pelos grandes protagonistas das relações internacionais. Assim, tanto quantitativamente não existiam mais áreas a serem ocupadas, como qualitativamente havia a defasagem entre o ritmo e o nível de desenvolvimento econômico entre regiões integradas dentro de um mesmo sistema. Elas implicavam uma redivisão dos impérios coloniais, premiando os mais dinâmicos. A partir de então, a tensão e as rivalidades cresceriam até a eclosão da guerra.

Uma das consequências da crise do Marrocos foi a criação da Tríplice Entente, um processo gradativo de aproximação entre Grã-Bretanha, França e Rússia. Londres, temendo a expansão naval alemã, mudou sua atitude com relação à Rússia, uma vez que esta renunciara à expansão na Ásia e voltara-se para os Balcãs por meio do pan-eslavismo. Enquanto isso, a corrida armamentista intensificava-se, despertando temores generalizados. Assim, em 1907 reuniu-se uma conferência sobre desarmamento em Haia, na qual ingleses e franceses procuraram obter o congelamento da corrida armamentista. Ora, como a Alemanha considerava-se em condição de inferioridade nesse terreno e estava realizando um esforço maior (que também

36 AS GRANDES POTÊNCIAS E OS CONFLITOS MUNDIAIS

correspondia a seu dinamismo econômico), recusou as propostas da Entente, levando a conferência a um fracasso.

Em 1908 eclodiu a primeira crise balcânica, quando o Império Austro-Húngaro anexou a província turca da Bósnia-Herzegovina. A nova onda de expansão austríaca na região procurava aproveitar a fraqueza russa e eliminar a Sérvia, protegida dos russos. A Alemanha estimulou e apoiou essa iniciativa, visando a debilitar a Tríplice Entente. A Rússia não conseguiu impedir a manobra austríaca, mas estreitou, então, seus vínculos com a França e a Inglaterra, aproximando-se também da Itália, que começava a se preocupar com a voracidade de seus aliados nos Balcãs. Em 1911 teve lugar a segunda crise do Marrocos, com nova pressão alemã para o estabelecimento de uma esfera de influência econômica. Mas a Inglaterra opôs-se resolutamente às pretensões alemãs, obrigando Berlim a recuar e mostrando que, em caso de conflito, a França poderia contar com o apoio inglês.

A segunda crise balcânica ocorreu logo em seguida, em 1912 e 1913. A Rússia, que já havia se recuperado da derrota contra o Japão, voltara-se decididamente para a região balcânica. Tentando tirar proveito das constantes revoltas contra a Turquia otomana (que continuava vulnerável, apesar das reformas modernizantes logradas pelo movimento renovador dos *jovens turcos* em 1908), o czar promoveu a formação de uma coalizão antiturca, a Aliança Balcânica entre Sérvia, Bulgária, Grécia e Montenegro. Em 1912, as forças dos quatro pequenos Estados atacaram e, para surpresa geral, derrotaram os turcos e chegaram às portas de Constantinopla, onde se detiveram por pressão das grandes potências. Para a Tríplice Aliança, a questão fundamental era impedir o acesso da Sérvia ao Mar Adriático e evitar o acesso da Rússia aos estreitos turcos, por onde a esquadra russa do Mar Negro poderia alcançar os mares quentes e abertos, no caso o Mediterrâneo. A Sérvia era o reino mais nacionalista entre os eslavos do sul e o maior obstáculo à expansão austríaca na região. Assim, foi criado o reino da Albânia, para impedir o acesso dos sérvios ao mar.

A partir de então, as grandes potências procuram estabelecer alianças com os pequenos reinos da região, explorando interesses locais e ressentimentos. Assim, mal terminada a Primeira Guerra Balcânica, eclodiu outro conflito pela divisão dos territórios cedidos pela Turquia. A Bulgária, com apoio político da Áustria, atacou a Grécia e a Sérvia, país que Viena desejava evitar que saísse fortalecido. A Romênia, o Montenegro e a Turquia uniram-se à Grécia e à Sérvia, derrotando a Bulgária, que teve de ceder parte dos territórios conquistados. A região constituía um verdadeiro barril de pólvora, que explodiria dois anos depois. Nesse momento, tornaram-se intensos os movimentos pela busca de alianças, bem como se intensificou a corrida armamentista. Apesar da rivalidade naval, existiam setores políticos na Grã-Bretanha

PAZ ARMADA: IMPÉRIOS MARÍTIMOS E POTÊNCIAS DESAFIANTES (1871–1914)

e na Alemanha que eram favoráveis à cooperação entre os dois países, mas a obstinação alemã em prosseguir seu esforço armamentista conduziu ao bloqueio do processo de negociações em 1912. A consequência imediata foi o reforço da Tríplice Entente e da Tríplice Aliança, pois a Alemanha preocupava-se com a debilidade austríaca em enfrentar os nacionalismos balcânicos.

Contudo, a Itália reagiu com certa frieza, devido à política balcânica de seus aliados. Os diversos governos europeus intensificaram a preparação militar, incrementando a produção de novos armamentos (sobretudo canhões de grande calibre, metralhadoras e os encouraçados *dreadnought,* de grande porte) e reorganizando os exércitos, particularmente com a ampliação do serviço militar. Além disso, multiplicaram-se por todos os países as manifestações chauvinistas (nacionalistas extremados) e militaristas. Em Berlim falava-se na necessidade de uma guerra preventiva, e o cenário para ela já estava montado.

Em 28 de junho de 1914 o estudante bósnio Gavrilo Princip, militante da organização secreta sérvia Unidade ou Morte, assassinou o herdeiro do trono austríaco em Sarajevo, o arquiduque Francisco Ferdinando, desencadeando a chamada Crise de Julho de 1914. Embora o governo sérvio não estivesse diretamente envolvido no incidente, a Áustria radicalizou suas demandas sobre Belgrado (capital sérvia), buscando uma confrontação para acabar com o que considerava como "irredentismo eslavo". Em 23 de julho apresentou um *ultimatum* ao governo sérvio, com condições inaceitáveis para a soberania deste, e, uma vez recusado o documento, declarou guerra à Sérvia no dia 28.

A Alemanha estimulou desde o início a Áustria no rumo da confrontação, tentando criar um conflito localizado, semelhante aos de 1912-1913. A Rússia, para evitar um novo revés como o de 1908, iniciou a mobilização geral do exército, inclusive contra a Alemanha, transformando a crise num *affair* europeu. Embora os diplomatas de todos os países fizessem esforços para desativar o mecanismo da guerra, os generais e os estados-maiores já estavam dando as cartas e desejavam implementar seus planos e estratégias. No dia 1º de agosto de 1914 a Alemanha declarou guerra à Rússia e dia 3, à França. O deus Marte iniciava sua dança da morte.

CAPÍTULO

1
2
3

A Nova Guerra dos Trinta Anos e o colapso da Europa (1914-1945)

Entre 1618 e 1648, o centro da Europa foi devastado pela Guerra dos Trinta Anos, formalmente entre Estados católicos e protestantes, provocando um atraso de mais de dois séculos à Alemanha. Em 1914, teve início a Primeira Guerra Mundial (tecnicamente encerrada em 1918), que, de certa forma, teve continuidade em 1939-1945, com uma Segunda Guerra Mundial. Os problemas dos anos 1920 e os conflitos dos anos 1930 estabeleceram a conexão entre ambas, tornando-se uma Segunda Guerra dos Trinta Anos, que acabou com o predomínio mundial da Europa e com o Império japonês. Também foi um período marcado por uma grande alteração do sistema mundial, com o triunfo da Revolução Russa de 1917 e o estabelecimento da União das Repúblicas Socialistas Soviéticas (URSS), o primeiro Estado socialista, que reergueu a Rússia. Ao mesmo tempo, uma potência extraeuropeia, os Estados Unidos da América (EUA), ganhava centralidade global como sucessora do velho continente na estrutura de poder e na economia mundiais.

A Primeira Guerra Mundial e a Revolução Socialista Russa

A Primeira Guerra Mundial e suas rupturas

Da guerra de movimento à guerra de trincheiras

A iniciativa alemã de desencadear a Primeira Guerra Mundial deveu-se ao fato de o desenvolvimento da Entente encontrar-se em vias de colocá-la em superioridade em 1916-1917. A estratégia alemã baseava-se em derrotar a França numa guerra rápida, neutralizando o flanco ocidental, e lançar, então, todas as suas forças contra a Rússia. Seguindo o Plano Schlieffen, em 4 de agosto o exército alemão invadiu a Bélgica, violando a neutralidade desse país. Apesar do sucesso inicial, a Alemanha não contava com a resistência belga e subestimou a atitude inglesa, que lhe declarou guerra. Outro erro de cálculo foi menosprezar as possibilidades militares da Rússia no início do conflito. Mas a deflagração da guerra foi acompanhada por uma explosão de júbilo patriótico entre a população. Até os partidos social-democratas votaram nos respectivos parlamentos os créditos de guerra solicitados por seus governos, além de endossarem a política nacionalista alemã. Todos, enfim, esperavam uma guerra curta e vitoriosa, que transformaria seu país na primeira potência da Europa.

Em fins de agosto, os alemães aproximaram-se de Paris, mas o exército russo lançou um ataque na Prússia Oriental, obrigando-os a transferir tropas da frente oeste para o leste. Hindenburg e Ludendorff conseguiram, então, deter os russos, mas, devido às derrotas dos aliados austríacos na região, viram-se obrigados a lançar uma ofensiva na Polônia, ocupando parte do país. Em dezembro, houve um equilíbrio e a estagnação. A transferência de tropas reduziu consideravelmente o ímpeto da ofensiva sobre Paris, e, em setembro, os franceses contra-atacaram no Rio Marne, forçando os alemães a recuar.

O outono trouxe chuvas e neblinas, reduzindo as atividades militares. Além disso, havia sido atingido um equilíbrio, e os dois lados começaram a fortificar suas posições. Nos 700 quilômetros que vão do Mar do Norte aos Alpes, foram construídos complexos sistemas de trincheiras, barreiras de arame farpado, blindagens, posições de tiro, postos de observação, cercas eletrificadas em alguns setores e terrenos minados, em linhas defensivas paralelas. Isso modificou as táticas militares, pois os golpes frontais exigiam grande superioridade material, vantagem que nenhum dos lados possuía, iniciando-se uma guerra de desgaste.

O esforço produtivo passou a ser decisivo para o resultado da guerra e, nesse campo, já em 1915, a Entente ultrapassava os impérios centrais. Em decorrência da maior amplitude das possessões coloniais da Entente, do bloqueio naval que os ingleses impuseram à Alemanha e do apoio financeiro e comercial dos Estados Unidos aos anglo-franceses (apesar da "neutralidade imparcial" de Washington), esse bloco controlava recursos em âmbito planetário, como centro de um sistema econômico mundial, enquanto a Alemanha e seus aliados constituíam somente um bloco regional. Outra questão fundamental para a diplomacia dos beligerantes era a própria manutenção de suas alianças e a tentativa de desfazer a dos adversários. Nesse sentido, os impérios centrais apresentavam uma aliança mais sólida que as potências da Entente, que haviam entrado em guerra por razões diferentes.

O ano de 1915 caracterizou-se pelo equilíbrio no ocidente e pela tentativa alemã de derrotar a Rússia, que foi expulsa da Polônia e da Lituânia durante o verão. Apesar dessa grande vitória,

A NOVA GUERRA DOS TRINTA ANOS E O COLAPSO DA EUROPA (1914-1945) 41

o Estado-Maior alemão não atingiu o objetivo de destruir o exército russo. Na frente ocidental, os alemães lançaram uma ofensiva na Flandres belga (Rio Ypres), empregando armas químicas (gás) que causaram 5 mil mortes, mas a ofensiva foi detida. Em 1916, a superioridade numérica e material da Entente era visível, levando os alemães a tentarem uma batalha de desgaste das forças francesas em Verdun. A ofensiva alemã iniciou em fevereiro, empregando lança-chamas e gases. Essa batalha tornou-se sinônimo de carnificina, pois os alemães perderam 600 mil soldados, e os franceses, 350 mil, sem que a frente tivesse se alterado mais que poucos quilômetros.

Em junho, forças anglo-francesas desencadearam uma ofensiva no Rio Somme, iniciando-a com um bombardeio que lançou uma tonelada de aço e explosivos em cada metro da frente e empregou aviões e tanques pela primeira vez. Os alemães retiraram tropas de Verdun, enviando-as para o Somme, e, com a chegada do outono, as operações militares se reduziram novamente. A Entente conquistou apenas 200km^2, sem conseguir romper a frente alemã, ao custo de 1 milhão e 300 mil homens para os dois lados. No mesmo ano, a ofensiva do general russo Brussilov fracassou na Polônia ao custo de meio milhão de baixas.

Havia também *fronts* secundários, como os Balcãs, o Oriente Médio e o mundo colonial e oceânico, onde ocorreram operações militares sem caráter decisivo para o resultado do conflito. Em 1914, o exército austro-húngaro fracassou no ataque à pequena Sérvia, e no ano seguinte a Itália entrou na guerra ao lado da Entente, e a Bulgária ao lado dos impérios centrais. Os austríacos, então, puderam conquistar os Balcãs, exceto a Grécia, aliada da Entente. No Oriente Médio, a Turquia entrou em guerra contra a Entente, que fracassou em suas ofensivas nos estreitos (Galípoli) e na mesopotâmia (atual Iraque). Os turcos, por sua vez, fracassaram nas tentativas de conquistar o Canal de Suez, enquanto no Cáucaso os russos ocuparam o norte da Pérsia e a Armênia turca em 1916. Nessa última região, os otomanos esmagaram a revolta desse povo num gigantesco massacre (1,5 milhão de mortos).

Preocupados com a futura repartição do Império Turco-Otomano e seu petróleo e, mais imediatamente, com os elevados custos da guerra na região, os ingleses aliaram-se aos árabes. Prometeram ao xerife Hussein de Meca apoio à independência das províncias árabes do império turco em troca do auxílio militar dos beduínos contra a retaguarda turca. Em junho de 1916, Hussein iniciou a revolta árabe e conquistou Meca aos turcos. Mas, ao mesmo tempo, Londres e Paris assinavam secretamente o Acordo Sykes-Picot, preparando a repartição do Crescente Fértil (região que compreende o litoral palestino-libanês, a Síria e a mesopotâmia iraquiana) entre si. Como se não bastasse, em 1917 os ingleses divulgaram a Declaração Balfour, prometendo a criação de um *lar nacional* judaico na Palestina. O problema judaico tinha suas raízes na emergência do nacionalismo no Leste Europeu, no fim do século XIX. No início da década de 1880, os judeus começaram a ser vítimas de *pogroms* (massacres) na Rússia e perseguições na Áustria-Hungria e reagiram com a formulação de um nacionalismo próprio, o sionismo, que desejava criar um Estado judaico na Palestina.

No mar, os ingleses estabeleceram um bloqueio no Mar do Norte, que isolou a Alemanha de suas colônias e do comércio mundial, enquanto destruíam as esquadras alemãs isoladas no Pacífico, no Índico e no Atlântico. Sem alternativa nos mares, em maio de 1915, a Alemanha desencadeou a guerra comercial submarina, tentando enfraquecer o fornecimento de suprimentos à Inglaterra e à França. Isoladas da metrópole, as colônias alemãs caíram rapidamente, exceto na Tanganica (África Oriental alemã), onde as guerrilhas se mantiveram até o fim da guerra.

Da Grande Guerra à Revolução Soviética

A guerra impôs aos combatentes e civis da retaguarda enormes sacrifícios, particularmente a partir do início da guerra de trincheiras. A Alemanha e seus aliados tinham menos recursos que a Entente, mas a economia alemã estava melhor organizada para a produção industrial bélica, além de dispor de uma excelente rede de transportes, o que explica sua capacidade de resistência. Em todos os países, o resultado foi o aumento de preços e impostos, racionamento de alimentos e desvalorização da moeda. Além disso, o prolongamento do conflito e o crescente número de baixas começaram a exasperar a população.

Assim, logo declinou o entusiasmo patriótico em relação a uma guerra que parecia cada vez mais insensata. A União Sagrada de todas as forças políticas começou a desgastar-se em 1915 e a ser contestada em 1916. A pequena fração socialista que se opusera à guerra em 1914 começou a crescer, além de aumentar dia a dia o número de greves e protestos, inclusive nas indústrias armamentistas. Em todos os países, o pacifismo crescia. Em alguns, as minorias nacionais começaram a agitar-se, e na Alemanha e na Rússia eclodiram os *motins da fome*, nos quais multidões saquearam os depósitos de alimentos. A Grã-Bretanha, além das greves, teve que enfrentar o levante irlandês durante a Páscoa de 1916, que proclamou uma efêmera república. Os ingleses sufocaram a revolta com extrema brutalidade e tiveram que deixar tropas de ocupação na Irlanda.

Em 1917, a guerra chegara a um impasse, e os povos estavam fartos de um conflito que se tornara um gigantesco e interminável massacre e gerava toda sorte de privações. Deserções e insubordinação cresciam entre os soldados, apesar das punições e dos fuzilamentos. A Rússia, dentre todos os beligerantes, foi a nação onde esses fenômenos se manifestaram com mais força. Em 1916 ocorreram gigantescas sublevações nas províncias muçulmanas da Ásia Central, devido ao recrutamento introduzido na região, e em 1917 o campo se convulsionava, e o exér-

A NOVA GUERRA DOS TRINTA ANOS E O COLAPSO DA EUROPA (1914-1945) 43

cito começava a desintegrar-se. Enquanto isso, a dinastia dos Romanov comemorara seu tricentenário em 1915.

Tentando salvar o país e impedir a revolução que amadurecia, o governo czarista aceitou discutir secretamente as propostas de paz da Alemanha. Os rumores sobre essas negociações alarmaram a Entente — para a qual a saída da Rússia da guerra seria um desastre —, que resolveu agir em conjunto com a burguesia russa, predominantemente associada aos capitais franceses. Preparava-se um golpe de Estado para obrigar o czar a entregar a coroa a seu filho, esperando, assim, acalmar o povo e manter o país na guerra. Mas, ao mesmo tempo, grupos revolucionários russos deflagravam uma insurreição em março de 1917 (a Revolução de Fevereiro). A burguesia russa, contudo, rapidamente organizou um governo provisório e a Duma (Parlamento), estabelecendo-se uma *dualidade de poderes*, embora os Sovietes (Conselhos) geralmente fossem controlados pela esquerda moderada. A Revolução de Fevereiro e a agitação russa repercutiram profundamente na Europa, com greves crescendo na Alemanha e na Áustria e o movimento pacifista se alastrando na França.

Como foi visto, no início de 1917, a guerra chegara a um impasse: os impérios centrais não mais conseguiam competir com a produção industrial da Entente, que também era cada vez mais apoiada pelos Estados Unidos. No entanto, a Alemanha mantinha sua capacidade militar e sua produção industrial, além do que a crescente desagregação do exército russo permitia ao país concentrar maiores esforços na frente oeste (Norte da França e Bélgica). Assim, se a Alemanha não tinha mais condições de vencer militarmente, também não poderia ser derrotada sem um elevado custo. Os anglo-franceses perceberam que não seria mais possível contar com o socorro das ofensivas russas sempre que a situação estivesse difícil no *front* ocidental. Nessa situação, os generais Foch e Joffre, defensores de operações cautelosas, foram substituídos pelo general Nivelle, partidário de ataques impetuosos e ações decisivas de grande envergadura.

No Norte da França, a gigantesca ofensiva franco-britânica do Rio Aisne, em abril de 1916, resultou em mais um fracasso. A indignação pelos sacrifícios inúteis produziu uma onda de distúrbios no exército, que empregou até artilharia contra os amotinados. Nesse momento, os Estados Unidos começaram a preocupar-se com os rumos da guerra, em particular com a intensificação da ofensiva submarina alemã, com a radicalização sociopolítica na Europa e, principalmente, com o esgotamento da Inglaterra e da França, países aos quais haviam feito empréstimos gigantescos. Até o fim de 1916, os Estados Unidos defendiam uma *paz sem vitória*, pois sua *neutralidade imparcial* tinha-lhe permitido obter muitas vantagens econômicas, passando de devedores a credores do velho continente. Em abril de 1917, Washington declarou guerra à Alemanha, mas era preciso criar um exército apto para esse tipo de guerra, que o país não possuía. Todavia, se a entrada norte-americana definia os rumos da guerra, seu impacto ainda tardaria a manifestar-se.

A permanência da Rússia na guerra, por seu turno, agravou a precária situação interna e deu aos bolcheviques a oportunidade de conquistar o poder em 7 de novembro de 1917 (outubro, no antigo calendário), encontrando uma resistência limitada. A Revolução de Outubro criou o que viria a ser o primeiro regime socialista, decretando reforma agrária, nacionalização das grandes indústrias e dos bancos (inclusive estrangeiros) e, principalmente, propondo a paz imediata, sem anexações ou indenizações. Embora tais propostas fossem, então, pouco realistas, a paz era uma necessidade premente para a Alemanha, devido ao aumento da agitação na Europa, além de a entrada dos Estados Unidos na guerra exigir que Berlim agisse com rapidez, tentando encerrar o conflito de maneira vantajosa, antes que a correlação de forças se tornasse totalmente desfavorável.

A proposta de paz dos bolcheviques teve, porém, consequências imediatas. A Entente começou a enviar tropas para as regiões periféricas da Rússia, apoiando a contrarrevolução, de forma a esmagar o novo regime e manter o país na guerra. A outra consequência foi a divulgação do programa de paz do presidente Wilson, os *Quatorze pontos*, em janeiro de 1918, que defendia o direito à autodeterminação dos povos e referia-se à criação da Liga das Nações (LDN) para garantir a paz.

Logo após a revolução bolchevique, iniciaram-se as conversações de paz russo-alemães na cidade de Brest-Litovsk, mas a tese soviética de uma "paz sem anexações" não era aceita pelos impérios centrais. Os chamamentos de paz aos povos e soldados, à margem de seus governos, pareceram-lhes um absurdo. Mas, em janeiro de 1918, a Alemanha e a Áustria-Hungria enfrentaram perigosas greves, revoltas de fome e atos de insubordinação. Na dupla monarquia danubiana, intensificava-se a agitação nacionalista entre as minorias eslavas, e em fevereiro a esquadra austríaca amotinou-se, içando a bandeira vermelha. Só o envio de tropas alemãs conseguiu esmagar os revoltosos. Os alemães precisavam da paz no leste e dos recursos alimentícios e minerais russos para tentar um golpe de força no oeste e, com isso, obter uma saída honrosa da guerra. A Rússia bolchevique poderia ser liquidada depois.

Para os soviéticos, a paz era urgente, pois o exército czarista se desintegrara, e nos confins do país preparava-se a reação, uma vez que a revolução era ainda muito frágil. Trótski, o negociador russo, negou-se, contra as ordens de seu governo, a assinar uma paz que considerava espoliativa. Em resposta, os austro-alemães retomaram a ofensiva e impuseram condições ainda mais duras. Em 3 de março, foi assinada a paz, e a Rússia teve de ceder a Ucrânia, a Polônia, a Bielorrússia e os países bálticos, alguns deles anexados, outros transformados em Estados-satélite dos impérios centrais.

A NOVA GUERRA DOS TRINTA ANOS E O COLAPSO DA EUROPA (1914-1945) 45

A Alemanha imediatamente enviou a maior parte das tropas para a frente oeste, lançando a grande ofensiva de março de 1918, visando a destruir os exércitos anglo-franceses e a conquistar Paris. Efetivamente, a frente inglesa foi desfeita, e os alemães avançaram 65 quilômetros, de onde puderam bombardear Paris com os canhões Grande Bertha (artilharia de grande calibre). Mas cometeram erros táticos e não conseguiram vencer os franceses. Lançaram outra ofensiva em maio, sendo detidos a 70 quilômetros de Paris sem destruir as forças do adversário. Uma terceira ofensiva em julho, denominada Batalha pela Paz, foi contida pelo novo comandante supremo da Entente, Foch.

As tropas norte-americanas começaram a chegar à Europa, enquanto a Alemanha não conseguia repor suas perdas humanas. As forças da Entente passaram, então, à ofensiva em fins de julho. Os alemães sofriam perdas e já recuavam no interior da Bélgica, mas conservavam a frente e a organização dos exércitos. No Oriente Médio, apesar de as tropas turco-alemãs haverem ocupado o Cáucaso, na esteira da revolução russa, os ingleses também passaram à ofensiva, ocupando a Pérsia (abandonada pelos russos) e tomando Bagdá em outubro de 1918, enquanto tribos árabes, coordenadas pelo coronel Lawrence e apoiadas por unidades inglesas, avançavam pela Palestina e tomavam Damasco no mesmo mês.

Na Alemanha, o general Ludendorff exigiu um armistício para salvar o exército da desagregação, mas a Entente, ciente de sua vantagem, não se apressou em responder, pensando terminar a guerra em 1919. O pedido de paz feito pelo cáiser ao presidente Wilson em 29 de setembro não foi respondido. Berlim, então, chegou a aceitar uma aproximação com a Rússia soviética, que a essa altura lutava contra as forças de intervenção da Entente no território russo, mas essa iniciativa veio tarde demais. O flanco sul dos impérios centrais começou a desmoronar, com os aliados da Alemanha saindo da guerra.

Na Bulgária, houve várias rebeliões no exército, no verão de 1918, e os ingleses, sérvios e gregos passaram à ofensiva, levando o país a render-se em 29 de setembro. O colapso da Bulgária criou o perigo de um ataque aos impérios centrais pela retaguarda, e em 30 de outubro a Turquia capitulou ante as potências ocidentais. A Áustria, por sua vez, começou a perder terreno para os italianos e teve que enfrentar a rebelião das minorias nacionais. Em 14 de outubro, uma greve geral em Praga espalhou-se por toda a Boêmia-Morávia (atual Tchéquia), que se retirou do Império Austro-Húngaro, seguida pela Ucrânia e pela Polônia, e em 31 de outubro houve uma sublevação em Budapeste, a qual proclamou a independência da Hungria. Em meio à mobilização popular, as elites desses povos rapidamente assumiram a direção dos movimentos nacionalistas, visando a consolidar as independências, mas principalmente a evitar uma radicalização social de tipo soviético. No dia 3 de novembro, o governo austro-húngaro, cujo país de fato não mais existia, pediu um armistício.

Na Alemanha, os próprios empresários se preocupavam com a derrota que se aproximava e com a crise econômico-social, responsabilizando os militares e o cáiser Guilherme II por não obterem uma paz vantajosa. Em fins de outubro, o comando alemão decidiu lançar uma nova batalha naval contra os ingleses, mas, ao receber ordem de zarpar, os marinheiros de Kiel se rebelaram. O movimento espalhou-se rapidamente para outros portos e centros industriais alemães, sendo criados sovietes de soldados e operários em várias cidades. A Entente, que não havia se preocupado em responder ao pedido de paz da Alemanha, comunicou-lhe rapidamente que aceitava a solicitação de armistício. Manobrando imediatamente para evitar uma radicalização revolucionária que se esboçava, a ala moderada do Partido Social-Democrata (SPD), com o apoio dos industriais e militares alemães, assumiu o poder e proclamou a república. No dia 11 de novembro, a Alemanha assinava o armistício.

Versalhes e a Liga das Nações: uma (des)ordem esquizofrênica

Os tratados de paz e o prosseguimento dos conflitos

O colapso dos impérios pluriétnicos e os pequenos nacionalismos

A derrota militar da Rússia causou o fim de um império multinacional (que viria a ser substituído por outro Estado republicano, socialista e federal em 1922, a URSS). A Finlândia, os países bálticos (Estônia, Letônia e Lituânia) e a Polônia se tornaram independentes do império russo, além de outras perdas territoriais (territórios bielorrussos e ucranianos para a Polônia) e da independência temporária de outras nações durante o caos da Guerra Civil (Cáucaso, Ucrânia e Ásia Central), depois recuperados pelos bolcheviques. As independências da Finlândia e da Polônia foram reconhecidas, mas não a nova fronteira russo-polonesa, que permaneceu contestada por Moscou. A Linha Curzon, que passava por Brest-Litovsk e fora estabelecida pelo diplomata britânico que lhe inspirou o nome, seguia a linha étnica predominante, mas, na guerra de 1920, a Polônia anexou áreas povoadas majoritariamente por bielorrussos e ucranianos, recuperadas em 1939 e reconhecidas mundialmente em 1945.

É importante notar que, na política estabelecida pelos tratados pós-Primeira Guerra, a Polônia e a Romênia tiveram seus territórios duplicados para formar dois bastiões fortes na fronteira ocidental da URSS, apoiados militarmente pela França. O poder militar e a ati-

A NOVA GUERRA DOS TRINTA ANOS E O COLAPSO DA EUROPA (1914-1945)

tude diplomática de ambos os países tendem a ser minimizados pela historiografia anglo-americana *mainstream*, que os caracteriza como vítimas frágeis. Mas os dois constituíam baluartes importantes do Cordão Sanitário antissoviético, que incluía os países bálticos e a Finlândia, apoiados por Londres e Paris.

A criação da União Soviética, em 1922, deu novo encaminhamento à questão das nacionalidades, conferindo-lhes uma base territorial e grande autonomia educacional-cultural e na gestão local. Como foi possível manter a unidade de um Estado com tais características? A resposta que enfatiza a "repressão" não explica a longa estabilidade de 7 décadas desse mosaico com 120 nacionalidades reconhecidas. Houve uma padronização política, ideológica e administrativa (*sovietização* é diferente de *russificação*), bem como um processo de modernização generalizado, que permitia a integração de todos os povos, ao mesmo tempo que dava espaço para a sua afirmação identitária.

A derrota da Turquia, por sua vez, representou a perda das províncias árabes, que se tornaram mandatos anglo-franceses (forma de colonialismo camuflado). Assim, foi criada uma frustração nacionalista entre os árabes, que geraria reações. Palestina, Transjordânia e Iraque ficaram sob controle inglês, enquanto os franceses, por sua vez, ficaram com a Síria e o Líbano. Mas a própria Turquia remanescente tinha problemas com nacionalidades minoritárias. Os gregos da Turquia foram trocados pelos turcos que viviam na Grécia, e as comunidades armênias e curdas foram submetidas ao Estado turco, esvaziando os planos de Wilson de criar mandatos étnicos para os dois últimos povos constituírem futuras nações. Os armênios sofreram novas perseguições, e a maioria morreu ou emigrou para a Armênia soviética ou para os EUA e a Europa. Os curdos permaneceram submetidos dentro de um Estado centralizado.

O colapso do Império Austro-Húngaro (no qual as duas etnias dominantes totalizavam 20 milhões, enquanto os demais povos somavam 30 milhões), de fato dominado pelos austríacos alemães, deu lugar a uma pequena Áustria, a uma pequena Hungria e à Tchecoslováquia. A Áustria e a Hungria se tornaram Estados étnicos, com parte de suas populações deixadas fora das novas fronteiras impostas. Essas fronteiras inviabilizavam a economia, e ambas as nações perderam o acesso ao mar. A Tchecoslováquia reuniu os pequenos eslavos do norte, tchecos e eslovacos, em um mesmo país, onde a parte tcheca (Boêmia-Morávia) era industrializada e rica, e a Eslováquia era agrária e pobre. Mas o problema era que os eslavos constituíam apenas metade da população, com fortes minorias alemãs e húngaras, além de polacos e ucranianos. A zona de fala italiana no Império foi anexada à Itália, e as províncias polonesas e ucranianas do Império foram incorporadas à Polônia, enquanto os romenos da Transilvânia foram incorporados à Romênia (que também anexou a Bessarábia russa, hoje Moldávia). O problema, mais uma vez, é que existiam expressivas minorias húngaras e alemãs na região, em território próprio.

Com a derrocada do Império multiétnico Austro-Húngaro, também foram criadas condições políticas para que os eslavos meridionais (ou pequenos eslavos, fisicamente separados do grande ramo do norte) pudessem constituir uma entidade política própria, pondo fim à subordinação aos turcos e aos austro-germanos. A Sérvia e o Montenegro já eram independentes, mas populações eslavas seguiam subordinadas a Viena. Havia um nacionalismo pan-eslavo local ativo e consciente. Assim, o estabelecimento do reino dos sérvios, croatas e eslovenos (incorporando também bósnios, montenegrinos e macedônios), sob a liderança de Karađorđević, representou tanto o resultado de um sentimento nacionalista pan-eslavo quanto as necessidades da diplomacia da Entente em criar uma entidade estatal mais sólida que os instáveis reinos balcânicos, como forma de impedir a reconstituição do Império Austro-Húngaro ou do Turco-Otomano. Mas a Iugoslávia nunca foi um Estado "artificial", especialmente a federal e socialista de Tito, de razoável estabilidade.

O grande problema criado era que, no fundo, os novos Estados que buscavam se legitimar como "étnicos" constituíam frágeis entidades multiétnicas, como os impérios, ou tinham minorias expressivas e descontentes. Na Finlândia, eram suecos, lapões, russos e carélios (12%), enquanto na Estônia (12%), na Letônia (27%) e na Lituânia (20%) eram, predominantemente, russos. Na Polônia, 32% eram russos, ucranianos ou alemães. Na Romênia, 24% eram húngaros ou alemães, e na Tchecoslováquia 46% eram alemães, húngaros, ucranianos e poloneses. Mas havia também grandes comunidades judaicas nesses países, que devem ser levadas em consideração.

As guerras civis russa e europeias e as revoltas anticoloniais

A assinatura dos armistícios não significou o fim dos conflitos armados na Europa. Seguiu-se uma guerra civil generalizada, na esteira do colapso dos impérios continentais, pois bruscamente desapareceram as dinastias dos Romanov, Habsburgo, Hohenzollern e dos sultões otomanos. A guerra mundial dava lugar às guerras civis revolucionárias, e a da Rússia duraria ainda mais quatro anos. O desencadeamento da guerra deixou o SPD frente a um dilema: apoiar seu país na guerra (votando os créditos e aceitando o predomínio dos militares) ou honrar o internacionalismo proletário da Segunda Internacional, da qual era o partido mais forte, impedindo a guerra por meio de uma greve internacional. Da mesma forma que em outros países, a maioria absoluta apoiou a primeira opção, e dirigentes, como Rosa Luxemburgo e Karl Liebknecht, foram para a prisão.

Mas a guerra foi uma carnificina desastrosa, e, em 1916, começaram os motins de soldados, as greves de operários e os protestos da população civil. Nos últimos dias da guerra, o cáiser

A NOVA GUERRA DOS TRINTA ANOS E O COLAPSO DA EUROPA (1914-1945)

ordenou que a marinha saísse para combater os ingleses, e os marinheiros se revoltaram e criaram assembleias. No mesmo dia, eclodiu a greve geral em Berlim, hasteando bandeiras vermelhas. Manobrando rapidamente para evitar a radicalização revolucionária que se esboçava, a ala moderada do SPD foi conduzida ao poder pela elite econômica e militar e proclamou a república, enquanto o cáiser fugia para a Holanda. No dia 11 de novembro, a Alemanha assinava o armistício de Compiègne, que também previa a participação alemã na intervenção antissoviética, o novo objetivo da Entente.

Enquanto o líder do SPD, Friedrich Ebert, assumia o governo apoiando-se na ala direita do partido e nos conservadores, os Conselhos de Operários e Soldados tomavam o controle das cidades mais importantes do país. Em Berlim, a ala esquerda do partido transformou-se no grupo revolucionário Espártaco, liderado por Rosa Luxemburgo e Karl Liebknecht, e mobilizou os partidários para a implantação de um regime socialista (ditadura do proletariado) em janeiro de 1919. O governo social-democrata, com apoio dos políticos ultraconservadores e de seus *Freikorps* (corpos francos, de soldados desmobilizados), esmagou a revolução em Berlim depois de alguns dias de combate, sendo assassinados os dois líderes espartaquistas. Assim, criava-se um abismo intransponível entre o SPD e o Partido Comunista da Alemanha (KPD), recém-formado.

A República Soviética da Baviera, proclamada por Kurt Eisner, em novembro de 1918, produziu caos e enfrentamentos por 5 meses, o que provocou a mobilização da extrema-direita, sendo a república esmagada em abril de 1920. A revolução alemã, apesar do ruído que produziu, não tinha raízes profundas, e, como o país capitulara quando as estruturas ainda estavam intactas, o SPD e a direita mantiveram o controle da situação. O resultado foi provocar uma contrarrevolução e um sentimento de "ameaça comunista", temida pelas elites e pela classe média. O regime parlamentar republicano de Weimar também sofreu tentativas de golpes de direita e extrema-direita, como o *Putsch* monarquista de Kapp em Berlim (1920) e o *Putsch* nazista de Hitler em Munique (1923), ambos malogrados. As bases da contrarrevolução nazista haviam sido lançadas.

O SPD tentava se aproximar do Ocidente e aceitar um *status* reduzido da nação para ser admitida no Sistema de Versalhes/LDN. Tal situação ameaçava o Acordo de Rapallo, firmado em 1922, entre a Alemanha e a URSS, as duas "ovelhas negras". Assim, por ressentimento e por apoio a Moscou, o partido muitas vezes fez alianças táticas com os nacionalistas conservadores. Isso, mais as oscilações da Terceira Internacional (Comunista), fez com que o KPD vivesse em um gueto, embora fosse extremamente ativo e radical. A emissão de moeda para pagar as pesadas indenizações provocou a traumática hiperinflação de 1923, que esmagou a classe média. A partir de 1924, a Alemanha foi estabilizada, as reparações, reduzidas, e recebidos os dólares do Plano Dawes, fazendo com que o SPD ganhasse terreno.

50 AS GRANDES POTÊNCIAS E OS CONFLITOS MUNDIAIS

Na Itália ocorreram ocupações de terras e fábricas pelos trabalhadores, além de greves e protestos generalizados, que o governo liberal era incapaz de controlar. As classes dirigentes lançaram mão do movimento fascista, que chegou ao poder por meio da Marcha sobre Roma em 1922. Em abril de 1923, os comunistas conseguiram controlar parte da Bulgária por quatro semanas, apoiados em uma rebelião camponesa. Na Hungria, a república foi proclamada em meio a uma crise política, que desembocou em uma revolução em março de 1919, formando-se uma república soviética liderada por Béla Kun. A aristocracia fundiária, apoiada por tropas romenas e assessores franceses, conquistou Budapeste em agosto, acabando com a experiência. Na Eslováquia também chegou a ser implantado um regime soviético, que durou apenas um mês (julho de 1919).

Durante o inverno de 1920-1921, o Exército Vermelho russo derrotou as forças contrarre-volucionárias e intervencionistas estrangeiras. Entretanto, o preço da vitória era elevado. A produção encontrava-se paralisada, a população, debilitada, e os camponeses, descontentes. Às vítimas da fome e epidemias de tifo e cólera se somaram os mortos das guerras mundial e civil, provocando mais de 10 milhões de mortes. A Rússia perdeu 900 mil km^2 economicamen-te importantes e 30 milhões de habitantes (a população do Império russo em 1914 alcançava 160 milhões). As dificuldades levaram Lênin a substituir o Comunismo de Guerra (medi-da excepcional na guerra civil) pela Nova Política Econômica (NEP). O triunfo da revolução fora possível graças à aliança operário-camponesa, baseada na *combinação de uma revolução proletária e de uma revolução burguesa*, sob o comando dos bolcheviques. A primeira, socia-lista, apoiava-se nos operários urbanos e visava à supressão da propriedade privada; a segun-da, capitalista, desejava a extensão e o desenvolvimento da propriedade privada no campo. O campesinato aceitou os sacrifícios do Comunismo de Guerra enquanto havia o risco da volta dos antigos proprietários, mas, com a derrota da contrarrevolução, este recuou para uma eco-nomia de subsistência.

A precoce morte de Lênin em janeiro de 1924 afetou seriamente o partido e o novo regime. O papel dele era superior ao dos demais líderes da revolução devido ao prestígio e à autoridade dos quais gozava. Ele promoveu a adaptação do marxismo às condições russas e a elaboração da estratégia de conquista do poder. Lênin constituiu um elemento de equilíbrio entre, mui-to esquematicamente, os militantes *cosmopolitas* pequeno-burgueses, que estiveram exilados, como Trótski, e os *nacionais*, operários que atuaram na clandestinidade, como Stálin. A luta sucessória foi travada entre esses dois grupos. Trótski desejava uma *revolução permanente e mundial*. Stálin, por sua vez, adotava a teoria do *socialismo num só país*, pois, frente ao fracasso da revolução no ocidente, a URSS teria que construir as bases econômicas do socialismo com esforço próprio. A situação interna e externa propiciou a vitória de Stálin, a qual ocorreu tam-

A NOVA GUERRA DOS TRINTA ANOS E O COLAPSO DA EUROPA (1914-1945) 51

bém por ele haver se posicionado como *discípulo e continuador* de Lênin. Já Trótski se considerava como equivalente ao falecido líder, com o qual divergia, apesar de ter aderido ao partido pouco antes da revolução (KOTKIN, 2017).

Entretanto, o que interessa é o impacto da revolução e sua percepção pelas sociedades europeias. A revolução implantou o primeiro regime pós-capitalista, mas ela chegou ao poder devido ao caos que a guerra criara na Rússia czarista, e a União Soviética era frágil e mal organizada na década inicial. Contudo, mesmo cercada e isolada, o simples fato de ter ocorrido e sobrevivido criava um clima de incerteza em uma Europa traumatizada pela guerra mundial e por seus efeitos socioeconômicos. Comunidades russas exiladas no continente europeu e nos Estados Unidos, gente próspera que perdera tudo, aumentavam a percepção de pânico nas elites e na classe média ocidental, até porque vivenciavam muita agitação socialista em seus países. E as pessoas simples, especialmente os camponeses e cristãos, também mergulhavam em um medo irracional, engrossando as bases sociais de uma contrarrevolução que se formava. Gente que nada possuía, mas temia ser expropriada. Circulavam as versões mais estapafúrdias, inclusive sobre supostas práticas de canibalismo (comer crianças) e de socialização das mulheres.

Em países católicos do Sul e do Leste Europeu, o fascismo chegou ao poder nos anos 1920, mas na Alemanha, apenas em 1933. Na URSS, a indefinição política foi superada no fim da primeira década, quando a tendência socialista das poucas cidades e do Estado subjugou a imensa massa camponesa pró-propriedade privada. O que parecia impossível ocorreria: a criação de uma economia baseada no planejamento estatal, na industrialização acelerada e na coletivização forçada da agricultura. Tratava-se de uma *revolução na revolução*, marcada pela violência social, que coincidia com a Grande Depressão do mundo capitalista. Apesar de a Rússia soviética estar quase blindada à espionagem, dissidentes soviéticos e comunistas ocidentais que frequentavam a Internacional em Moscou traziam informações. A partir de então, a alta diplomacia, governantes e líderes militares ocidentais começaram a considerar, seriamente, a hipótese de acabar com o regime bolchevique pela força. Por tudo isso, Stálin buscou centralizar cada vez mais o poder e tornar a Internacional um instrumento da diplomacia soviética.

No mundo colonial, a "guerra civil europeia" repercutiu como um incentivo às lutas anticoloniais. A ideologia da Revolução Soviética e os princípios de autodeterminação contidos nos *quatorze pontos* do presidente Wilson, por sua vez, constituíram um enorme estímulo para os movimentos emancipatórios. Até a Primeira Guerra Mundial, o colonialismo era apresentado como uma virtude e, depois dela, passou a ser visto como uma política negativa. Na Turquia, o nacionalismo modernizador liderado por Mustafa Kemal levantou-se contra o Sultão e as potências da Entente, estabelecendo um governo republicano em Ancara. Suas forças recuperaram os territórios perdidos para os gregos e para a Armênia independente e venceram o

Sultão, tomando Constantinopla. As potências ocidentais retiraram-se dos estreitos e das áreas de influência que haviam estabelecido na Turquia. Kemal *Ataturk* (pai dos turcos) modernizou as estruturas sociais e políticas do país, além de recuperar-lhe a soberania e evitar o desmembramento que se processava.

Na península arábica, o xerife Hussein de Meca, aliado dos ingleses, dominava o Reino do Hejaz, mas foi derrotado militarmente pelo rival Ibn Saud, da região de Nedj. A família Saud se aliou à seita fundamentalista wahabita, uniu essas regiões e expandiu militarmente os domínios na península. Ibn Saud estabeleceu o reino que, em 1932, seria denominado Arábia Saudita. Foi o primeiro a aliar-se aos EUA na região e a permitir a instalação das empresas petrolíferas norte-americanas, organizadas no conglomerado Arabian-American Oil Company (Aramco). Essa passou a ser a rival da empresa anglo-holandesa Shell, estabelecida na região por meio das empresas Anglo-Iranian Oil e Anglo-Irakian Oil. Os ingleses acolheram seus aliados da família Hussein, presenteando-os com os tronos das colônias inglesas da Transjordânia e do Iraque.

Com o isolamento da URSS e o refluxo da revolução na Europa, os bolcheviques substituíram a estratégia do assalto pela do assédio. No Congresso dos Povos do Oriente (Baku, 1923), impulsionaram a ideia de que a revolução bloqueada no ocidente ocorreria no oriente colonial e semicolonial. As revoltas e agitações anticoloniais na Ásia e Norte da África, aliadas à Revolução Chinesa em movimento, reforçavam as convicções bolcheviques. Da Mongólia e do Extremo Oriente soviético, a Rússia bolchevique estabeleceu contato direto com o movimento revolucionário chinês, apoiando o governo de Sun Yat-Sen, sediado em Cantão. O país achava-se convulsionado e dividido entre *senhores da guerra* que lutavam entre si e eram apoiados pelas potências imperialistas rivais.

Com a morte de Sun Yat-Sen, seu genro Chiang Kai-Shek assumiu a direção do Kuomintang (KMT) em 1925. Após vários desentendimentos com os conselheiros soviéticos sobre a condução da guerra, Chiang lançou uma grande ofensiva, derrotando os adversários do Centro e do Norte da China em 1927. Contudo, à medida que os objetivos *nacionais* do KMT eram alcançados, mais se reforçava o grupo hostil às mudanças *sociais* contidas no programa, criando uma tensão com o Partido Comunista da China (PCCh). Instigado pelas elites financeira e feudal chinesas, bem como pelas potências coloniais, Chiang massacrou os comunistas em Cantão, em abril de 1927. O PCCh, após o desastre provocado pela aliança forçada pela Internacional Comunista, adotou uma estratégia heterodoxa com Mao Tsé-Tung e Chu Teh, transferindo o eixo da luta para o campo, retirando-se das cidades e criando sovietes camponeses no Sul da China.

A NOVA GUERRA DOS TRINTA ANOS E O COLAPSO DA EUROPA (1914-1945)

Versalhes e a Liga das Nações: uma (des)ordem esquizofrênica

Os acordos de paz

Em janeiro de 1919, teve início a Conferência de Paz em Versalhes, protagonizada por estadistas, como o francês Clemenceau, o norte-americano Wilson, os britânicos Balfour e Lloyd George, o italiano Orlando e o japonês Sayonji. Os vencidos não participaram da conferência, e os pequenos Estados do grupo vencedor não tinham participação decisória. Em maio, as condições de paz foram entregues à Alemanha, que procurou barganhar condições melhores. Com a exigência de assinatura imediata e o medo de uma invasão pela Entente, o parlamento alemão aceitou o tratado, que foi assinado em Versalhes, em 28 de junho de 1919.

O tratado criava a LDN, determinava a entrega de territórios alemães (Alsácia-Lorena à França e um corredor de acesso ao mar à Polônia) e de todas as suas colônias. Houve também a entrega do material de guerra, da armada, de parte da frota mercante, de locomotivas, gado, carvão; a redução do exército a 100 mil homens; o desmantelamento das defesas; e o pagamento de enormes somas como reparação de guerra. Era uma insistência, sobretudo da França, pela destruição do território francês, uma vez que a Alemanha e seus aliados foram considerados culpados pelo início da guerra. Em setembro de 1919, foi firmado o Tratado de Saint-Germain-en-Laye com a Áustria, pelo qual esta cedeu a maior parte de seus territórios, reconheceu a independência dos novos Estados danubianos e ficou proibida de se unir à Alemanha ou à Hungria. O tratado de paz assinado com a Bulgária, em Neuilly-sur-Seine (novembro de 1919), cedia territórios aos vizinhos (perdendo o acesso ao Mar Egeu). A Hungria, no tratado de paz assinado em Trianon (junho de 1920), da mesma forma que a Áustria, cedeu a maior parte de seu território e teve de reconhecer os novos Estados, além ser proibida de voltar a se unir à Áustria.

Quanto à Turquia, a paz foi assinada em Sèvres (não ratificada pelo parlamento turco), com o Império perdendo as províncias árabes, a Armênia (temporariamente independente) e territórios da Anatólia e da Trácia para a Grécia, além de ser obrigado a internacionalizar os estreitos. Posteriormente, com a eclosão da guerra civil e antigrega, que foi vencida pelos republicanos de Kemal Ataturk, as potências ocupantes se retiraram. Foi, então, firmada, em 1923, a Paz de Lausanne entre o novo governo turco e as potências ocidentais, com a Turquia tendo reconhecida a recuperação de vários territórios, adquirindo sua conformação territorial atual.

Os tratados europeus de paz foram complementados pela Conferência de Washington em 1921-1922, a qual era composta de quatro acordos: o Pacto Naval fixava a tonelagem para cada

54. AS GRANDES POTÊNCIAS E OS CONFLITOS MUNDIAIS

potência no Pacífico, de modo a limitar a expansão da armada japonesa; o Tratado das Quatro Potências (EUA, Grã-Bretanha, França e Japão) garantia o *status quo* no Pacífico; o Tratado das Nove Potências assegurava a independência da China e a política de *portas abertas*; finalmente, o Tratado de Shantung obrigava o Japão a retirar-se de regiões ocupadas na China e na Sibéria soviética. O conjunto de todos esses tratados na Europa e na Ásia criava o Sistema de Versalhes, que consistia numa estratégia de contenção da Alemanha, do Japão e da União Soviética, bem como de manutenção de um precário equilíbrio entre os vencedores da guerra. A fragilidade e a instabilidade desse sistema foi uma das causas da futura crise e da nova guerra mundial. Aos Estados Unidos coube um papel particular dentro do sistema, analisado adiante.

O precário Sistema de Versalhes

Os tratados de paz agravaram os problemas de fronteiras contestadas e tratamento de minorias nacionais, e todas as nações do campo perdedor reivindicavam a revisão. No tocante à Alemanha, as consequências foram desastrosas. Uma potência industrial, que em 1914 aspirava à liderança europeia, foi reduzida em Versalhes a uma nação de segunda grandeza. Isso prejudicava a própria Europa, pois a Alemanha era justamente a potência industrial mais dinâmica do continente. Além dos graves efeitos econômicos das indenizações e perdas territoriais, as consequências políticas desse tratado foram piores. A humilhação promovida pelo *Diktat* de Versalhes constituiu um verdadeiro caldo de cultura para a radicalização do nacionalismo alemão pelas forças ultraconservadoras. Contudo, convém ressaltar que a Alemanha manteve a soberania e as estruturas econômicas básicas, uma situação muito melhor que a do segundo pós-guerra.

Ao mesmo tempo que os *quatorze pontos* do presidente Wilson e a Revolução Soviética propagavam a ideia da autodeterminação, e o colonialismo passava a ser um termo pejorativo, os vencedores, numa visão imediatista, dividiam as colônias alemãs entre si. Todavia, isso agora tinha de ser feito por meio do mecanismo "politicamente correto" dos mandatos da LDN, que eram, a princípio, autorizações temporárias para administrar os territórios, mas sem uma data definida para o término.

Ao lado do problema alemão e do soviético, a formação de novos e frágeis Estados na Europa Oriental ocupou grande parte da agenda diplomática. Finlândia, Estônia, Letônia, Lituânia, Polônia, Tchecoslováquia, Áustria, Hungria, Iugoslávia e, fora dessa região, Irlanda (1921) e Islândia eram os novos Estados. Além de rivalidades mútuas, existia, entre eles, o antagonismo entre os vencidos (revisionistas dos tratados de paz) e os novos (defensores do novo *status quo*), além do fato de a maioria deles estar localizada na fronteira soviética. Considerando-se a

A NOVA GUERRA DOS TRINTA ANOS E O COLAPSO DA EUROPA (1914-1945) 55

fragilidade desses Estados, compreendem-se as tensões que envolviam suas políticas exteriores e a ingerência das grandes potências.

O conflito enfraqueceu a posição europeia no mundo e fortaleceu a dos Estados Unidos, embora essa situação não tenha sido claramente percebida na época. A LDN, instalada em Genebra, em 1919, como organização internacional que visava a regular os conflitos mundiais, foi formada como um verdadeiro *clube dos vencedores da primeira guerra* (exceto os EUA, que a ela não aderiram). Nessa fase, sobrepunha-se uma economia capitalista internacional impulsionada pelos EUA a uma organização política dividida em Estados nacionais, ainda centrada na Europa, sem a disciplina e a liderança de uma potência industrial.

Em parte, esse problema decorria do *isolacionismo* adotado pela política externa norte--americana com a volta dos republicanos ao poder. Não se tratava de um isolamento absoluto, mas da recusa de assumir compromissos coletivos, uma vez que o país tinha consciência de sua força individual. Era também um relativo distanciamento dos conflitos europeus, já que a prioridade dos republicanos era a América Latina e a Ásia Oriental. Assim, o grande problema das relações internacionais dos anos 1920 consistia na posição norte-americana, que achava possível gerir uma economia mundial em bases individuais, isso é, sem criar um sistema político internacional que lhe desse suporte. Na ausência dele, continuou vigente o defasado sistema europeu anterior, agravado pelo fato de a Revolução Soviética haver rompido o sistema internacional, separando um sexto das terras emersas do mercado mundial.

O Ocidente, com o fracasso da contrarrevolução e da intervenção internacional na Rússia, adotou uma política de isolamento da Revolução Soviética a partir do Cordão Sanitário (aliança diplomática dos países europeus que faziam fronteira com a URSS e sustentada pelas potências ocidentais) que, a pretexto de impedir a "exportação da revolução", procurava estabelecer um bloqueio, debilitar a economia soviética e criar condições políticas para a derrubada do regime. Moscou, por sua vez, buscou apoiar politicamente os vencidos na guerra, adotando uma política anti-Versalhes.

A situação da Alemanha de Weimar fez desse país o principal alvo da política externa soviética. As duas "ovelhas negras" do pós-guerra formalizaram relações a partir do Tratado de Rapallo, em 1922, durante a fracassada Conferência Econômica de Gênova. O tratado estabelecia relações diplomáticas, e um item secreto permitia a instalação, na URSS, de fábricas alemãs de armamentos e o adestramento militar em armas proibidas em Versalhes (tanques e aviões). Os soviéticos, além do comércio, obtiveram, assim, uma ligação mais sólida com uma potência industrial, o que, por outro lado, dificultava qualquer iniciativa para a formação de uma coalizão antissoviética, possibilidade sempre considerada e temida por Moscou. Lênin transferiu de volta a capital para Moscou, no centro do país, pois Petrogrado estava ao alcance de qualquer invasão.

Seguiram-se tentativas ocidentais de recuperar a Alemanha economicamente (para apoiar o governo e evitar uma revolução social) e de afastá-la da URSS: o Plano Dawes (1924) investiu capitais, sobretudo norte-americanos e ingleses, na Alemanha; a Conferência de Locarno (1925) acordou tratados bilaterais de paz, melhorando suas relações com os aliados; em 1926 a Alemanha foi convidada a ingressar na LDN (no Conselho de Segurança da liga), no lugar pretendido pelo Brasil, que, então, abandonou a organização; além disso, as condições das reparações de guerra foram atenuadas ainda nos anos 1920. Temendo perder a posição obtida, a URSS assina com a Alemanha o Tratado de Berlim (1926), pela manutenção dos vínculos estabelecidos em Rapallo. Chamberlain, um dos mentores de Locarno, conduziu da Grã-Bretanha uma nova onda de hostilidade contra a União Soviética. A greve geral britânica de l926 forneceu o pretexto desejado pelos conservadores britânicos para isolar Moscou ainda mais.

O colapso do sistema internacional e a Segunda Guerra Mundial

Meia paz: depressão, radicalização e conflitos (1931-1939)

Impactos diplomáticos da depressão econômica e a ascensão do fascismo

A quebra de Bolsa de Valores de Nova York em outubro de 1929 foi o ponto de partida de uma grande crise econômica mundial, a qual abarcaria a década de 1930 como uma grande depressão do mundo do capitalismo. A crise atingiu todos os países capitalistas na intensidade de sua associação ao mercado mundial. Essa depressão gerou um protecionismo comercial e a queda nos investimentos que acentuavam as diferenças entre as "potências ricas" (EUA, Grã-Bretanha e França) e as "potências pobres" (Alemanha, Itália e Japão), situação correspondente ao conceito fascista de oposição entre "nação imperialista" e "nação proletária". A depressão econômica e a agitação social daí decorrentes vão propiciar a ascensão ou a radicalização de regimes autoritários nos países do último grupo, nos quais existiam também fracas tradições liberais.

Nos anos 1920, com os EUA, a Rússia soviética e a Alemanha fora da LDN, o Sistema de Versalhes converteu-se em um mecanismo de contenção de Moscou e Berlim. Enquanto os

A NOVA GUERRA DOS TRINTA ANOS E O COLAPSO DA EUROPA (1914-1945) 57

Estados Unidos, já a maior e mais dinâmica economia do mundo, geria o sistema econômico internacional, os europeus lideravam o sistema político mundial com os olhos voltados ao passado. Assim, quando ocorreu a Grande Depressão, o sistema mundial foi abalado, pois o recuo das relações econômicas deixou a grande diplomacia nas mãos de países sem capacidade de propor um novo sistema mundial. A queda dos fluxos comerciais e financeiros, no quadro de uma recessão generalizada, fez o mundo mergulhar no protecionismo, enquanto se generalizavam conflitos sociais e regimes autoritários. As metrópoles coloniais europeias (Inglaterra, França, Holanda e Bélgica) sobreviveram à crise em um mundo protecionista, pois contavam com seus impérios ultramarinos. Sua perspectiva estratégica era rigidamente conservadora: manter o controle das possessões até que a crise, por algum mágico mecanismo de mercado, fosse superada.

Já as potências tardiamente industrializadas, como Alemanha, Japão e Itália, se encontravam superpovoadas, sem recursos naturais e energéticos, com um mercado interno limitado para a dimensão da base industrial e com impérios coloniais irrelevantes ou inexistentes, e por isso foram duramente atingidas pela crise. A radicalização sociopolítica interna e a ascensão de regimes de extrema-direita foram uma primeira decorrência dessa situação. Em seguida, esses países, na impossibilidade de competir economicamente no plano mundial, partiram para a conquista militar de áreas vizinhas, com a finalidade de dominar pelas armas um espaço regional para seus capitalismos nacionais: a Esfera de Coprosperidade da Grande Ásia Oriental para o Japão; a Europa Centro-Oriental e balcânica para o III Reich; e partes da Bacia do Mediterrâneo e do Leste da África para a Itália. Mas essa expansão implicava redividir o mapa do mundo, em detrimento das velhas potências coloniais europeias.

Os Estados Unidos, com território de dimensões continentais, amplo mercado interno e abundantes recursos naturais, sobreviveu à crise, embora refluindo nos mercados externos. Com o retorno dos democratas ao poder, a partir da vitória de Franklin Roosevelt em 1933, o país retomou o projeto internacionalista e liberal de Woodrow Wilson numa versão atualizada. Os EUA desejavam construir um sistema político mundial, apoiado em uma organização internacional que suprisse as deficiências da LDN (a ONU), como forma de garantir um mundo aberto ao comércio e aos investimentos. Para tanto, era necessário apoiar a descolonização, o desmantelamento dos blocos das potências do Eixo e a economia planificada e fechada da URSS. Mas não era possível realizar todos esses objetivos simultaneamente. Então, os norte-americanos iniciaram pela América Latina, cujos países não eram colônias nem estavam integrados em blocos, por meio da Política de Boa Vizinhança. Depois, apoiaram as potências coloniais europeias, e houve uma aliança com a União Soviética, como forma de derrotar as potências médias nazifascistas, que representavam uma ameaça militar. Era necessário evitar a construção de um grande espaço eurasiano sob domínio dessas nações. A emancipação do mundo colonial e a reversão do socialismo ficariam para o pós-guerra, embora políticas nesse sentido já tivessem sido lançadas pelos Estados Unidos durante o conflito mundial.

A URSS via o conflito como uma disputa interimperialista e buscou manter-se à margem, jogando com as contradições entre o bloco das democracias (impérios marítimos) e o dos regimes fascistas (impérios continentais), enquanto se industrializava aceleradamente. Mas não foi possível isolar-se, e a União Soviética teve que arcar com o peso principal na derrota do III Reich, com um custo imenso, enquanto os EUA derrotavam o Japão com um desgaste pequeno. Aliás, o Eixo não chegou a possuir verdadeiramente um *projeto mundial*, pois a Alemanha e o Japão estruturaram apenas fortalezas regionais, sem comunicação entre si. O único projeto de abrangência realmente mundial era o dos Estados Unidos. A diplomacia stalinista do *socialismo em um só país*, por outro lado, como o próprio nome sugere, não apresentava estratégia externa definida, agindo apenas reativamente, com a finalidade de sobreviver em um mundo hostil.

A esse nível de contradições internacionais vai somar-se outro, de caráter social. Milhões de trabalhadores desempregados ou empobrecidos adotavam uma atitude cada vez mais radical nos países ocidentais. O fortalecimento dos movimentos de esquerda nos países capitalistas e a ascensão da URSS à condição de Estado industrial criaram, na percepção dos grupos de direita internacionais, o espectro de uma revolução social mundial, que se sobrepunha às disputas entre potências capitalistas. A Alemanha de Weimar foi a potência mais atingida pela crise. Os partidos do centro declinaram, enquanto o Partido Nacional Socialista dos Trabalhadores Alemães (NSDAP ou Nazista) e o KPD não cessavam de ampliar suas fileiras.

Por meio do Plano Young (1930) e da Conferência de Lausanne (1932), as potências ocidentais tentam apoiar a Alemanha de Weimar, limitando as indenizações devidas e permitindo o rearmamento parcial. Mas as dimensões da crise tornaram inúteis esses esforços. Era tarde demais. O liberalismo parlamentar weimariano desintegrou-se porque as elites econômicas, burocráticas e nacionalistas não o desejavam, por considerá-lo fraco e nascido por imposição externa e de uma derrota. Apesar de ser considerada virtuosa por historiadores e narrativas políticas, a democracia de Weimar tinha traços de artificialidade. Nas ruas, as forças paramilitares das SA e SS (ligadas ao Partido Nazista) enfrentavam-se com os grupos da Frente Vermelha (ligada ao KPD) e do SPD da Alemanha, os quais defendiam a sede dos sindicatos e os bairros operários. As autoridades e a polícia, em sua maior parte, costumavam ser coniventes com a violência nazista.

Quanto ao nazismo, sua estrutura ideológica era bem mais complexa. O Partido Nazista, fundado em 1919 e liderado pelo austríaco Adolf Hitler a partir de 1921, era um movimento político contrarrevolucionário e antiparlamentar. Em relação à nação, sua postura era

A NOVA GUERRA DOS TRINTA ANOS E O COLAPSO DA EUROPA (1914-1945) 59

ultrachauvinista, expansionista e militarista. O *Deutscheraum*, ou incorporação dos alemães do exterior ao Grande Reich, e o *Lebensraum*, ou conquista de regiões aos eslavos (que deveriam ser em parte exterminados, em parte escravizados), para fornecer o *espaço vital* necessário ao progresso do povo alemão, eram as orientações fundamentais desse expansionismo violento.

É importante notar que o racismo funciona como um complemento e um impulso ao tradicional imperialismo prussiano-alemão, justificando-o. A expansão para o leste (Polônia e URSS) não seria mais apenas uma vontade governamental, mas o destino de uma raça eleita. No plano interno, um Estado policial extirparia, também pela violência, os "males" que corroíam a sociedade alemã. Isso tudo era pregado explicitamente como valores positivos, sendo que os propósitos nazistas estão descritos no livro *Minha Luta*, escrito por Hitler, em especial, no segundo volume, publicado em 1928, que tratava da política internacional. Mas a ideia--força que movia todos esses princípios era o racismo (que considerava os arianos, em especial, os alemães, como uma raça superior) e sua derivação antissemita (o mito do "judeu malvado"). Os germânicos, como raça superior, deveriam dominar, escravizar e até exterminar povos inteiros, diziam enfaticamente os chefes nazistas.

O racismo não era exclusivamente alemão, como o neodarwinismo demonstrou. Os ingleses, franceses, belgas e holandeses consideravam os povos coloniais seres de segunda classe e os submeteram a grandes massacres nos séculos XIX e XX. Nos Estados Unidos, ele foi mais interno, com o quase-extermínio dos indígenas e a discriminação institucionalizada dos negros (ex-escravos), que persiste até os dias atuais, mesmo sendo um país de imigração. Na Alemanha ele era tanto interno, com a criação de cidadãos de segunda classe (uma "colonização da sociedade"), como externo, com o extermínio de povos conquistados.

O Partido Nazista era formado pela baixa classe média, soldados desmobilizados e frustrados, bem como por desempregados, e tentou um golpe de Estado em 1923 (o *Putsch* de Munique), que fracassou e levou Hitler à prisão. Mas a capitalização das frustrações patrióticas (anti-Versalhes) e um populismo pseudossocialista (um "socialismo nacional" agrada ao operário conservador) dão aos nazistas também uma base operária. Numa sociedade em profunda crise, o lema *ein Volk, ein Reich, ein Führer* (um povo, um império, um líder) parece suplantar as divisões sociais e partidárias. Nas eleições de 1928, o NSDAP obteve 12 deputados (3% dos votos) e, na de julho de 1932, saltou para 230 (44%). Embora, nas de novembro do mesmo ano, tivesse recuado para 196, ainda era o maior partido alemão.

As eleições de 1932, marcadas por violência e acordos de cúpula entre as elites econômica e militar e a extrema-direita, propiciaram um acordo em que Hitler é nomeado chanceler em 30 de janeiro de 1933. Na última eleição livre (6 de novembro de 1932), os nazistas obtiveram 11 milhões de votos (196 deputados), contra 6 milhões dos social-democratas (121 deputados) e quase 6 milhões dos comunistas (100 deputados), mas foram apoiados por outros partidos conservadores, formando um governo de coalizão com a direita nacionalista e a centro-direita. O idoso presidente Hindenburg (86 anos de idade), lendário herói de guerra, tentou outras alternativas, mas teve de nomear Hitler, na suposição de que os militares, os grandes empresários e os conservadores tradicionais poderiam controlá-lo.

Alfred Hugenberg, magnata da mídia ligado ao grupo Krupp, acreditava que poderiam usar e controlar o "cabo da Boêmia". A membros da elite alemã, von Papen declarou sobre Hitler em 4 de janeiro de 1933: "Nós o contratamos!" O problema das alianças políticas é saber quem controla quem... assim, não houve uma conquista do poder em 30 de janeiro de 1933, mas um pacto para formar um governo liderado por Hitler, com von Papen como vice-chanceler e Hugenberg como ministro da Economia, executando uma política liberal-monetarista. Mas, para enfrentar a crise, era necessário concentrar o poder. No dia 31, o sistema federal foi abolido e, em maio, os partidos políticos e os sindicatos foram proibidos.

Logo o NSDAP se tornou o partido único do Estado, mas ainda vigorava uma aliança com os conservadores nacionalistas. Prova disso foi a eliminação violenta pelas SS da liderança das SA entre junho e julho de 1934, a partir da Noite das Facas Longas. As SA, lideradas por Ernst Röhm, representavam o componente operário e "socialista" do partido, com milícias que somavam quase 1 milhão de membros. O exército, com apenas 100 mil homens, sentia-se ameaçado, assim como os grandes empresários, levando Hitler a respeitar o compromisso com seus aliados. O nazismo defendia o capitalismo "produtivo" e criticava o "financeiro-especulativo". Mas, mesmo para isso, era necessário eliminar qualquer força trabalhista independente, inclusive de direita. Os Junkers prussianos que controlavam a Reichswehr consideravam os membros das SA plebeias (que desejavam "revolução já") como bandidos que ameaçavam a ordem estabelecida, visão compartilhada pela burguesia alemã.

O acadêmico alemão Klaus Hildebrand (1973, p. 135, tradução nossa) considera que "1933 representou uma continuidade da história prussiano-alemã [e que] a experiência liberal-parlamentar de Weimar fracassou devido à resistência da maior parte da classe dirigente [...]. A ditadura de Hitler [teria sido] o ponto culminante e, ao mesmo tempo, a superação da tradição histórica cesarista da Alemanha prussiana". Mas, gradativamente, "o predomínio e a ubiquidade da ideologia racista nazi solaparam a efetividade dos cálculos políticos" e estratégicos do *Führer*. Apenas em 1937-1938 é que ele conseguirá se sobrepor aos militares e nacionalistas prussianos e implantar o *seu* programa. A década de 1930 marca, além do que acontece na Alemanha, a ascensão ou

A NOVA GUERRA DOS TRINTA ANOS E O COLAPSO DA EUROPA (1914-1945)

radicalização de novos regimes e ditaduras conservadoras: Romênia, Hungria, Áustria, Portugal, Letônia, Grécia e Espanha, com a vitória do generalíssimo Franco na guerra civil. Também quase todos os países latino-americanos se tornam ditaduras nos anos 1930. O liberalismo sobrevive apenas no Norte e no Noroeste da Europa, bem como na América do Norte.

No Japão, a situação política é instável desde os anos 1920. Em 1925, foi instaurado o sufrágio universal (masculino), acirrando as tensões e disputas. As "ideias perigosas" (modernizadoras, democráticas ou esquerdistas) são combatidas por meio de uma educação nacionalista, de censura e controle policial, enquanto ocorrem atentados, com o assassinato de políticos por grupos extremistas de direita. Em 1926, o imperador Hirohito assume o trono, e, em 1927, Tanaka, general nacionalista e presidente do conselho, elabora um memorando com a estratégia da política expansionista. Nos anos 1930, a atuação das forças conservadoras é cada vez mais intensa, tanto devido à radicalização dos conflitos internos quanto ao impacto da crise de 1929 sobre a economia exportadora. A oligarquia dominante teme um movimento operário cada vez mais ativo e consciente. O forte incremento demográfico, ligado aos efeitos da crise mundial sobre as exportações, leva os grandes conglomerados *Zaibatsu* a apoiar o plano para a criação de uma grande zona econômica exclusiva no Oriente.

Os grupos radicais do Exército e da Marinha (com projetos estratégicos diferentes) enfrentam-se com os políticos democráticos e militares moderados, enquanto cresce a força de um nacionalismo de perfil totalitário, embasado na religião xintoísta. À noção de uma missão histórica a ser executada pelo povo japonês soma-se a de lealdade dos súditos a um imperador divinizado, Hirohito. O primeiro-ministro Konoye Fumimaro, empurrado pelas facções de direita militarista, proclama, em 1938, a instauração da Nova Ordem na Ásia Oriental (baseada no Plano Tanaka). Os partidos políticos são fechados, e, em 1940, cria-se um partido único. Mas o Japão, diferentemente da Alemanha e da Itália, carece de um líder carismático como Hitler e Mussolini, e mesmo as Forças Armadas têm projetos distintos. O Japão representa mais um modelo autoritário militarista do que fascista. A Marinha projeta um império marítimo que tem como foco o domínio do Pacífico, chocando-se com os Estados Unidos e ambicionando as colônias europeias do Sudeste Asiático. Já o Exército pensa na conquista de partes da China, da Mongólia e da Sibéria soviética, formando um império terrestre conectado ao Japão. As duas forças agiam autonomamente, criando provocações internacionais e tentando impor a própria agenda ao sistema político nacional.

Conflitos localizados: Manchúria, Abissínia, Espanha, China e URSS

Em 1931, inicia-se a primeira de uma série de guerras localizadas que têm características comuns: são desencadeadas ou fomentadas pelos países do futuro Eixo. A debilidade da economia japonesa fez com que o país fosse duramente atingido pela crise de 1929 e pelo protecionismo comercial dos EUA, Grã-Bretanha e França. A Manchúria é invadida em 21 de setembro de 1931, a pretexto de um incidente menor na ferrovia de propriedade japonesa, e o Jehol, em 1933. Parte da Mongólia Interior também foi ocupada, sendo denominada Chahar. Nessas regiões, o Japão cria uma monarquia que lhe é completamente dependente. O último imperador chinês da dinastia Manchu, Pu-Yi, é coroado monarca do Manchukuo. Essa região era exatamente rica em minérios e apresentava grandes potencialidades agrícolas. Era a primeira etapa do Plano Tanaka, pois a Manchúria estava estrategicamente localizada entre a Sibéria, a Mongólia e o restante da China, além de ligada diretamente ao Japão por meio da Coreia.

A invasão da Manchúria representava, igualmente, um balão de ensaio e uma provocação destinada a testar a reação da LDN (da qual a China era membro) e dos EUA para o prosseguimento do plano de expansão japonês. A LDN protesta timidamente, enquanto Chiang Kai-Shek aceita a situação como fato consumado, devido à omissão dos aliados internacionais, para preservar suas forças contra Mao Tsé-Tung. O presidente Hoover chegou a declarar que a invasão japonesa era útil aos EUA para "manter a ordem e impedir a bolchevização da China", razão pela qual recomenda o abandono do sistema estruturado pela Conferência de Washington. Essa atitude instigava implicitamente Chiang Kai-Shek a concentrar os esforços contra os comunistas chineses, e não contra os japoneses. A ofensiva do KMT contra o PCCh leva Mao a empreender a épica Longa Marcha até o norte do país, no Chen-Si (1935), para escapar ao cerco e à aniquilação. Em um ano, foram percorridos 10 mil quilômetros por territórios inóspitos, sempre combatendo. Dos 100 mil que iniciaram, somente 30 mil concluíram, parte deles agregados ao longo do caminho.

Entretanto, a situação europeia torna-se mais tensa com a ascensão de Hitler ao poder. A Alemanha lança a retomada da atividade industrial, monta um grande exército modernizado e parte para ousadas jogadas diplomáticas, destruindo o Tratado de Versalhes e ocupando países e regiões vizinhas sem guerra. Como isso se tornou possível a uma potência que se encontrava em profunda crise econômica e em tão curto espaço de tempo? Na verdade, o rearmamento alemão não foi iniciado após 1933. Na primeira metade dos anos 1920, a Alemanha de Weimar contou com o apoio da URSS para burlar o Tratado de Versalhes (a partir dos acordos secretos

A NOVA GUERRA DOS TRINTA ANOS E O COLAPSO DA EUROPA (1914-1945) 63

do Tratado de Rapallo). Na segunda metade da década, os créditos necessários ao reerguimento da indústria pesada alemã viriam dos EUA e da Grã-Bretanha. Em 1932, o suposto fracasso das conversações sobre o desarmamento em Genebra representou, na realidade, um aprofundamento da política consciente de potências ocidentais em permitir o rearmamento alemão, ainda antes de Hitler chegar ao poder. Mas com que propósito?

Os "mercadores de canhões", como Krupp (alemão) e Schneider (francês), ou ligados à indústria do aço e do carvão, com Thyssen (alemão) e De Wendel (francês), buscam apoios numa Europa tensa. Neville Chamberlain e lorde Halifax, expoentes de um grupo do partido conservador britânico, organizam o chamado Grupo de Cliveden, que articulará politicamente o cartel do aço e do carvão em nível mundial, obtendo apoio na Suíça, na Suécia, na Bélgica e na Holanda. Segundo esse grupo, a Grã-Bretanha não resistiria a outra guerra fratricida europeia. Nesse contexto, em 1936, com a morte do rei Jorge V, Eduardo VIII teve que abdicar, mas não porque desejava casar com uma norte-americana divorciada, Wallis Simpson. O problema é que ela tinha conexões com agentes nazistas, e ele era simpático à Alemanha, uma questão incômoda para Londres.

Para o grupo era necessário criar uma frente de potências europeias, em que o império britânico e a França exerceriam seu poder nos impérios coloniais, e à Alemanha caberia a tarefa de dominar a Europa Centro-Oriental, destruindo o Estado soviético e o movimento operário no continente. O apoio desses políticos e industriais a Hitler foi decisivo, quando as opções se esgotaram na Alemanha em crise, no início dos anos 1930. E serão eles os principais mentores da chamada política de *apaziguamento*, que permitirá aos nazistas ampliar o território e o poder militar-industrial da Alemanha sem encontrar resistência séria. No segundo volume de *Minha Luta*, Hitler estabeleceu como objetivos do movimento revisar o Tratado de Versalhes, incorporar a Áustria, transformar a Polônia e a Tchecoslováquia em Estados vassalos e confrontar a França, antes de enfrentar a Rússia soviética. Por fim, pretendia estabelecer um poder mundial compartilhado com o império marítimo britânico, também germânico (FULBROOK, 2016, p. 194).

Após a consolidação do poder por Hitler em 1938, a Reichswehr se transforma na Wehrmacht. A forma como o alto-comando estruturou o pequeno exército de Weimar fez com que este fosse o núcleo de um grande exército. A concentração de oficiais permitiu que cada companhia se transformasse em um batalhão; cada batalhão, em um regimento; este, em divisões; e estas, em exércitos, com a incorporação de milícias paramilitares e a ampliação do recrutamento. Toda a estrutura estava preparada para esse salto qualitativo. Mesmo na República de Weimar, os militares alemães constituíam um verdadeiro Estado dentro do Estado e uma força política decisiva. Paralelamente, eram encerrados em campos de concen-

64. AS GRANDES POTÊNCIAS E OS CONFLITOS MUNDIAIS

tração ou mortos os elementos ligados às correntes antifascistas, muitas personalidades destacadas exilavam-se, os judeus eram perseguidos, e o obscurantismo dominava a vida cultural.

Em 1935, a rica região do Sarre foi reincorporada à Alemanha, foi instituído o serviço militar obrigatório, e permitida a expansão da marinha alemã até 35% da inglesa, por meio do Acordo Naval Anglo-Germânico. No ano seguinte, a Renânia foi remilitarizada, e iniciou-se a construção da Linha Siegfried. O Sistema de Versalhes desmoronava com o consentimento das potências ocidentais. Em outubro de 1935, a Itália invade a Abissínia (atual Etiópia) a partir das colônias italianas na África Oriental, a Eritreia e a Somália. A LDN, da qual a Abissínia era membro, além dos tradicionais protestos verbais, aprovou um embargo comercial à Itália, por pressão de Londres. O controle da região por Mussolini poderia ameaçar a rota Europa-Ásia pelo Canal de Suez e os interesses petrolíferos britânicos no Oriente Médio. Mas o embargo era apenas uma pressão limitada para impedir novos ímpetos expansionistas de Roma, pois nada de concreto foi feito para defender o agredido. A dificuldade na conquista do país (só completada em maio de 1936), apesar da desproporção de forças, evidenciou as limitações do fascismo italiano. Para fazer frente ao embargo britânico, Mussolini necessitou da ajuda econômica e diplomática de Hitler. Com a criação do Eixo Roma-Berlim, em 1936, a Itália, até então com projeto próprio, tornou-se uma aliada-subordinada do III Reich.

A Alemanha, segundo Hitler afirmou em 1936, estaria militarmente preparada para a guerra em quatro anos e, para tanto, foi preparado um plano quadrienal, sob o comando de Hermann Göring, para fortalecer as bases da economia. O plano gerou conflitos com o ministro da Economia da época, Hjalmar Schacht, adepto de uma linha liberal-monetarista, que renunciou em novembro de 1937. A ideia era lançar o rearmamento sem descontentar a base popular de apoio ao regime. No mesmo mês, o *Führer* apresentou ao Estado-Maior o memorando do coronel Hossbach, em que este defendia o *Lebensraum*, mas não conseguiu convencer os militares a iniciar a guerra em 1940, provocando um desgaste com os conservadores, já contrariados pela mudança da política econômica. Então Hitler promoveu um expurgo nas Forças Armadas em fevereiro de 1938, reformando ou transferindo 60 generais e extinguindo o Ministério da Guerra, cujas funções passou a acumular. O regime se tornou mais nazista, e Ribbentrop assumiu o Ministério das Relações Exteriores.

Em julho de 1936, no Marrocos espanhol, inicia-se uma sublevação militar contra a república, que logo seria liderada pelo general Francisco Franco. Contava com o apoio da ala reacionária do exército, da Igreja Católica, dos tradicionalistas e dos latifundiários, inimigos jurados da república implantada em 1931 e, mais ainda, governada pela esquerdista Frente Popular meses antes. Aviões britânicos e tropas coloniais francesas do Marrocos fornecem um apoio logístico decisivo para o desencadeamento do golpe, juntamente com Itália e Alemanha.

A NOVA GUERRA DOS TRINTA ANOS E O COLAPSO DA EUROPA (1914-1945) **65**

Mas o movimento não foi bem-sucedido, pois a população reagiu. Tratava-se de um golpe de múltiplas forças ultraconservadoras, de orientação predominantemente fascista, com apoio internacional. Seu objetivo era destruir a república, os partidos de esquerda, o sindicalismo militante e a democracia liberal, o que deveria estar concluído em uma semana. Em lugar disso, houve quase três anos de guerra de desgaste, o que impediria Franco de ajudar Hitler na Segunda Guerra Mundial.

Com o aprofundamento do conflito na Espanha, a Alemanha começa a estruturar alianças internacionais e tentar tirar proveito da conivente política anglo-francesa de apaziguamento, a partir de uma postura anticomunista. Em novembro de 1936, assinou com o Japão o Pacto Anti-Komintern (colaboração na luta contra a URSS e a Internacional Comunista), que, com o Eixo Roma-Berlim (de 1936), viria a articular a aliança fascista, o *Eixo* (a Espanha une-se ao pacto em 1939). Foi justamente tentando evitar tal evolução, bem como manter a cooperação com as potências ocidentais por meio da política de Segurança Coletiva (a URSS ingressara na LDN em 1934), que Stálin buscou conter elementos revolucionários anarquistas e marxistas independentes espanhóis. Defendeu a legalidade internacional da república (membro da LDN), ameaçada por um golpe de Estado com apoio fascista externo. Mas a liga tratava os sublevados franquistas e o Estado-membro agredido como "equivalentes legítimos", buscando um papel de mediadora, pois Londres e Paris defendiam a *não intervenção*. Apesar da vitória franquista em março de 1939, o conflito demonstraria a importância da resistência ao avanço político e militar do fascismo.

Em 1937, a crise econômica mundial voltou a se agravar após uma efêmera recuperação. A pressão japonesa sobre o Norte da China aumentou, bem como a ameaça à URSS, à Mongólia socialista e às ferrovias russas em território chinês. Em dezembro de 1936, Chiang Kai-Shek ordenou ao general Zhang Xueliang que atacasse o novo santuário dos comunistas em Yenan e foi a Xian para pressioná-lo. Zhang era manchu e criticava o fato de Chiang não haver enfrentado os japoneses quando eles invadiram a região natal do general e de concentrar a luta contra os comunistas (com os quais defendia uma aliança tática), e não contra os invasores. No dia 12 de dezembro, ele sequestrou Chiang e vários dos seus generais, só os libertando no dia 25, por intermediação do PCCh e da URSS, quando o KMT aceitou a formação da Segunda Frente Única, agora antijaponesa.

Como reação, em 7 de julho de 1937, o Japão invadiu o restante da China a partir de Pequim. A cidade de Xangai foi bombardeada pela aviação japonesa, com milhares de vítimas, e ocupada em 13 de agosto. Em outubro, foram conquistadas as cidades de Nanquim, Hankow e Cantão, estabilizando-se a frente. A grande ofensiva nipônica em 1937-1938 permitiu a conquista do litoral do país e do baixo e médio vale dos rios Huang Ho e Yang-Tsé-Kiang. Essa região, embora menor do que a controlada pelo KMT (que instala sua capital em Chungking, no interior da China meridional), era a mais povoada, mais próspera e abrigava as cidades mais importantes e a rede de transportes. Os japoneses, que haviam longamente preparado alianças no país, criam um governo colaboracionista, com a capital em Nanquim, dirigido por um senhor da guerra, o general Wang Ching-Wei.

A partir de então, a frente estabilizou-se, ocorrendo poucos choques entre o KMT e o exército nipônico, havendo alguma colaboração de Chiang com o Japão para conter o PCCh. Nas áreas ocupadas, desenvolvem-se guerrilhas defensivas, lideradas ou instigadas, sobretudo, pelos comunistas. O interessante é que, até então, a Alemanha era aliada da China, sendo forçada a alterar, gradativamente, sua posição na Ásia, pois assinara com o Japão o Pacto Anti-Komintern, em 1936, e o Pacto Tripartite, que incluía a Itália, em 1940. Havia ajuda norte-americana indireta e informal ao KMT (os Tigres Voadores) e ajuda limitada por parte dos soviéticos, que viviam tensão crescente com o Japão na fronteira norte. Entre 1937 e 1941, o Japão é governado pelo gabinete do príncipe Konoye Fumimaro, um político tradicional que proclamou a Nova Ordem da Ásia Oriental em 1938, tentando um equilíbrio na instável situação política interna.

A ambígua diplomacia triangular: apaziguando Hitler

A nova conjuntura leva o *Führer* a iniciar uma nova etapa de seu projeto expansionista, que até então apenas livrara o país de amarras internas decorrentes do Tratado de Versalhes. Hitler não tinha uma estratégia formal e detalhada, preferindo esperar pelo surgimento de oportunidades e, então, tirar proveito delas. E a oportunidade veio com a política britânica de apaziguamento, liderada por Neville Chamberlain, primeiro-ministro desde maio de 1937. Havia 6 milhões de alemães na Áustria, 3 na Tchecoslováquia e 350 mil em Dantzig, o que servia de base para Hitler manipular o nacionalismo. Em novembro de 1937, ele apresentou o memorando de Hossbach aos militares, o qual falava em *usar a força* para resolver a questão. Mas, como lembra Taylor (1979), *ameaçar* ir à guerra é diferente de *desejar desencadeá-la*. O problema, na verdade, era mais interno: como abandonar o liberalismo econômico de Schacht para investir em armamentos, pois o exército alemão não estava preparado para um conflito militar como o de 1914.

No mesmo mês de novembro de 1937, lorde Halifax se encontrou com Hitler, pois o governo britânico desejava pacificar a questão nacional e considerara "razoáveis" as demandas alemãs, desde que evitassem a guerra. Era o que Hitler desejava escutar, sem fazer exigências

A NOVA GUERRA DOS TRINTA ANOS E O COLAPSO DA EUROPA (1914-1945) 67

específicas e apostando em uma evolução pacífica. Bastava fomentar o nacionalismo pangermânico e blefar quando necessário. A Áustria passou a ser o elo mais fraco, sendo anexada sem reação, e com aclamação popular, durante uma crise política em Viena. Foi um golpe de sorte não planejado do oportunista Hitler, que inicialmente apenas desejava colocar os nazistas austríacos no poder. E os anglo-franceses aceitaram a situação, sem contestar.

O *Anschluss* teve forte impacto sobre os alemães dos Sudetos tchecos. A Tchecoslováquia era a única democracia da Europa central e oriental, tinha exército e economia industrial fortes e mantinha uma aliança diplomática e de defesa com a França e a URSS. Mas ela constituía mais um Estado multinacional do que nacional e estava geograficamente isolada por nações fascistas que possuíam minorias étnicas dentro do território tcheco. A URSS prometeu ajudar, mas Benes declinou para obter apoio dos conservadores tchecoslovacos e não alienar a diplomacia anglo-francesa. No entanto, ele foi pressionado pelos ingleses e franceses a ceder e manter a paz, recusando o apoio da URSS e aceitando as garantias. Hitler compreende a política de apaziguamento britânica e as vacilações francesas, e explora habilmente a situação. Em Munique, Chamberlain, Daladier e Mussolini reuniram-se com Hitler em 30 de setembro, sem convidar a URSS e com as autoridades tchecoslovacas esperando em uma sala ao lado, sendo apenas notificadas das decisões. Benes foi pressionado ao extremo, advertido de que a paz dependia dele, 20 anos após o encerramento da primeira guerra, e aceitou ceder os Sudetos "por etapas". Londres e Paris entregaram à Alemanha parte de um país soberano, democrático e aliado. Em outubro, os alemães ocuparam os Sudetos. Chamberlain declarou, ao retornar a Londres, que "a paz está garantida para nossa geração".

Em Praga, Benes renunciara, e, no dia 6 de outubro de 1938, iniciava a segunda república tchecoslovaca, com Emil Hácha como presidente de um governo autoritário, conservador, católico, racista e antissemita, em que os eslovacos e os ucranianos ganharam autonomia e foram ainda mais radicais. Em 15 de março de 1939, Hitler anexou o que sobrara da região tcheca (os primeiros não alemães dominados pelo Reich), transformando-a em um "protetorado" da Boêmia-Morávia, que teve como dirigente títere o próprio Hácha, aliado do Reich. Novamente, nenhuma reação de Londres e Paris. Também houve a criação de um Estado fascista católico na Eslováquia, aliado da Alemanha e governado pelo monsenhor Tiso. Hungria e Polônia ocuparam outras regiões da Tchecoslováquia. A Lituânia aceitou ceder a região de Memel, pressionada pela Alemanha, enquanto a Romênia concedeu-lhe a coparticipação na exploração do petróleo romeno.

A anexação da Áustria e da metade industrial da Tchecoslováquia fez da Alemanha a segunda potência industrial do planeta, apenas superada pelos EUA. Imensos recursos humanos e materiais foram acrescidos à máquina de guerra nazista. A expansão fizera-se rumo ao leste e permitira ampliar a influência alemã sobre os países balcânicos ricos em recursos naturais (sobretudo agrícolas e minerais, como o petróleo, de que o III Reich carecia). Capitais britânicos, franceses e de países neutros continuam a reforçar o potencial econômico da Alemanha. Indústrias norte-americanas auxiliavam o desenvolvimento de materiais sintéticos (sobretudo borracha) de que o país carecia. A LDN fica praticamente em um vácuo, devido à política de apaziguamento anglo-francesa (os dois países mais importantes da organização), que a desmoraliza. A Alemanha havia se retirado em 1933, e a URSS ingressara em 1934, para dela ser expulsa em 1939.

Enquanto isso, no Extremo Oriente, as tensões e os incidentes entre o Japão e a União Soviética escalavam. Em 29 de julho de 1938, tropas do Primeiro Exército japonês atacaram a URSS na região do Lago Khassan, em uma zona de litígio próxima à fronteira com a Coreia, mas foram derrotadas pelo Exército Vermelho em duros combates duas semanas depois. No ano seguinte, em 11 de maio, o território da Mongólia (única aliada da URSS) foi atacado pelo exército nipônico na região do Rio Khalkhin-Gol. Os mongóis receberam apoio soviético, sob comando do general Zhukov. Após meses de combate, os japoneses foram novamente derrotados (20 mil mortos) pelas tropas soviético-mongóis (10 mil mortos) em 31 de agosto, uma semana após o Pacto Nazi-Soviético e um dia antes da invasão alemã à Polônia.

Esses ataques foram planejados pelo Exército japonês e possibilitados pela atitude tolerante das potências ocidentais focadas na crise da Europa. Além disso, havia a expectativa de enfraquecimento do Exército Vermelho após os expurgos de Stálin às forças armadas, com o fuzilamento de parte da elite militar em 1938. Mas uma nova geração de oficiais e comandantes emergia na URSS, como é o caso de Zhukov, bem como uma estratégia militar moderna, em lugar da estrutura miliciana que marcara o Exército Vermelho durante a guerra civil. Todavia, essas derrotas viriam a ter profundas repercussões na estratégia japonesa, sobretudo após o Pacto Ribbentrop-Molotov, considerado uma traição pelo Japão, porque o país não havia sequer sido informado sobre ele.

A ocupação completa da Tchecoslováquia, em março de 1939, e a ausência de reação franco-britânica representaram, segundo a percepção de Moscou, a comprovação da falência da Segurança Coletiva e de uma suposta política antissoviética das potências ocidentais. A mudança de atitude do Kremlin não se fez esperar. No mesmo mês, Molotov assume as rédeas da política exterior soviética, ocupando o lugar de Litvinov, que se torna o vice-comissário do povo para assuntos exteriores. Litvinov representava no partido a ala de quadros cosmopolitas, que, no plano diplomático, defendia uma aliança antinazista com as potências ocidentais. Molotov, por sua vez, era um típico representante do grupo dos velhos bolcheviques "nacionais", como o próprio Stálin. No que tange à política externa, sua posição era a de manter o país fora da guerra (já que inevitável), procurando explorar as divergências existentes entre as potências capitalistas. Durante o tenso verão de 1939, a crise polonesa amadurecia e se tornava gravíssima.

A Segunda Guerra Mundial e suas consequências

Meia Guerra (1939-1941)

Após ocupar sem um único tiro a Áustria e a Tchecoslováquia, Hitler se voltou contra a Polônia, governada por um regime de tipo fascista, católico e antissemita, reivindicando um corredor rodoferroviário para obter uma ligação com a Prússia oriental. Também queria a cidade-livre de Dantzig e a "proteção" das minorias alemãs na Polônia. Mas Varsóvia não cedeu às pressões do Reich nem às da Inglaterra e da França (com a qual Hitler contava), para não ter o mesmo destino da Tchecoslováquia. A Polônia sabia que era importante para a estratégia anglo-francesa como baluarte antissoviético. Frente ao impasse, o blefe alemão avançou e propôs o Pacto Germano-Soviético, assinado em 23 de agosto, esperando que Londres e Paris pressionassem Varsóvia. Sem a reação esperada, ele ousou mais ainda e fez o exército alemão entrar na Polônia, para não perder o controle das tropas. Hitler ainda não desejava a guerra, apenas queria barganhar o recuo em troca de concessões polacas. Mas o blefe não deu certo, e houve uma guerra, que ainda não era para valer (TAYLOR, 1979).

No dia 1º de setembro de 1939, a Wehrmacht invadiu a Polônia, empregando a *Blitzkrieg*, ou guerra-relâmpago. Essa foi eficaz mais por demérito do adversário do que por méritos próprios, na medida em que o governo polonês abandonou o país no dia 19, deixando atrás de si uma resistência descoordenada e sem recursos. Mesmo assim, os alemães levaram um mês para controlar o país. No dia 17, as forças soviéticas cruzaram a fronteira e ocuparam as regiões do leste, majoritariamente povoadas por bielorrussos e ucranianos. É curioso que, durante os oito meses que se seguiram ao início da guerra, as tropas franco-britânicas permaneceram praticamente inativas na fronteira ocidental da Alemanha, no que ficou conhecido como *drôle de guerre* (guerra estranha ou engraçada), *phoney war* (guerra fingida) ou *Sitzkrieg* (guerra sentada ou parada), inclusive em setembro de 1939 e abril de 1940, quando o exército alemão encontrava-se combatendo na frente polonesa e escandinava, respectivamente. Durante esse período, a mobilização militar aliada foi apenas parcial, e projetos franceses de aviões e tanques modernos permaneceram arquivados. Era como se a verdadeira guerra ainda não houvesse começado.

Atentos a esses "não acontecimentos", os soviéticos procuraram controlar as repúblicas fascistas da Lituânia, da Letônia e da Estônia, que pertenciam à esfera de influência da URSS, de acordo com o Pacto Germano-Soviético, por meio de pactos de defesa que permitiam a instalação de bases e tropas nos territórios desses países. A mesma estratégia fracassou em relação à Finlândia (que foi apoiada pelas potências ocidentais), produzindo-se uma guerra entre os dois países no inverno de 1939-1940, vencida pelos soviéticos com extrema dificuldade. Ao preparar uma força para desembarcar na Noruega, como elemento de pressão em apoio aos finlandeses, bem como de controle das jazidas de ferro suecas, a Inglaterra levou Hitler a acelerar seus planos de invasão da Escandinávia. Em abril de 1940, a Alemanha ocupou a Dinamarca e a Noruega, enquanto a Inglaterra ocupava a Islândia, colônia dinamarquesa. No dia 10 de maio de 1940, os alemães atacaram a Holanda, a Bélgica, o Luxemburgo e a França, avançando com a *Blitzkrieg* pela desguarnecida região das Ardenas belga dessa vez, enquanto Churchill assumia o poder na Inglaterra, com uma postura mais combativa em relação ao III Reich. A queda dos pequenos países foi rápida, com a Wehrmacht contornando a Linha Maginot pelo Norte e encurralando os ingleses em Dunquerque, os quais foram evacuados por mar para a Inglaterra, sem que os alemães pudessem realmente impedi-los.

A segunda fase da campanha, a Batalha da França, evidenciou a política que vinha sendo seguida pelos conservadores franceses, que não ofereceram uma resistência muito forte a Hitler. Pareciam mais preocupados em conter a oposição esquerdista e buscar algum acordo com a Alemanha, minimizando a derrota. O velho marechal Petáin assumiu o poder e rendeu-se aos alemães, que consentiram com a instalação de um governo fascista francês em Vichy, o qual, sintomaticamente, foi reconhecido pelos EUA e pela URSS. Enquanto isso, o general De Gaulle evadia-se para o exterior e passava a organizar a resistência dos chamados *franceses livres*.

Em vez de atacar a Inglaterra, tarefa impossível face à superioridade naval desse país e ao apoio dos Estados Unidos (ainda formalmente neutros) aos ingleses, Hitler optou por bombardeá-la, visando a enfraquecê-la, enquanto preparava a invasão da URSS. Ele ainda contava com uma aliança ou com a aquiescência da Inglaterra, mas a situação mudara com a chegada de Churchill ao poder. Os ataques aéreos alemães apoiavam-se na *teoria do bombardeio estratégico* (criada pelos próprios ingleses durante a Primeira Guerra Mundial), que consistia em destruir a infraestrutura do adversário com bombardeiros de grande raio de ação e atemorizar a população, quebrando a capacidade de resistência. Mas a capacidade aérea dos alemães se revelou limitada, o que também ocorreria com a campanha submarina da Alemanha no Atlântico, com vistas a revidar o bloqueio naval inglês.

Enquanto os britânicos enfrentavam os italianos na Grécia e no Norte da África, os alemães intervieram nos Balcãs, como preparação à invasão da URSS. Berlim conseguiu

A NOVA GUERRA DOS TRINTA ANOS E O COLAPSO DA EUROPA (1914-1945) 71

assinar acordos diplomático-militares com os países balcânicos, mas um golpe de Estado antifascista na Iugoslávia e as debilidades italianas obrigaram Hitler a invadir a Iugoslávia (que foi desmembrada) e a Grécia, além de enviar tropas à África em socorro de Mussolini. Mas as dificuldades encontradas pelos paraquedistas alemães para conquistar Creta, a queda das colônias da Itália no Leste da África e a destruição da frota italiana no Mediterrâneo pelos britânicos inviabilizaram os planos alemães para a região. Para completar o quadro, no Oriente Médio, Síria e Líbano (controlados pelo regime de Vichy) foram tomados pelos aliados, e houve a derrubada do governo germanófilo da Pérsia e o fracasso do levante antibritânico de Rachid Ali no Iraque.

As façanhas do Afrika Korps, liderado pelo general Rommel, não chegaram a ameaçar seriamente o Canal de Suez. Além do atraso na invasão da URSS que essas operações implicaram, as negociações tentadas por Rudolf Hess com a liderança inglesa nessa oportunidade, buscando um compromisso político para facilitar a operação antissoviética em articulação pela Alemanha (evitando uma guerra em duas frentes), também fracassaram.

A guerra racial, total e mundial (1941-1944)

Apesar disso, o III Reich podia dispor da economia de toda a Europa (exceto a Inglaterra), integrada à indústria alemã, o que lhe propiciou a capacidade de mobilizar um imenso e bem aparelhado exército, apoiado nos recursos humanos e materiais de todo o continente (inclusive de países neutros). Assim, no dia 22 de junho de 1941, tropas alemãs, húngaras, romenas e finlandesas desencadearam a Operação Barbarossa, uma gigantesca invasão da União Soviética em três eixos: Leningrado, Moscou e Kiev. O objetivo estratégico era cercar e destruir o Exército Vermelho em até cinco semanas (ainda no verão), mas isso não ocorreu, evoluindo para a guerra total prolongada, com a completa mobilização dos recursos dos beligerantes e a não distinção entre alvos civis e militares.

Embora a resistência encontrada fosse considerável, Stálin não realizara os preparativos necessários, e os alemães avançaram, cercando Leningrado por 900 dias e tomando Kiev. Todavia, esbarraram na bem-sucedida contraofensiva soviética frente a Moscou em novembro, a primeira derrota militar alemã na guerra. Mais do que o frio, o insucesso alemão decorreu da incapacidade em cercar e destruir o Exército Vermelho. A tática de Stálin de jogar com a profundidade estratégica da Rússia foi bem-sucedida, o que dificultava a eficácia da *Blitzkrieg*, antes travada em nações pequenas. No lugar de obter uma vitória rápida, a Alemanha se atolara em uma guerra prolongada e desgastante, com imensa dificuldade logística.

A vitória soviética deveu-se, também, à motivação dos soldados e, principalmente, à capacidade organizativa da URSS, que transferiu indústrias para a Sibéria e mobilizou toda a população. A Grande Guerra Patriótica deitou por terra a previsão alemã de encontrar um povo apático e um regime desacreditado. Pelo imenso volume de recursos humanos e materiais empregados na frente leste, a guerra na Europa constituía principalmente um conflito terrestre entre o III Reich e a URSS, travado dentro do território soviético, a um custo humano incrivelmente elevado. Desde a invasão alemã, Churchill e Stálin começaram a discutir uma aliança anglo-soviética, que se formalizaria posteriormente, com a adesão dos Estados Unidos, após a entrada norte-americana na guerra.

Paralelamente, os Estados Unidos e seus aliados na Ásia estabeleceram um bloqueio econômico ao Japão, para impedi-lo de atacar a URSS, pois a derrota soviética daria à Alemanha um poderio insuperável, tanto em recursos como no controle da massa continental eurasiana, a *heartland* das teorias geopolíticas. Além disso, para Washington, o Japão era o inimigo principal, e chegara a hora de atraí-lo para o confronto definitivo, por meio de um embargo comercial. Com a reserva de petróleo chegando a um nível crítico e com todas as propostas de acordo sendo recusadas pelos anglo-saxões, os japoneses não tiveram alternativa, senão atacar, o que era esperado pelos norte-americanos.

Mas Roosevelt, face a uma opinião pública pacifista e à oposição dos políticos isolacionistas, precisava de uma justificativa para entrar na guerra. O traiçoeiro ataque a Pearl Harbor deu-lhe a justificativa de que necessitava, com amplo apoio interno. Assim, a guerra tornava-se *mundial*, com a participação de todas as grandes potências. A guerra no Pacífico constituía essencialmente um conflito aeronaval, em que a capacidade tecnológico-industrial era decisiva. Considerando-se que, quando o conflito iniciou, o PIB dos Estados Unidos era de 70 bilhões de dólares, e o do Japão, de apenas 6, depreende-se que este país não tinha reais chances de vitória.

Nos seis meses seguintes a Pearl Harbor, os japoneses ocuparam alguns arquipélagos do Pacífico e as colônias europeias do Sudeste Asiático, chegando até a fronteira da Índia. Nesses territórios, Tóquio implantou a Esfera de Coprosperidade da Grande Ásia, que, apesar de propagandear uma missão asiática libertadora contra o imperialismo branco, constituía essencialmente um mecanismo de pilhagem dos recursos da região para a indústria bélica japonesa. Com a perda da maioria dos porta-aviões e a batalha de Guadalcanal (que durou vários meses), seguiu-se um período de estagnação, que só se encerrou em julho de 1943, quando os Estados Unidos passaram à ofensiva, ocupando seletivamente apenas um corredor de ilhas estratégicas em direção ao Japão e ao continente asiático. Ou seja, durante a maior parte da guerra, apenas em algumas fases e regiões ocorreram conflitos intensos na Ásia-Pacífico.

A NOVA GUERRA DOS TRINTA ANOS E O COLAPSO DA EUROPA (1914-1945) 73

Na Europa, os alemães avançaram, em 1942, em direção a Stalingrado e ao Cáucaso (produtor de petróleo), atingindo o máximo da expansão germânica no final do ano. Nos territórios sob seu controle, os nazistas implantaram a *nova ordem*, baseada na exploração intensiva dos recursos econômicos e das populações locais e em uma repressão intensa, em cooperação com parte das elites dos países dominados. Campos de concentração, e logo de extermínio, consumiram a vida de milhões de judeus russos, poloneses e iugoslavos, entre outros, além dos que morreram fora deles por inanição, trabalho escravo, epidemias e extermínio puro e simples.

Mas, nos países dominados, segmentos da sociedade organizaram movimentos de resistência, sabotagens e guerrilhas, levando os alemães a desencadear sangrentas punições coletivas, particularmente severas contra os eslavos. Desde o início, entretanto, a resistência esteve dividida em grupos nacionalistas-conservadores, interessados em restaurar o *status quo ante*, e organizações de esquerda, geralmente lideradas pelos comunistas (no Mediterrâneo e nos Balcãs). Os últimos aliavam as tarefas de restauração nacional com as de transformação social, os quais se fortaleciam cada vez mais ao longo da guerra.

Em Stalingrado travou-se, durante o inverno de 1942-1943, a maior batalha da guerra, envolvendo um milhão e setecentos mil soldados numa luta casa por casa que resultou na completa derrota dos alemães, com o cerco e a rendição do VI Exército. Com a simultânea vitória inglesa em El Alamein, no Norte da África, o III Reich passou definitivamente à defensiva. Em julho de 1943, ocorreu a Batalha de Kursk, no Sul da Rússia, a maior de tanques da história, colocando frente a frente os Tigres Alemães e os T-34 russos, com nova vitória do exército soviético. Este passou, então, à ofensiva ininterrupta, apesar das enormes baixas causadas pela encarniçada resistência dos alemães, que praticavam uma política de terra arrasada durante a retirada.

Enquanto isso, os anglo-americanos, que auxiliavam materialmente os soviéticos, bombardeavam intensivamente as cidades e os transportes alemães, empregando a aviação estratégica (*fortalezas voadoras*). É importante ressaltar, entretanto, que esses bombardeios afetaram limitadamente a capacidade militar da Alemanha, que descentralizou as indústrias e continuou mantendo uma produção elevada, a qual atingiu o auge no segundo semestre de 1944.

No plano diplomático, as vitórias do Exército Vermelho e o recuo contínuo dos alemães na frente leste criaram uma situação política mais definida. As negociações entre os aliados da coalizão antifascista formalizaram-se numa série de conferências, em que foi acertada uma estratégia comum para a derrota do Eixo, e começaram a ser discutidos alguns problemas da reorganização europeia do pós-guerra. Entretanto, paralelamente a esses eventos, intensifica-se a diplomacia secreta, sem a qual é impossível compreender certos aconteci-

74. AS GRANDES POTÊNCIAS E OS CONFLITOS MUNDIAIS

mentos político-militares da guerra. Essa diplomacia foi, na verdade, uma continuação das ambiguidades da diplomacia triangular, que não foram interrompidas, mesmo durante a fase de expansão do Eixo.

A Conferência de Casablanca (janeiro de 1943), a V Conferência de Washington (maio de 1943) e a Conferência de Quebec (agosto de 1943) foram encontros diplomáticos entre os aliados ocidentais. Acertados alguns dos pontos divergentes entre eles, reúnem-se com os soviéticos nas conversações de Moscou (outubro de 1943), onde se decide a manutenção da aliança até a derrota completa do Eixo e solicita-se a participação da URSS na guerra contra o Japão, a instalação de um tribunal internacional para julgar os crimes do III Reich (o julgamento de Nuremberg) e a criação de uma organização internacional para substituir a LDN (a ONU).

A questão da abertura de uma segunda frente foi, durante essas conferências, um tema delicado nas relações entre soviéticos e os aliados anglo-americanos e será vista adiante. Na Conferência do Cairo (novembro de 1943), Roosevelt e Churchill entrevistaram-se com Chiang Kai-Shek, regulando questões relativas à luta contra o Japão. A tentativa de fortalecer o governo do KMT, elevando a China à condição de um dos quatro grandes, devia-se à tentativa de estruturar um polo asiático capaz de impedir o ressurgimento do poder japonês no pós-guerra. Mas também decorria da preocupação em relação ao fortalecimento dos comunistas de Mao Tsé-Tung e ao crescimento dos grupos anticoloniais e socialistas nas guerrilhas antijaponesas das colônias do Sudeste Asiático.

A Conferência de Teerã (novembro-dezembro de 1943) consolidou os princípios definidos na de Moscou e reforçou a posição internacional da URSS, graças à decisiva contribuição soviética na luta contra a Alemanha nazista, a que os soviéticos denominaram Grande Guerra Nacional ou Grande Guerra Patriótica. Foi designado o Norte da França para a abertura da segunda frente em maio de 1944. Também foi acertado que a fronteira soviético-polonesa seria demarcada pela Linha Curzon.

Um problema que evidenciou a fragilidade e as contradições da aliança entre os anglo-americanos e os soviéticos foi a abertura de uma segunda frente na Europa ocidental, que aliviaria a pressão dos exércitos alemães sobre a frente oriental. Seguidamente solicitado por Stálin, o desembarque foi sistematicamente vetado por pretextos técnicos. Quando finalmente ocorreu um desembarque aliado, durante a batalha de Stalingrado, foi na África do Norte francesa (novembro de 1942). Com a rendição do Afrika Korps em maio de 1943, o novo desembarque aliado se deu no Sul da Itália, dois meses depois.

Isso não afetou decisivamente a marcha da guerra, pois o Mediterrâneo era um teatro secundário, e a Itália, pela configuração geográfica, podia ser defendida pelos alemães com

A NOVA GUERRA DOS TRINTA ANOS E O COLAPSO DA EUROPA (1914-1945) 75

poucas tropas. Mas o desembarque aliado provocou um golpe de Estado no país, que ficou dividido em dois governos: uma monarquia pró-aliada no Sul, sob a proteção das tropas anglo-americanas, e um regime fascista no Norte (a República de Saló), protegido pelas tropas alemãs. Nessa última região, desenvolveu-se uma forte guerrilha comunista. O verdadeiro desembarque aliado, na Normandia (Norte da França), só ocorreu em junho de 1944, quando os soviéticos estavam entrando na Polônia e nos Balcãs. A Operação Overlord encontrou uma resistência inicialmente limitada (muitos soldados acima e abaixo da idade regulamentar), porque esperavam que o ataque principal ocorresse em Calais. Três quartos da Wehrmacht, as melhores tropas, continuaram lutando na frente leste.

Todavia, com os aliados anglo-americanos presentes no continente e os soviéticos alcançando as fronteiras do III Reich, setores da elite econômica e militar alemã procuraram se desvencilhar de Hitler, como forma de criar condições para obter uma paz em separado com os ocidentais, invertendo as alianças e, talvez, o rumo da guerra. Mas a Operação Valquíria, que visava a assassinar Hitler, fracassou em julho, fazendo com que o componente político--ideológico nazista dominasse de forma exclusiva daí em diante, determinado a lutar "até o amargo fim", como se intitula o famoso livro de Hans Gisevius. As famosas *armas secretas* alemãs, como aviões a jato e bombas voadoras, não podiam inverter os rumos do conflito, pois eram apenas protótipos para futuras guerras. As V1 e V2, por exemplo, provocaram, em média, apenas uma baixa cada uma.

A derrota do Eixo e as consequências da guerra

Antes de ingressar nos países vizinhos, a URSS adotou uma postura de Estado nacional, em lugar de Estado revolucionário[1]. Os soviéticos e as guerrilhas esquerdistas expulsaram os alemães e derrubaram seus aliados nos países balcânicos e na Polônia até o início de 1945. Logo, o Exército Soviético cercou Berlim, onde Hitler se suicidou em 30 de abril, conquistando a cidade numa luta árdua, casa por casa. Ao mesmo tempo, os anglo-americanos penetravam pelo

---

1 Em março de 1943, com a nomeação do metropolita Sérgio como novo patriarca, Stálin reconheceu a Igreja Ortodoxa (e apenas ela). Em maio, a Internacional Comunista foi oficialmente extinta, mesmo estando desativada desde 1939. Logo, Moscou estabeleceu relações com o Vaticano, pois o Exército Vermelho, que foi rebatizado como Exército Soviético, estava por penetrar em nações católicas, como a Polônia, a Hungria e a Tchecoslováquia, além de reocupar a Lituânia e a região de Lviv na Ucrânia. A mensagem era bem clara: *cruzar as fronteiras como nação, não como revolução*. Em 1º de janeiro de 1944, o Hino da Internacional se tornou apenas o hino do partido, sendo, então, criado um Hino Nacional Soviético. Constituíam, igualmente, gestos conciliadores, visando a preparar o caminho para ser aceita como Estado na Conferência de Teerã (e não como *revolução*), bem como criar um clima favorável para atrair partidos de centro para a formação de alianças políticas nas nações do Leste Europeu.

76 AS GRANDES POTÊNCIAS E OS CONFLITOS MUNDIAIS

Oeste da Alemanha, ocupando o vale do Ruhr e outras regiões, encontrando uma resistência limitada, pois os alemães preferiam render-se a eles do que aos soviéticos, ressentidos em relação à ocupação alemã. No Norte da Itália e da Iugoslávia, bem como na Tchecoslováquia, os guerrilheiros sublevavam-se contra os alemães, tornando inútil a continuação da luta. No dia 8 de maio de 1945, o III Reich se rendia, encerrando a guerra na Europa e deixando um continente materialmente destruído e politicamente convulsionado.

O Japão se encontrava agora sozinho, esgotado, constantemente bombardeado pelos norte-americanos e com a marinha japonesa destroçada. Em fins de 1944, ele conquistou uma parte do Sul da China para controlar as ferrovias que vinham do Sudeste Asiático (a última fonte de abastecimento nipônica) por terra. Estavam, assim, com os recursos militares e econômicos concentrados mais na China que no próprio Japão, mas, como não havia mais esperanças, o país buscava negociar uma rendição. Entretanto, no início de agosto, a pedido dos norte-americanos, os soviéticos atacaram as forças nipônicas entrincheiradas no Norte da China e da Coreia, enquanto os Estados Unidos jogavam sobre Hiroshima e Nagasaki duas bombas atômicas (uma de urânio e outra de plutônio) militarmente questionáveis. No início, o Japão não se apercebeu do que se tratava, pois Tóquio já havia sido 80% destruída em março com bombas incendiárias, e a guerra continuou. A decisão de se render só ocorreu posteriormente, quando o Exército Soviético esmagou as forças de terra nipônicas na Manchúria e, mesmo assim, por pressão do imperador Hiroito. Chegou a ser iniciado um golpe de Estado, que fracassou, por jovens oficiais para prosseguir a guerra (CALVOCORESSI; WINT, 1988). Por isso, apenas quatro semanas após o bombardeio nuclear, no dia 2 de setembro, o Japão capitulou incondicionalmente, encerrando a Segunda Guerra Mundial.

O custo social e econômico da Segunda Guerra Mundial foi elevadíssimo. Além da destruição propriamente dita, foram gastos 1 trilhão e meio de dólares — ao valor de 1939 — durante o conflito que envolveu diretamente 72 países e mobilizou 110 milhões de soldados. Houve 55 milhões de mortos, 35 milhões de mutilados e 3 milhões de desaparecidos. A maioria das vítimas era constituída de civis. As perdas humanas abarcaram, também, outras dimensões: milhões de crianças órfãs e pessoas traumatizadas, além de milhões de desabrigados e refugiados devido à própria guerra, despovoamento e colonização com fins geopolíticos, bem como retificação de fronteiras. As marcas da destruição cobriam quase toda a Europa e grande parte da Ásia.

No plano político-ideológico, a derrota do nazifascismo significou um importante revés da extrema-direita, do racismo, do obscurantismo, do militarismo e do genocídio, representando, por contraposição, a afirmação da democracia, das liberdades individuais, sociais e nacionais e um inesperado prestígio para o socialismo soviético. Além disso, se o início da guerra foi

A NOVA GUERRA DOS TRINTA ANOS E O COLAPSO DA EUROPA (1914-1945)

acompanhado de uma derrota da esquerda, a opressão nazista estimulou os povos ocupados à resistência, a qual conheceu um crescimento contínuo. Os grupos de resistência tornavam-se, tanto na Europa como na Ásia, importantes movimentos político-militares, nos quais a força da esquerda era considerável, como resultado do próprio conflito.

A análise dos resultados da guerra é relevante para a compreensão do desencadeamento da Guerra Fria. Os Estados Unidos emergiram do conflito como os maiores beneficiados, pois reativaram e expandiram o parque industrial norte-americano, absorveram a massa de desempregados dos anos 1930, além de o país ter sofrido poucas perdas humanas e nenhuma destruição material. A economia dos EUA tornou-se mundialmente dominante, respondendo por quase 60% da produção industrial de 1945, posição reforçada pela semidestruição dos rivais (Alemanha, Itália e Japão) e pelo enfraquecimento dos aliados capitalistas (França e Grã--Bretanha), que se tornavam devedores dos Estados Unidos. A derrota do nazifascismo marcou o triunfo de uma forma de capitalismo moderno e cosmopolita, sob a hegemonia dos Estados Unidos, sobre um capitalismo marcado por contornos retrógrados em termos de dominação social e de inserção no mercado mundial.

A URSS, por sua vez, exercera um papel decisivo na derrota da Alemanha nazista e gozava de grande prestígio diplomático e militar, tendo os interesses soviéticos reconhecidos em uma esfera de influência junto das suas fronteiras europeias. O fortalecimento da esquerda em todo o mundo e a presença do rebatizado Exército Soviético no Centro da Europa e no Extremo Oriente também acentuavam o poderio soviético. Entretanto, o Kremlin mantinha um comportamento tático nas relações internacionais e agia nos moldes da diplomacia tradicional, silenciando sobre a contenção dos comunistas fora de sua área de influência. Procurou, inclusive, conter a revolução dos comunistas chineses e iugoslavos e incentivar os comunistas italianos e franceses a participarem de governos de coalizão, ajudando na reconstrução nacional da democracia liberal nesses países.

Qual a razão para essa atitude, considerada por setores da esquerda uma traição? Tal comportamento atendia principalmente a um imperativo de defesa nacional, pois o país sofrera perdas colossais: 25 milhões de mortos, o que, somado aos inválidos, representava a perda de metade da população economicamente ativa, além da destruição de quase dois terços da economia do país. Ainda que pudesse rechaçar uma invasão terrestre, a URSS não tinha marinha de longo curso e aviação estratégica, além do que os homens em idade produtiva e reprodutiva eram necessários para a reconstrução. Assim, Stálin limitava-se a tentar obter o reconhecimento internacional do país, se não *de jure* (de direito), ao menos de fato. Daí comportar-se de forma moderada, procurando salvar a política traçada nos acordos de Moscou, Teerã e Yalta.

CAPÍTULO

2.
3.
4.

Guerra Fria, uma tensão controlada pela *Pax Americana* (1945-1975)

A Segunda Guerra Mundial marcou a ascensão dos Estados Unidos e a formação de um sistema mundial bipolar, marcado pelo antagonismo entre o capitalismo (um sistema mundial) e o socialismo (um sistema regional), a Guerra Fria. Esta constituía tanto um conflito quanto um sistema coerente e articulado. Os Estados Unidos da América (EUA) e a União das Repúblicas Socialistas Soviéticas (URSS) ostentavam o novo *status* de superpotências, suplantando as potências anteriores, derrotadas na guerra ou em vias de perder os impérios coloniais no contexto do declínio da Europa como centro do sistema mundial. O velho continente, aliás, estava dividido entre as duas superpotências. O conceito de potência, forjado no Congresso de Viena, era agora aplicado às *potências médias*, rebaixadas na hierarquia internacional.

A hegemonia dos Estados Unidos, a *Pax Americana*, apoiava-se no sistema da Organização das Nações Unidas (ONU), o qual também garantia um espaço para a inserção da União Soviética no concerto das nações. Paralelamente à tensão existente no Hemisfério Norte, a descolonização afro-asiática avançava no Hemisfério Sul, expandindo o sistema de Westfália ao conjunto do planeta. Duas décadas depois de ser fundada por 51 países, a ONU contava com o triplo de membros. E, durante três décadas, o *American way of life* conheceria a idade de ouro, com crescimento e projeção globais da visão de mundo norte-americana, mesmo em vários países socialistas.

A ordem bipolar americano-soviética e o sistema da ONU

O caso da União Soviética era peculiar, pois o Estado nacional soviético, que substituíra a velha Rússia imperial, devido ao caráter socialista, não fora aceito no concerto das nações capitalistas, uma vez que sua concepção de mundo e das próprias relações internacionais era frontalmente antagônica. Entre 1917 e 1945, o Ocidente lidara com a questão por meio da alternância de fases de isolamento e pressão ou invasão armada. A resposta soviética, na linha stalinista, foi a adoção do *socialismo num só país*. Contudo, como resultado da Segunda Guerra Mundial, Moscou obtivera legitimidade (e capacidade) para fazer parte da ordem mundial (o que não era totalmente inconveniente para Washington), daí o desejo do Kremlin de apresentar o país como nação, e não como revolução (vários símbolos internacionalistas foram nacionalizados, passando de "comunistas" a "soviéticos"), inclusive exercendo pressão sobre os comunistas de outros países.

No início isso foi possível, mas, à medida que a Guerra Fria se configurava, contrariando a perspectiva inicial soviética, novas forças comunistas emergiam nos Balcãs e na Ásia Oriental, com limitado controle por parte de Moscou. De qualquer forma, com a incapacidade de lograr a formação de um sistema europeu de equilíbrio de poder em que pudesse influir, Stálin viria a sovietizar o leste do continente e a explorar o avanço dos comunistas asiáticos como forma de buscar na Ásia uma compensação por meio da configuração político-diplomática equilibrada que não pudera lograr na Europa. A busca de segurança se tornara uma verdadeira obsessão, com um temor infundado de algum ressurgimento do poder alemão. Ironicamente, na área de influência no Leste Europeu, os comunistas eram fracos, e a sovietização se revelou problemática. Os comunistas eram fortes na França, na Itália e na Grécia, países onde foram contidos, e na Iugoslávia e na Albânia, onde sobreviveram, mas sem controle soviético.

O sistema das Nações Unidas e a *Pax Americana*

As superpotências e as Nações Unidas

A situação hegemônica dos EUA em âmbito mundial permitiu-lhes estruturar uma nova ordem internacional quase inteiramente a seu molde — a *Pax Americana*. A posição do capitalismo norte-americano no mundo só encontrava paralelo na do inglês da metade do século XIX. No plano político-militar, os EUA detinham vantagens talvez nunca obtidas por outra

GUERRA FRIA, UMA TENSÃO CONTROLADA PELA PAX AMERICANA (1945-1975) 81

potência: dominavam os mares, possuíam bases aéreas e navais, além de exércitos, em todos os continentes, bem como a bomba atômica e uma aviação estratégica capaz de atingir quase todo o planeta. Em termos financeiros e comerciais, o dólar se impôs ao conjunto do mundo capitalista a partir da Conferência de Bretton-Woods (1944) e da criação do Fundo Monetário Internacional (FMI) e do Banco Mundial, dentro do sistema da ONU.

Em face do enfraquecimento das demais nações na época, o capitalismo norte-americano tornou-as tributárias da economia norte-americana, graças à utilização do dólar como principal moeda do comércio mundial. Além disso, a liderança econômica norte-americana foi importante não apenas pelo seu sistema produtivo, mas especialmente como paradigma, pois o fordismo foi estabilizado pelo keynesianismo *à la New Deal*, criando-se um *capitalismo organizado* (que também respondia ao acicate socialista). O chamado Sistema de Bretton-Woods logrou estabilizar o sistema monetário internacional, que entrara em colapso com o abandono do padrão-ouro e a Grande Depressão, adotando um mecanismo macroeconômico multilateral de regulação baseado em taxas de câmbio fixas (mas adaptáveis) e de socorro aos países em dificuldades na balança de pagamentos (por meio do FMI).

A luta pela redução de barreiras alfandegárias favorecia a dominante economia norte-americana, ao que se agregava o fato de Nova York haver se tornado o centro financeiro mundial. Dessa forma, os EUA passavam a regular e dominar os investimentos e o intercâmbio de mercadorias em escala planetária. Além disso, o avanço tecnológico norte-americano durante a guerra permitia ao país ampliar ainda mais a vantagem nos planos militar e econômico. Ao final do conflito, os EUA apresentavam também um quase monopólio dos bens materiais — inclusive os estoques de alimento — necessários à reconstrução e à sobrevivência das populações da Europa e da Ásia Oriental.

A hegemonia norte-americana consubstanciou-se também no plano diplomático. Na Conferência de Dumbarton Oaks (1944) e na de São Francisco foi estruturada a ONU, visando a salvaguardar a paz e a segurança internacionais. Os soviéticos, temendo que os EUA repetissem o boicote de 1919 à Liga das Nações, insistiram para que a nova organização fosse sediada em território norte-americano. A medida foi insignificante, pois a ONU era um organismo de grande relevância para os objetivos diplomáticos de Washington no pós-guerra, uma vez que representou o instrumento jurídico, político e ideológico do *internacionalismo* necessário aos seus interesses.

O Conselho de Segurança da ONU tinha como membros permanentes, com poder de veto, os EUA, a URSS, a Grã-Bretanha, a França e a China (nacionalista). Os demais países estavam representados pela Assembleia Geral, que constituía um fórum, o qual, apesar de não dispor de poder de decisão, era um espaço importante de representação para nações mais fracas. No início, os EUA e seus aliados europeus e latino-americanos representavam maioria esmagadora, havendo alguns países socialistas e uma escassa representação afro-asiática. Contudo, a ONU evoluiria de uma correlação de forças pró-americanas para um quadro de maior complexidade nos anos 1960.

Assegurar a paz, contudo, não era a única tarefa da organização. Ela dava um marco institucional que permitia o avanço do processo de descolonização, possuía um conjunto de organismos especializados na área econômica (já referidos) e outros na área social. A Unicef (infância), a FAO (alimentação), a Unesco (ciência e educação), a OIT (trabalho) e a OMS (saúde), entre outras, realizavam um trabalho vital nas nações em desenvolvimento. Apesar de representar a correlação de forças existente em decorrência dos resultados da Segunda Guerra Mundial, a ONU apresentava uma dinâmica capaz de evoluir, incorporando as novas realidades internacionais.

O internacionalismo da ONU representava, paralelamente, a formulação ideológica do capitalismo de livre investimento, articulado pelos EUA a partir de 1933, como forma de superação da Grande Depressão. O capitalismo internacionalista norte-americano opunha-se aos capitalismos aliados e rivais que monopolizavam a exploração de impérios coloniais ou o domínio econômico sobre determinadas regiões. Assim, a guerra serviu para derrotar os capitalismos de expressão regional (Alemanha, Itália e Japão) e para enfraquecer as velhas metrópoles coloniais europeias, que saíam do conflito como devedoras dos Estados Unidos, graças às Leis de Empréstimos e Arrendamentos.

As conferências de Yalta e Potsdam

As conferências de Yalta e Potsdam constituíram o fórum de discussão das questões sobre a reorganização mundial no pós-guerra. As origens da Guerra Fria encontram-se, em grande parte, nas divergências entre os aliados ocidentais e os soviéticos acerca dessas questões. Em Yalta (fevereiro de 1945), foram referendadas, por Churchill, Roosevelt e Stálin, a fixação da fronteira soviético-polonesa na Linha Curzon e a entrega, à Polônia, de territórios alemães situados a leste dos rios Oder e Neisse, como forma de contenção territorial da Alemanha, justificada como reparação pela destruição perpetrada pelos nazistas nesse país. Decidiu-se, ainda, a formação de governos de coalizão na Polônia e na Iugoslávia. Foi também acordado que a Alemanha não seria partilhada, mesmo que, em curto prazo, fosse dividida em zonas de ocupação norte-americana, soviética, inglesa e francesa.

Os EUA obtiveram da URSS o compromisso de entrar em guerra contra o Japão na Manchúria, três meses após a rendição alemã. A decisão de manter a Grande Aliança até a

GUERRA FRIA, UMA TENSÃO CONTROLADA PELA PAX AMERICANA (1945-1975)

derrota completa do Eixo fez de Yalta o ápice da colaboração entre EUA e URSS, estabelecendo *áreas de influência* entre ambos em algumas regiões — e não uma "partilha do mundo". Assim, concretamente, houve um acordo pelo qual os países limítrofes com a URSS na Europa não deveriam possuir governos antissoviéticos, como forma de garantir as fronteiras ocidentais. Fora por meio desses países, e com o apoio de alguns deles, que os nazistas a invadiram. E, também, foi acordada uma gigantesca transferência de populações ("limpeza étnica") para expulsar minorias que pudessem desestabilizar os Estados do Leste (THER, 2016). A fronteira germano-eslava voltou aos limites de 1 mil anos antes, e os tcheco-eslovacos expulsaram os alemães e húngaros do seu território. Os países bálticos (que apoiaram o III Reich) foram reincorporados à Rússia soviética, mas alguns Estados não reconheceram diplomaticamente essa situação (KASEKAMP, 2010).

Portanto, Stálin não desejava implantar o socialismo no Leste Europeu, já que necessitava que países capitalistas frágeis e pouco desenvolvidos formassem uma zona-tampão securitária e protetora ao *seu* socialismo em um só país. O modelo soviético era marxista-leninista, mas também *russo* e *stalinista*, e, em culturas políticas diversas, seria de difícil governabilidade e controle por parte do Kremlin, especialmente os católicos, que seguiam orientações do Vaticano. Mais importante ainda, uma Alemanha neutra e desarmada, onde fosse possível cobrar as indenizações de guerra.

Tudo que veio a ocorrer depois foi decorrência da Guerra Fria. Alguns historiadores, posteriormente, afirmaram que um Roosevelt "velho e doente" fora fraco nas negociações, introduzindo Stálin na Europa Oriental e no Extremo Oriente. Isso não representava uma "concessão", pois essas regiões eram controladas efetivamente pelo Exército Soviético e pelas guerrilhas comunistas nacionais. Além disso, o reconhecimento da influência soviética na estreita faixa de países pobres da Europa Centro-Oriental, enquanto o resto do planeta permanecia sob o domínio do capitalismo, evidencia o exagero da expressão *partilha do mundo*. Mesmo no concernente à Europa, essa partilha não teria termo de comparação.

A Conferência de Potsdam (arredores de Berlim, 17 de julho a 2 de agosto de 1945), embora formalmente referendando as decisões de Yalta, foi bem diferente. Era Truman quem representava os EUA — Roosevelt falecera em abril — e defendia uma posição bastante rígida em relação à URSS. O presidente norte-americano informou a Stálin sobre a existência da Bomba A, sem explicar o potencial dessa arma. Potsdam deixou clara uma alteração política fundamental, ocorrida próximo à morte de Roosevelt. A cúpula do Partido Comunista Soviético estendera ao conjunto do governo norte-americano a confiança que possuía no presidente, sem atentar para as lutas internas em Washington. O bombardeio de Dresden foi um sinal da nova política consubstanciada com a vinculação de Truman ao emergente Pentágono e, dentro desse, ao grupo do bombardeio estratégico. Esse grupo passaria praticamente a dominar as decisões militares do governo a partir do momento em que a bomba atômica entrasse em cena.

As bombas atômicas lançadas sobre um Japão à beira da rendição eram militarmente questionáveis, como atestam estudos recentes. Seu significado diplomático-estratégico, na verdade, constitui uma demonstração de força diante dos soviéticos e dos movimentos de emancipação nacional que amadureciam na China, na Coreia e nos países do Sudeste Asiático, bem como uma intimidação à agitação do mundo colonial. Assim, tal política visava a limitar os acordos de Yalta referentes à Europa e a impedir a aplicação na Ásia. Mesmo enfrentando resistências, os EUA eram os senhores da nova ordem mundial. A Guerra Fria permitirá a Washington consolidar a posição de vantagem. A *Pax Americana* caracterizou-se, nesse sentido, pelo quase monopólio norte-americano das decisões estratégicas.

Da aliança antifascista à Guerra Fria

A deterioração da Grande Aliança

A URSS fez várias tentativas de tentar salvar os acordos de Yalta, aos quais a administração Truman se opunha de forma cada vez mais resoluta. No dia da rendição alemã, o governo norte-americano interrompeu sem comunicação prévia a ajuda fornecida, por meio da Lei de Empréstimos e Arrendamentos, à URSS, chamando de volta um comboio que se encontrava a meio caminho do país rendido. Washington também voltou atrás no tocante à cobrança de reparações de guerra no conjunto da Alemanha por Moscou. Em 1946, Churchill, discursando em uma universidade do interior dos EUA (tendo Truman na assistência), lançou seu famoso brado antissoviético, segundo o qual uma *cortina de ferro* descera sobre metade da Europa. Nas eleições parciais de 1946, o Partido Republicano obteve a maioria no congresso e, juntamente com a ala direita do Partido Democrata, empurrava o governo Truman para uma política ainda mais dura. Nesse mesmo ano, a guerra civil reiniciou na Grécia.

Apesar dos riscos políticos contidos na nova conjuntura, a URSS prosseguiu a desmobilização militar, pois se vira na contingência de reconstruir a economia em bases autárquicas, sendo que os soldados eram indispensáveis para suprir a carência de mão de obra e para a recuperação demográfica. A falta de apoio externo levou o país a reeditar as durezas do stalinismo dos anos 1930, mas, apesar dos sacrifícios exigidos, a reconstrução econômica foi relativamente rápida. No Leste Europeu, por sua vez, a democracia liberal funcionava normalmente em uma Tchecoslováquia sem tropas de ocupação, e os nacionalistas de vários matizes ainda eram

GUERRA FRIA, UMA TENSÃO CONTROLADA PELA PAX AMERICANA (1945-1975) 85

majoritários dentro da coalizão no poder da Polônia. Nos Balcãs, os comunistas iugoslavos, liderados por Tito, mantinham a independência frente a Stálin e articulavam, com o prestigiado líder comunista búlgaro Dimitrov, a ideia da criação de uma confederação balcânica que fosse autônoma em relação a Moscou e que incluísse também outros países vizinhos (ao que Stálin se opunha resolutamente).

Enquanto isso, cresciam, por um lado, as dificuldades financeiras da Europa Ocidental, pois os países dessa área sofreram grande desgaste econômico com a guerra e tornaram-se importadores, sobretudo dos EUA, até a exaustão das reservas monetárias. Por outro lado, as tendências democráticas dos movimentos antifascistas conferiram grande força a uma esquerda que, em certa medida, opunha-se à presença norte-americana. Esse fenômeno, aliado à existência de vias nacionais autônomas tanto no Oeste como no Leste Europeu e ao movimento sindical dentro dos EUA (que lutava para não perder os privilégios obtidos durante a guerra, agora ameaçados pela reconversão industrial), representou uma ameaça, segundo a percepção da Casa Branca.

A partir desse momento, a administração Truman passou a trabalhar na estruturação de um mercado europeu aberto às finanças e ao comércio privado dos EUA. Esse projeto iniciou-se pela criação da bizona alemã (unificando as áreas de ocupação da Grã-Bretanha e dos EUA), que em seguida deveria ampliar-se por toda a Europa Ocidental. A implementação dessa política ocorreu em 1947, com a proclamação da Doutrina Truman (12 de março) e o lançamento do Plano Marshall (5 de junho).

1947: a formalização da Guerra Fria

A Doutrina Truman foi formalizada a partir de um discurso do presidente norte-americano no qual ele defendia o auxílio dos EUA aos povos livres que fossem ameaçados pela agressão totalitária, tanto de procedência externa como por parte das minorias armadas. Tal política foi formalizada quando a Grã-Bretanha, enfraquecida e sem condições de manter o convulsionado império, retirava-se da guerra civil grega e era substituída pela ajuda norte-americana. A ajuda solicitada estendia-se também à Turquia, que não possuía ameaças externas ou internas. A Doutrina Truman foi proclamada durante a realização dos trabalhos da Conferência Econômica de Moscou, que tratava da concessão de ajuda norte-americana para a reconstrução europeia e reforçava a noção de *divisão do mundo* expressa por Churchill no ano anterior, ao mesmo tempo que lançava uma verdadeira cruzada do *mundo livre* contra seu inimigo.

O Plano Marshall, por seu turno, concedia aos governos europeus empréstimos a juros baixos, para que eles adquirissem mercadorias dos EUA. O custo político da aceitação era con-

86 AS GRANDES POTÊNCIAS E OS CONFLITOS MUNDIAIS

siderável, pois as nações beneficiárias deveriam abrir as próprias economias aos investimentos norte-americanos, o que, no caso das economias fracas (como as democracias populares do leste) ou devedoras (como a Europa Ocidental), representava o inevitável abandono de parte da soberania desses países. Além disso, o plano propunha o aprofundamento da divisão do trabalho entre uma Europa Ocidental industrial e o leste agrário do continente.

Obviamente, a URSS e as nações sob controle soviético se recusaram a aceitar uma ajuda percebida como uma espécie de invasão econômica, a qual os conduziria à perda do controle político (pois a abertura da economia reforçaria as enfraquecidas burguesias leste-europeias). A Doutrina Truman e o Plano Marshall contribuíram para a partilha da Europa e para a formação dos blocos político-militares. O problema é que ainda existia uma forte opinião pública mundial marcada pelo espírito de Yalta, pelo antifascismo e pelo pacifismo, a qual atrasava e perturbava a formalização da Guerra Fria. Era preciso explorar poderosos mitos e imagens que desarticulassem essa corrente e condicionassem a população a uma visão maniqueísta. A *ameaça soviética* e a *defesa do mundo livre* constituíram esses mitos mobilizadores e legitimadores da nascente Guerra Fria.

Os partidos comunistas (PC) da Europa Ocidental, consonantes com Moscou, promoveram greves desesperadas e infrutíferas em oposição ao Plano Marshall. Se, a longo prazo, esses países perdiam parte da autonomia, no plano imediato, a chegada de mercadorias aliviava uma população cansada pelos sofrimentos da guerra e pelas privações materiais, as quais persistiam dois anos depois do encerramento do conflito. As elites nacionais, por sua vez, viam nessa política a salvação. A ajuda norte-americana, já empregada como instrumento de pressão em eleições europeias, implicava a expulsão dos comunistas dos governos de coalizão ocidentais (por se oporem ao plano), sobretudo na França e na Itália, onde eles constituíam os partidos mais fortes.

Após as expulsões dos PC ocidentais dos governos, os fatos se sucederam em uma avalanche em 1947. O discurso do soviético Jdanov sobre o antagonismo irredutível entre socialismo e capitalismo representava uma réplica à Doutrina Truman e ao Plano Marshall, sendo o último rejeitado pela URSS e pelas democracias populares. Em seguida, os EUA criaram a Agência Central de Inteligência (CIA) para atuar em âmbito mundial, como reação à notável expansão das redes de espionagem internacional soviéticas durante a guerra. Na sequência, os PC no poder na URSS e na Europa Oriental, bem como os da França e da Itália, criaram a Agência de Informação Comunista (Kominform), visando à coordenação das ações dos PC na Europa contra o Plano Marshall.

Na sequência, os confrontos políticos na Tchecoslováquia em fevereiro de 1948 acabaram adquirindo uma projeção mundial. A recusa do Plano Marshall pelo governo de Praga deixou

GUERRA FRIA, UMA TENSÃO CONTROLADA PELA PAX AMERICANA (1945-1975) 87

os partidos conservadores do país em uma situação difícil, decidindo lançar mão do último recurso disponível, a expulsão dos comunistas do governo por meio de uma ação de bastidores. O PC, que havia vencido as últimas eleições, e os social-democratas reagiram mobilizando seus ministros e uma impressionante massa de trabalhadores armados para dar uma demonstração de força ao presidente Benes. Foram, então, os conservadores que tiveram de se retirar do governo. O Ocidente denunciou a ação como o Golpe de Praga. Em junho, os aliados ocidentais realizaram uma reforma econômica nas zonas que controlavam na Alemanha, visando a integrá-la economicamente à Europa Ocidental, na linha que já vinha sendo seguida. Esse ato complicava a questão de Berlim e fazia da parte ocidental da cidade uma ameaça econômica à débil zona de ocupação soviética.

Stálin respondeu ao desafio decretando o bloqueio terrestre de Berlim Ocidental, acreditando que forçaria os EUA a recuarem na política norte-americana na Alemanha. Durante essa primeira crise de Berlim, a cidade foi abastecida por meio de uma impressionante ponte aérea durante quase um ano. Os soviéticos acabaram levantando o fracassado bloqueio, em meio ao júbilo da população alemã. Junto com o Golpe de Praga, o Bloqueio de Berlim simbolizava um "perigo soviético". Nesse particular, Truman foi bem-sucedido, pois o espectro de um comunismo agressivo representou um valioso elemento para desmobilizar a opinião pública antifascista. A Escandinávia, que se encaminhava para uma política neutralista, voltou-se para o lado dos EUA (Noruega, Dinamarca e Islândia ingressariam na Organização do Tratado do Atlântico Norte — Otan). Apenas a Suécia manteve-se neutra, num sutil jogo diplomático, aceito por Moscou, o qual, sem dúvida, evitou a inclusão da Finlândia no rol das democracias populares. A esquerda liberal em todo o Ocidente aliou-se à centro-direita, tornando-se anticomunista e antissoviética a partir de então.

Essa verdadeira *marshallização* da opinião ocidental permitiu eliminar a oposição à política de rearmamento maciço, que representaria a base de sustentação de políticos como os irmãos Dulles. Enquanto essa nova corrida armamentista reativava setores ameaçados da economia norte-americana, obrigava os soviéticos a mobilizar 1 milhão e meio de soldados, reduzindo o ritmo da reconstrução da URSS e do Leste Europeu. Iniciavam-se, então, nas democracias populares, a austeridade material e a construção de corte staliniano, que foram uma das bases das futuras crises em 1956. No plano estritamente político, Moscou enquadrou, então, esses países à sua estratégia, expulsou os nacionalistas e conservadores dos governos de coalizão e, após o conflito com Tito, expurgou os comunistas mais independentes.

Com o fracasso da aposta em uma Alemanha neutra e desarmada e com a implementação da Doutrina Truman e do Plano Marshall pelos EUA, a URSS reagiu com os meios disponíveis: a sovietização forçada do Leste Europeu em 1947-1949. Também improvisou a criação de uma pequena Alemanha prussiano-luterana e socialista, a República Democrática Alemã (RDA), como forma de barganhar a questão alemã (FULBROOK, 2016). Stálin não aprovava governos comunistas com vontade própria, como a Iugoslávia de Tito, que criou uma variante socialista/neutralista original, mantendo independência e contato com os dois blocos.

Sem dúvida os militantes comunistas que sobreviveram à guerra no leste necessitaram do apoio soviético para se reerguer. Mas o que surpreende foram a rapidez e a intensidade do processo, cujo fator primordial resultou da própria ação da Alemanha nazista, que dizimou, enfraqueceu ou deslegitimou as elites locais e suas estruturas de poder. Hitler eliminou a intelectualidade liberal e as instituições políticas, estatizou empresas locais e centralizou a economia. Assim, realizou as tarefas violentas que seriam necessárias para uma *revolução socialista*. O que os soviéticos encontraram no Leste Europeu foi um vácuo de poder e anomia sociopolítica que não era difícil de preencher. Também não foi difícil fazer uma reforma agrária nas terras de latifundiários colaboracionistas (muitos fugiram), ampliando o apoio popular ao "libertador".

O projeto do Kremlin, inicialmente, não era tornar esses países socialistas, mas mantê-los sob influência soviética, com o objetivo de garantir a defesa da URSS. A Europa Oriental se tornava o *glacis* da URSS, devido ao temor da bomba atômica, da aviação estratégica (com os planos de ataque preventivo) e das bases militares inimigas estendidas em torno do país. A reação soviética, no plano interno, constituiu-se na elaboração de um acelerado programa atômico, no desenvolvimento da aviação de caça, na implementação de um poder militar terrestre como forma de desencadear uma represália às posições norte-americanas na Europa e no *segredo geográfico* para cegar o Strategic Air Command (o segredo geográfico e a profundidade terrestre eram vitais para a defesa aérea na época).

O conflito URSS-Iugoslávia, à parte toda a querela ideológica e os aspectos predominantemente personalistas ou nacionalistas, envolve problemas tão profundos quanto sutis. Obviamente, as divergências entre Stálin e Tito nos planos ideológico, nacional e tático-estratégico eram reais, pois o líder soviético realmente desejava subordiná-lo. Contudo, por que somente nessa conjuntura adquiriram tal importância? Até 1947, os países fronteiriços da URSS na Europa eram *área de influência da Rússia*, e a questão da Revolução Socialista não se encontrava na ordem do dia (por sua cultura política diferente, Stálin achava difícil o controle dessas regiões). A zona de ocupação soviética na Alemanha era parte do problema alemão, ao passo que a Iugoslávia e a Albânia representavam um caso especial, no qual os comunistas eram, autonomamente, as forças hegemônicas nacionais.

A situação desses países, com litoral no Mar Mediterrâneo, de frente para uma Itália que era vital para a estratégia militar norte-americana na Europa, e ainda sem fronteiras com a

GUERRA FRIA, UMA TENSÃO CONTROLADA PELA PAX AMERICANA (1945-1975) 89

URSS, complicou-se dramaticamente com o advento da Guerra Fria. O Ocidente não toleraria a inclusão da Iugoslávia em um bloco controlado pelos soviéticos. Assim, o país tornou-se oficialmente autônomo frente ao Kremlin, Tito foi saudado pela opinião pública como "bom comunista", e seu país tornou-se um Estado-tampão, neutro, em uma época de acelerada militarização, o que também convinha, de certa maneira, a Stálin. Já os comunistas albaneses, sentindo-se vulneráveis perante a Iugoslávia na nova situação, mantiveram-se aliados à URSS, embora seus vínculos militares não fossem mais que simbólicos. Não podendo ser neutra, a Albânia isolou-se do contexto regional para poder sobreviver.

Em 1949, a Guerra Fria intensificou-se. Em janeiro, a URSS criou o Conselho de Assistência Mútua Econômica (Came ou Comecon), integrando os planos de desenvolvimento e lançando as bases de um mercado comum dos países socialistas, em uma clara resposta ao Plano Marshall. Em abril, a iniciativa para a réplica coube aos EUA e a seus aliados da Europa Ocidental, que criaram a Otan, a qual perpetuava, intensificava e legalizava a presença militar norte-americana no continente europeu.

A divisão da Europa agora era completa, repercutindo na questão alemã. A URSS punha fim ao bloqueio de Berlim em maio, e em setembro era fundada a República Federal da Alemanha (RFA), com capital em Bonn, reunindo as zonas de ocupação norte-americana, francesa e britânica, nas quais se encontrava a ampla maioria das indústrias alemãs. Konrad Adenauer, político conservador e admirador dos EUA, tornou-se o dirigente da Alemanha capitalista (ocidental). No mês seguinte ocorria a fundação da RDA em Berlim-Leste, onde os soviéticos podiam cobrar indenizações. A criação da Alemanha socialista (oriental) na zona de ocupação soviética era uma resposta de Moscou ao estabelecimento da RFA, mas, segundo o historiador alemão Wilfried Loth (1998), a Alemanha oriental era "o filho não desejado de uma madrasta malvada", a União Soviética.

Apesar de certas formas exaltadas e maniqueístas da Guerra Fria, esta possuía sua racionalidade, pois constituía *tanto um conflito quanto um sistema*. Permitia aos EUA manter o controle político e a primazia econômica tanto sobre os aliados industriais europeus como sobre a periferia, sobretudo latino-americana. Ao explorar a ideia de uma ameaça externa, Washington obtinha a unidade do mundo capitalista e orientava-a contra a URSS e os movimentos de esquerda e nacionalistas, tanto metropolitanos como coloniais, emergidos da Segunda Guerra Mundial. A manutenção de um clima de tensão militar conferia aos EUA uma posição privilegiada para consolidar a expansão econômica norte-americana e administrar convenientemente o processo de emancipação das colônias, que desejava subtrair ao controle dos próprios aliados europeus. Essa permanente tensão permitiria a hegemonia incontestada da formidável máquina militar norte-americana em pleno tempo de paz. A Guerra Fria

90 AS GRANDES POTÊNCIAS E OS CONFLITOS MUNDIAIS

constitui-se, assim, em uma verdadeira *Pax Americana*, em que a URSS tinha, enfim e apesar de tudo, um espaço internacional legitimado e um espaço geopolítico reconhecido.

Os Estados pós-coloniais e a formação do Terceiro Mundo

Guerras e revoluções na Ásia e no Magreb-Machrek

Os movimentos anticoloniais

A Segunda Guerra Mundial afetou decisivamente a periferia colonial e aprofundou de forma irreversível as tendências rumo à emancipação, latentes desde o fim da primeira guerra e da Revolução Russa. As potências metropolitanas em guerra tiveram de lançar mão dos recursos humanos e materiais das colônias, e a mobilização de contingentes afro-asiáticos teve efeitos tanto político-sociais como ideológicos. Após séculos de inculcação de um sentimento de inferioridade, o mito do super-homem branco desmoronava abruptamente, ao passo que os povos coloniais despertavam de seu torpor. Nas zonas em que ocorreram operações bélicas, o processo era mais profundo e imediato.

Essa gigantesca convulsão do mundo afro-asiático é fundamental para a compreensão da Guerra Fria, pois, após 1949, a Europa torna-se um cenário relativamente estabilizado quanto às áreas de influência e da política bipolar. O movimento de descolonização ocorreu em três grandes ondas cronologicamente subsequentes, com características políticas e implantação geográfica específica. A primeira delas ocorreu nos anos imediatamente subsequentes à guerra e no início dos anos 1950 na Ásia Oriental e Meridional, onde se deram a luta contra o Japão e o maior enfraquecimento do colonialismo europeu. Nessas regiões, o movimento de emancipação nacional foi marcado por grandes enfrentamentos armados e revoluções, adquirindo predominantemente um conteúdo socialista (China, Coreia e Vietnã) ou fortemente nacionalista (Índia e Indonésia).

No início da década de 1950, o epicentro do processo de descolonização deslocou-se para o mundo árabe (Magreb-Machrek), onde o conteúdo dominante foi o nacionalismo árabe de perfil reformista (Egito, Iraque, Argélia), até a passagem dos anos 1950 aos 1960. A partir desse momento, a África Negra, ou subsaariana, tornou-se o centro de uma descolonização grandemente controlada pelas ex-metrópoles europeias, adquirindo fortes contornos neocolonialistas. Até a segunda metade dos anos 1960, a maioria dos países da África Tropical havia obtido a independência. Restaram os regimes de minoria branca e as colônias portuguesas da África Austral, cujo processo de emancipação foi mais violento e radical, estendendo-se da década de 1970 até o início da de 1990. Esta, contudo, seria uma fase particular.

As revoluções chinesa e vietnamita e a Guerra da Coreia

O conflito periférico de maior impacto mundial foi, sem dúvida, a Revolução Chinesa. A guerra civil na China, com algumas interrupções, arrastava-se desde os anos 1920. Entre 1937 e 1945, o Partido Comunista da China (PCCh) e o Kuomintang (KMT) — partido nacionalista — acertaram uma relativa trégua e constituíram uma frente antijaponesa. Nesse período de guerra mundial, os comunistas fortaleceram-se política e militarmente, tendo incorporado a questão camponesa e nacional. Com a derrota do Japão na Segunda Guerra Mundial, reiniciaram-se os choques entre os dois grupos. Sucederam-se tentativas de mediação patrocinadas pelos EUA e acompanhadas de pressões soviéticas sobre os comunistas para que eles formassem um governo de coalizão com os nacionalistas. As ofensivas de 1946-1947 permitiram ao KMT controlar as cidades grandes e médias, bem como as vias de comunicação. Exultante, Chiang Kai-Shek não percebeu que, na realidade, encontrava-se ilhado em um oceano rural e camponês, sob influência comunista.

Apesar do limitado apoio soviético em 1948, Mao Tsé-Tung conquistou várias cidades importantes e avançou para o sul. Com o aprofundamento da Guerra Fria na Europa, em particular, a crise da Alemanha e a criação da Otan, Stálin decidiu estimular politicamente e apoiar materialmente os comunistas chineses para completarem a revolução. A Revolução Chinesa, bem como a Guerra da Coreia, foi apoiada por Stálin para criar outra frente de conflito, aliviando a pressão na fronteira europeia da URSS. Era algo indesejado, pois ele pressentia que não poderia controlar Mao por muito tempo. O exército do KMT, derrotado, refugiou-se na ilha de Formosa (Taiwan), enquanto Mao Tsé-Tung proclamava a República Popular da China (1º de outubro de 1949). A vitória comunista na China representava um sério revés para a diplomacia norte-americana, pois o país chinês era o principal aliado de Washington na região da Ásia Oriental e do Pacífico.

Os EUA, que ocupavam o Japão e o Sul da Coreia e haviam se estabelecido nos imensos e estratégicos arquipélagos japoneses do Oceano Pacífico, decidiram, então, restaurar a economia japonesa e criar um novo centro de poder para apoiar a política norte-americana na região. Uma vez que o "vice-rei" norte-americano em Tóquio, o general MacArthur, já havia reprimido a esquerda, foi fácil chegar a um acordo com as elites nipônicas sobre a reconstrução

92 AS GRANDES POTÊNCIAS E OS CONFLITOS MUNDIAIS

econômica do país. Na Indochina, a obtusa política colonial francesa encontrou forte resistência do Movimento Viet Minh, liderado por Ho Chi Minh. A tentativa de recolonizar o país e reverter a independência da República Democrática do Vietnã conduziu a uma longa guerra, que se aprofundou com a chegada dos comunistas chineses ao poder. Após oito anos de luta, a guerrilha infligiu uma demolidora derrota ao exército francês em Dien Bien Phu, no Vietnã. A França viu-se obrigada a repassar a guerra aos EUA e a assinar os acordos de Genebra em 1954, que dividiam o Vietnã até a realização de eleições, previstas para dois anos depois.

Os EUA haviam tentado evitar uma vitória comunista no Vietnã, após a perda da China e o empate na Guerra da Coreia, aumentando a ajuda militar. No entanto, a derrota da França em Dien Bien Phu levou à convocação da Conferência de Genebra, em 1954, como foi dito, a qual decidiu a partilha temporária do país, com a manutenção de um regime comunista ao norte do Paralelo 17. Como a monarquia foi derrubada no sul por um golpe apoiado pela CIA, e o novo regime nunca realizou as prometidas eleições, no fim dos anos 1950, a guerrilha reapareceria no sul e se espraiaria para o Laos e o Camboja, com o envolvimento direto e crescente dos Estados Unidos.

No mesmo ano da Conferência de Genebra (1954), realizou-se a Conferência de Colombo, autêntico signo de mudanças no cenário mundial. Nela, Índia, Paquistão, Indonésia, Birmânia e Ceilão (Sri Lanka) discutiram a articulação de uma frente neutralista, devido ao problema da Indochina, em que os EUA substituíam a metrópole francesa e criavam mais um bloco militar, a Organização do Tratado do Sudeste Asiático (Otase) — que agrupava Austrália, Nova Zelândia, Grã-Bretanha, França, Filipinas, Tailândia, Paquistão e os próprios EUA. Esse bloco militar, a partir do Paquistão, dos EUA e da Grã-Bretanha, ligava-se a outro no Oriente Médio, a Organização do Tratado do Centro (Otcen), e, por meio dele, à Otan na Europa. Agregando-se a essas organizações os pactos militares bilaterais dos EUA na Ásia Oriental (Japão, Coreia do Sul, Taiwan e Filipinas), obtinha-se uma linha de contenção do mundo comunista, o qual se estendia de Berlim ao Oceano Pacífico e englobava um terço da superfície e da população mundiais.

Dentre os conflitos que sacudiram a linha que se estende do Norte da África ao Extremo Oriente asiático durante a década que se seguiu ao final da Segunda Guerra Mundial, a Guerra da Coreia constituiu o ponto de inflexão mais significativo da Guerra Fria. Esse conflito, ainda pouco conhecido, teve notável impacto mundial e foi o epicentro de um colossal confronto entre o mundo capitalista e o socialista.

Quando o Japão capitulara, e os russos se estabeleciam ao norte do Paralelo 38, dois dias depois, os norte-americanos desembarcaram e ocuparam o Sul da Coreia, enquanto dissolviam os comitês, efetuavam prisões e traziam dos EUA Syngman Rhee. No norte, manteve-se

GUERRA FRIA, UMA TENSÃO CONTROLADA PELA PAX AMERICANA (1945-1975) 93

a república popular, liderada pelo então jovem comunista Kim Il Sung (pupilo de Moscou), e foi implementada uma reforma agrária que agregou apoio ao regime. Em 1948 eclodiram revoltas nas províncias sulistas de Yosu e Cheju Do, ao passo que os soviéticos, por seu turno, retiravam-se do norte. Ao lado desses graves problemas internos, Rhee passou a enfrentar uma ameaça externa ainda maior. Em janeiro de 1950, o secretário de Estado Dean Acheson declarou que o perímetro defensivo norte-americano estendia-se das Aleutas (no Alaska) às Filipinas, passando pelo Japão (não mencionando Formosa e Coreia do Sul). Esse controvertido discurso objetivava buscar um diálogo com a República Popular da China, pois a queda de Formosa era vista como provável, bem como afastar Pequim de Moscou. A resposta dos setores belicistas foi imediata: MacArthur conseguiu o envio da esquadra para o estreito de Formosa e insuflou um clima de guerra com o apoio dos ameaçados Chiang e Rhee (que acabara de ser derrotado nas eleições legislativas).

A "perda" da China representava para os republicanos, que conferiam primazia à bacia do Pacífico, a falência da política de *contenção* dos democratas, excessivamente voltados para a Europa. Provocações sul-coreanas na fronteira multiplicaram-se (assassinato de emissários, exercícios militares e discursos ameaçando invadir o norte), e Kim Il Sung passou a preparar-se militarmente, acreditando que o regime sul-coreano estava para entrar em colapso. Stálin concordou, pelo motivo antes exposto, com a condição de que a guerra se mantivesse regional. No dia 25 de junho de 1950, as tropas norte-coreanas atacaram, cruzando o Paralelo 38, e conseguiram avançar rapidamente, para sua própria surpresa. Kim estava entusiasmado pela vitória chinesa; Mao, desejoso de desviar a atenção norte-americana do estreito de Formosa; e os soviéticos, confiantes, após a detonação da primeira bomba atômica da URSS.

Imediatamente, o Conselho de Segurança da ONU condenou a invasão e decidiu enviar tropas sob a bandeira da organização (compostas basicamente por norte-americanos, além de pequenos contingentes da França, da Grã-Bretanha, da África do Sul, da Bélgica, do Canadá, da Colômbia, da Etiópia, da Grécia, da Nova Zelândia, da Austrália, da Holanda, das Filipinas, da Tailândia e da Turquia). Enquanto o senador McCarthy desencadeava uma onda de histeria nos EUA, Washington iniciava a assistência militar às Filipinas, aos franceses na Indochina, bem como os preparativos políticos para o rearmamento da Alemanha Ocidental. Em dois meses, o exército norte-coreano controlou quase todo o sul, cercando norte-americanos e sul-coreanos no perímetro de Pusan. Contudo, com o desembarque dos *marines* em Inchon (ao lado de Seul), as forças comunistas recuaram para evitar o cerco. Duas semanas depois (1º de outubro), as forças da ONU, comandadas por MacArthur, cruzaram as fronteiras para criar um fato consumado que extrapolava a decisão da ONU (retorno ao Paralelo 38). Segundo o general Bradley (*apud* HOROWITZ, 1973, p. 162, tradução nossa), "o maior perigo que o Ocidente tinha de enfrentar residia na possibilidade de que os Estados Unidos pudessem 'baixar a guarda' após haver obtido a vitória na Coreia".

Enquanto isso, MacArthur, eufórico, declarava que poderia invadir a China e, mesmo, a URSS. Até a invasão do norte, o número de mortos fora insignificante, só então teve início o massacre que custou 4 milhões de vidas. Os chineses advertiram que não tolerariam a destruição da Coreia do Norte, de modo que, quando MacArthur ocupou Pyongyang, a capital, e aproximou-se do Rio Yalu, eles iniciaram seus preparativos militares. O Yalu, que demarcava a fronteira, produzia a energia utilizada pelo principal núcleo industrial da República Popular da China, localizado na Manchúria, a pouca distância. Era um risco que Mao não correria.

Todo o país foi reduzido a escombros, enquanto os combates prosseguiam. Certo equilíbrio foi atingido no início de 1951, em torno do Paralelo 38, embora o conflito continuasse até meados de junho, quando se iniciou um cessar fogo, seguido de negociações. Para que isso pudesse ocorrer, Truman teve de destituir o todo-poderoso MacArthur, por haver "envolvido os EUA numa má guerra, num mau momento, contra um mau inimigo", segundo argumentou. O objetivo do presidente era também o de barrar a pretensão de MacArthur de se apresentar como candidato republicano às eleições presidenciais de 1952, vencidas por um general republicano mais equilibrado, Eisenhower.

Truman desejara um conflito limitado e só conseguira, a um custo quatro vezes maior, conservar os mesmos resultados já obtidos, quando fora atingido o Paralelo 38 em outubro. Ainda que alcançando ganhos importantes em âmbito político (rearmamento alemão e aumento do orçamento de defesa), o empate militar na Guerra da Coreia constituiu um limite à hegemonia norte-americana na região. No plano doméstico, essa autêntica guerra civil com intervenção estrangeira teve como resultado a consolidação da ditadura policial de Rhee no sul (proclamado Presidente Vitalício), com apoio das tropas norte-americanas aí aquarteladas. A reconstrução do norte foi mais rápida, e, ao contrário da Alemanha, a metade socialista da nação coreana foi a primeira a exibir seu "milagre econômico". O continente asiático ficou, então, com a massa continental dominada pelo comunismo, a periferia oriental insular e peninsular do Pacífico dominada pelos EUA e inserida no mundo capitalista, enquanto a franja meridional banhada pelo Índico se tornava predominantemente neutralista.

A descolonização na Ásia Meridional e no Oriente Médio

Além do caso vietnamita, outra tentativa de recolonização forçada que redundou em grave revés para o colonizador foi a guerra promovida pela Holanda contra os nacionalistas indonésios, liderados por Sukarno. As sucessivas ofensivas holandesas, além de não conseguir destruir a resistência, recebiam a condenação da ONU (articulada pelos EUA). Sem perspectivas de vitória, a Holanda concedeu independência à Indonésia, mas ainda a vinculava à União holandesa (1949). Em 1954, os últimos vínculos com a metrópole foram cortados, estabelecendo-se um regime nacionalista e neutralista, apoiado pelo poderoso partido comunista indonésio. Todavia, houve duas outras revoltas anticoloniais, na Malásia e nas Filipinas.

Na Ásia Meridional, a Índia britânica conquistou a independência após Londres convencer-se da inutilidade da manutenção do colonialismo direto perante a crescente reação interna e a pressão externa. Entretanto, a política colonial britânica, caracterizada pelo fomento das divisões internas, e as manobras que envolveram o processo de descolonização do subcontinente indiano resultaram na partilha deste e na eclosão de conflitos étnicos e nacionais que ainda persistem. Em 1947 sucederam-se as independências da Birmânia, da Índia e do Paquistão. Confrontos étnico-religiosos e migrações maciças marcaram o difícil nascimento dos dois últimos Estados, que também travaram uma guerra inconclusa pelo controle da Caxemira. O Ceilão (depois Sri Lanka) e o arquipélago das ilhas Maldivas também ficaram independentes em seguida. Enquanto a Birmânia e a Índia adotaram uma linha diplomática neutralista, o Paquistão, mais frágil, aproximou-se dos EUA.

Os conflitos do Oriente Médio (Machrek) eram bem mais complexos, pois estavam presentes o nacionalismo árabe, o problema judaico e do Estado de Israel, além da luta de interesses norte-americanos e britânicos pelo controle do petróleo da região. A Guerra Fria propriamente dita só adquiriu importância na área algum tempo depois. Os interesses petrolíferos norte-americanos estavam representados pela Arabian-American Oil Company (Aramco), truste de empresas estadunidenses aliadas ao capital financeiro cristão-maronita do Líbano e à dinastia Saudita pró-ocidental da Arábia. No Irã, em 1951, o primeiro-ministro Mossadegh nacionalizou o petróleo, controlado pelos ingleses. Submetido à forte pressão interna e externa, o nacionalismo reformista de Mossadegh foi eliminado por um golpe coordenado pela CIA, em 1953. A indenização paga então à Anglo-Iranian Oil representou o declínio dos interesses britânicos no país e a vitória dos EUA.

A Síria e o Líbano já haviam se tornado independentes da França em 1943, e a Transjordânia, por sua vez, da Grã-Bretanha em 1946, quando a questão do Mandato Britânico na Palestina agravou-se. Não podendo deter a imigração judaica clandestina, em 1947, Londres encaminhou à ONU a questão palestina. Em 1948, os britânicos encerraram o mandato na Palestina, os judeus proclamaram o Estado de Israel, e as forças da Liga Árabe entraram em guerra contra a nova nação (isso é, entravam na guerra que já existia na Palestina). Apesar de menos numerosas, as forças judaicas eram melhores equipadas, treinadas e motivadas, contando com a participação de pilotos experientes, ao passo que os árabes manifestavam complexas divisões internas. Como resultado dessa primeira guerra, os judeus puderam ampliar os territórios que controlavam na Palestina, enquanto crescia o fluxo de refugiados.

No Magreb (Norte da África), o nacionalismo árabe era o fator político mais importante. Os levantes antibritânicos no Egito questionaram a presença semicolonial inglesa em um país formalmente independente, até que em 1952 um golpe militar derrubou o rei Faruk. Na esteira desse movimento, o país tornou-se uma república, logo liderada pelo oficial nacionalista Gamal Abdel Nasser. A questão do controle do Canal de Suez encontrava-se no cerne desse processo. Manifestações e levantes anticoloniais também ocorreram na Tunísia, na Argélia e no Marrocos, colônias francesas. Tunísia e Marrocos tornaram-se independentes em 1956, mas, na Argélia, onde havia expressiva colonização francesa, a metrópole resistiu à descolonização. As primeiras manifestações, logo no fim da Segunda Guerra Mundial, foram reprimidas com um banho de sangue (Revolta da Cabília). No entanto, em 1956 a Frente de Libertação Nacional (FLN) argelina iniciou a luta armada contra uma metrópole que não soubera extrair da derrota no Vietnã os devidos ensinamentos.

Do não alinhamento à coexistência pacífica

As consequências da primeira onda de descolonização não tardaram a aparecer. Em abril de 1955, realizou-se em Bandung, Indonésia, uma conferência que reunia 29 países afro-asiáticos defendendo a emancipação total dos territórios ainda dependentes, repudiando os pactos de defesa coletiva patrocinados pelas grandes potências, bem como a Guerra Fria, e enfatizando, ainda, a necessidade de apoio ao desenvolvimento econômico. Apesar de suas limitações e ambiguidades, a Conferência de Bandung marcou a irrupção do Terceiro Mundo no cenário internacional. Ao lado desse evento, a crescente influência dos países neutralistas contribuiu para consolidar essa nova tendência.

GUERRA FRIA, UMA TENSÃO CONTROLADA PELA PAX AMERICANA (1945-1975) 97

Em 1961 reuniu-se em Belgrado, Iugoslávia, a I Conferência dos Países Não Alinhados, na qual convergiu a política de Tito pela busca de uma terceira via nas relações internacionais, o neutralismo e o afro-asiatismo de Bandung. Entre os 25 membros do novo movimento, figuravam Cuba, Iugoslávia e Chipre, ao lado dos afro-asiáticos (o Brasil participou como observador). Os não alinhados manifestaram-se contra o domínio das grandes potências e mencionaram a necessidade de uma nova ordem política e econômica mundial. Tito, Nasser, Sukarno, Nehru e Nkrumah (presidente de Gana) foram as figuras proeminentes na estruturação do não alinhamento.

O desengajamento militar terrestre que se seguiu à Guerra da Coreia, a Conferência de Genebra — reduzindo a tensão na Indochina —, a emergência do Terceiro Mundo nas relações internacionais, a consolidação e as transformações no campo socialista, a obtenção de um relativo equilíbrio nuclear nos primeiros cenários da Guerra Fria — agora estabilizados — e a recuperação econômica da Europa Ocidental e do Japão contribuíram para o estabelecimento de uma conjuntura de *détente* (distensão). Essa relativa *coexistência pacífica* era o resultado do início de um processo de multilateralização das relações internacionais, devido aos fatores enumerados, os quais começaram a atenuar a bipolaridade existente na passagem dos anos 1940 aos 1950.

A Europa Ocidental, que iniciara sua reconstrução com o Plano Marshall, caminhou para formas de integração econômica, aceleradas pelo revés diplomático de 1956, com a crise de Suez. O estabelecimento da Comunidade Europeia do Carvão e do Aço, em 1951, foi o começo de um processo que atingiu o ponto culminante com o Tratado de Roma, em 1957, que criava a Comunidade Econômica Europeia (CEE). Integrada pela RFA, bem como por França, Itália e Benelux (Bélgica, Holanda e Luxemburgo), a CEE previa a integração aduaneira gradativa e a livre circulação de capitais. Numa espécie de reação atlantista, a Inglaterra organizou a Associação Europeia de Livre-Comércio (AELC) em 1960, com Suécia, Noruega, Dinamarca, Portugal, Áustria e Suíça.

Um traço fundamental das sociedades industriais oeste-europeia, norte-americana e, em menor medida, japonesa foi o estabelecimento de um elevado padrão de consumo acessível à maior parte da população desses países. A opção pelo consumo em massa tinha alguns objetivos e implicações importantes: prestigiava o modelo capitalista, identificado com a imagem do *American way of life*; implicava o recuo da participação política, reduzida ao sistema eleitoral; consolidava o declínio numérico da esquerda ou a adoção de posturas cada vez mais moderadas; aprofundava as relações comerciais e financeiras, que em âmbito mundial transferiam recursos do Terceiro Mundo para sociedades de consumo superdesenvolvidas; e conduzia, ainda, a um grande desperdício de recursos não renováveis, contribuindo para a destruição simultânea do meio ambiente.

O estabelecimento da primeira *détente* e, posteriormente, o impacto do processo de desestalinização permitiram a estruturação de novas relações entre os países socialistas. As empresas mistas foram dissolvidas, e seu patrimônio foi entregue aos respectivos países, sobretudo China e RDA; ademais, o caminho iugoslavo foi reconhecido como legítimo, e as relações com Moscou foram restabelecidas. Contudo, o rearmamento da RFA e a integração desta à Otan reacenderam velhos temores nos soviéticos, que reagiram, organizando com a Polônia, Alemanha Oriental, Tchecoslováquia, Hungria, Romênia e Bulgária o Pacto de Varsóvia (1955), aliança militar contraposta à Otan. Entretanto, essa medida não afetou a política de coexistência pacífica com o Ocidente.

O XX Congresso do Partido Comunista da União Soviética (PCUS), em 1956, oficializou a desestalinização e teorizou a diversidade de caminhos para o socialismo, inclusive com possibilidade de transição pacífica, a qual visava a facilitar as alianças políticas nos países do Terceiro Mundo. A desestalinização, por seu turno, criava um clima de incerteza política ao reconhecer o pluralismo de vias ao socialismo e ao solapar a legitimidade das lideranças das democracias populares do Leste Europeu, que, em boa medida, deviam seu poder a Stálin. Nas sociedades já industrializadas, como a RDA e a Tchecoslováquia, e nas ainda agrárias, como a Romênia e a Bulgária, as mudanças políticas ocorrem sem conflitos graves. Entretanto, como observa Jacques Lévesque (1980, p. 178, tradução nossa),

> [...] a Polônia e a Hungria se encontravam em 1956 a meio caminho na via da industrialização. Eram, pois, sociedades em plena mutação, que viviam a época difícil das transferências maciças de população rural rumo às cidades. O próprio Marx descrevera esse processo como particularmente alienante [...]. Sobre essa situação explosiva enxertava-se o nacionalismo tradicional antirrusso desses países.

Além disso, um catolicismo ultraconservador permitiu mobilizar grande parte da população.

Os comunistas poloneses, incorporando a questão da autonomia nacional, puseram-se à frente do movimento de protesto e implementaram reformas sem uma explosão social. Na Hungria, entretanto, a situação adquiriu uma dinâmica imprevisível. Em um país que vivera sob um regime de tipo fascista desde o esmagamento da revolução de 1919 e que lutara ao lado de Hitler até o fim da segunda guerra, a esquerda tivera dificuldades para se afirmar. Essa debilidade contribuiu para divisões internas e vacilações do partido, ao mesmo tempo que a crise se agravava e a oposição adquiria contornos anticomunistas.

GUERRA FRIA, UMA TENSÃO CONTROLADA PELA PAX AMERICANA (1945-1975)   99

Enquanto o primeiro-ministro reformista Imre Nagy se vinculava progressivamente às posições dos comitês revolucionários da oposição, e o PC e o Estado desintegravam-se, o secretário-geral János Kádár criava um novo governo no interior, apoiando uma intervenção da URSS no conflito húngaro. Depois de algumas vacilações, Kruschov ordenou a entrada de tropas soviéticas no país. A revolta anticomunista foi esmagada, com um saldo de 20 mil mortos e 150 mil exilados. Ironicamente, o próprio Kádár, após a repressão aos líderes do levante e a consolidação do regime, promoveu reformas liberalizantes e ampliou o consumo individual, o que fez de Budapeste a mais ocidentalizada das capitais leste-europeias desde os anos 1960.

O desgaste político da intervenção na Hungria, contudo, foi compensado pela atitude da diplomacia soviética na crise de Suez. Após apoiar o neutralismo, Nasser viu os EUA retirarem a oferta de financiamento à barragem de Assuã. Necessitando de recursos para o desenvolvimento econômico e para as reformas sociais que prometera ao miserável povo egípcio, Nasser nacionalizou o Canal de Suez em julho de 1956. Em novembro, tropas francesas, inglesas e israelenses atacaram a zona do canal e a Península do Sinai. O velho colonialismo franco-britânico fazia um último esforço para manter posições no Oriente Médio, e Israel tentava tirar proveito da situação.

Os soviéticos lançaram um ultimato exigindo a retirada das forças invasoras e ameaçando intervir militarmente num movimento que foi imediatamente apoiado pelos EUA, que pressionaram seus aliados a evacuar o Egito, o que ocorreu em dezembro. A crise de Suez permitiu a Kruschov aumentar a influência da URSS na região e a Nasser transformar uma derrota militar em triunfo político. Enquanto se aproximava ainda mais do mundo socialista, o prestígio do político soviético atingia o apogeu no Terceiro Mundo. A URSS de Kruschov, ainda que marcada pelo desconcertante voluntarismo de seu líder, atingiu na segunda metade dos anos 1950 a condição de potência mundial. O país conquistara um relativo equilíbrio nuclear na Europa e ultrapassara os EUA na corrida espacial, ao lançar o primeiro satélite artificial (o Sputnik), em 1957, e colocar o primeiro homem em órbita.

Kennedy assumiu a Casa Branca herdando certo pessimismo norte-americano quanto a essa situação e, em três meses, sofreu o revés da Baía dos Porcos, em Cuba. Urgia uma reação, e o presidente fez construir vários porta-aviões nucleares, aumentou consideravelmente o orçamento militar norte-americano e o efetivo da Otan. No plano diplomático, endureceu a posição estadunidense quanto ao problema de Berlim. Em resposta, o Kremlin resolveu atender à velha reivindicação da RDA de controlar a fronteira de Berlim Ocidental, e, em 13 de agosto de 1961, foi construído o muro de Berlim. A questão de Berlim chegava, no plano diplomático, a um desfecho de fato, já que a situação jurídica se encontrava em um impasse. Durante uma década, Berlim Ocidental recebera mais investimentos públicos e ajuda do que toda a América

Latina, criando um contraste favorável ao capitalismo no confronto entre os dois mundos existentes dentro da mesma cidade.

A Alemanha Oriental conseguiu, dessa forma, deter o êxodo predominantemente da classe média especializada que saía do país desde o milagre alemão-ocidental, então, a RDA, mesmo em condições adversas, logrou êxitos econômico-sociais surpreendentes. Em seguida, entretanto, os EUA desmascaravam o blefe nuclear de Kruschov (o *missile gap*), descobrindo que a URSS não se encontrava em vantagem estratégica. Isso se somou à proclamação de Cuba como Estado socialista e ao bloqueio norte-americano para estimular a decisão soviética de instalar mísseis na ilha caribenha (1962). Descobertas antes da fase operacional, essas armas perderam parte da importância diplomática. Em face da forte reação norte-americana, os soviéticos retiraram os mísseis de Cuba em troca do compromisso dos EUA de não invadir o país.

Apesar dos avanços diplomáticos, a URSS encontrou problemas sérios no movimento comunista, pois a desestalinização introduziu um clima de desmoralização no sistema. Os sucessores de Stálin eram figuras desconhecidas ao lado de Mao Tsé-Tung, que ampliou seu prestígio ao advertir Kruschov sobre os riscos da desestabilização da Europa Oriental, devido às decisões do XX Congresso do PCUS, que denunciara os crimes stalinistas. Além disso, a política de coexistência pacífica tendia a congelar a situação mundial em parâmetros que condenavam a República Popular da China a permanecer uma potência de segunda ordem, bem como enfraquecia o movimento revolucionário e o campo socialista.

Ao se voltar para o Terceiro Mundo neutralista e nacionalista, a URSS resolveu apoiar a Índia, com a qual a China tinha sérios contenciosos regionais. A Albânia, ao criticar o suporte de Kruschov ao revisionismo iugoslavo — percebido como fonte corruptora do mundo socialista —, passou a ser duramente atacada pela liderança soviética. Essa atitude objetivava acossar a China, da qual a Albânia se aproximava. Zhou Enlai defendeu, então, os comunistas albaneses no XXII Congresso do PCUS e homenageou Stálin, como desafio à linha de Kruschov. Era o início do confronto aberto entre Moscou e Pequim, que atingiria o ápice na década seguinte.

As independências na África e o nacionalismo na Ibero-América

Em 1954, com uma onda de atentados, teve início a guerra de independência da Argélia. A FNL mobilizou a população na luta armada e defendeu a organização de uma sociedade socialista não marxista. A repressão francesa foi implacável, custando, ao final do conflito, a vida de um sexto da população do país. A descoberta de petróleo no Saara argelino reforçou a

GUERRA FRIA, UMA TENSÃO CONTROLADA PELA PAX AMERICANA (1945-1975) 101

determinação francesa, cuja linha dura, representada pelo general Salan e pelos colonos, criou a Organização do Exército Secreto (OAS), que chegou a tentar um golpe de Estado contra De Gaulle (que assumira a presidência em 1958), visando a evitar concessões aos árabes. A França não suportou o desgaste da guerra e concedeu, em 1962, a independência à Argélia, de onde os colonos brancos retiraram-se.

Ao lado do nacionalismo árabe, tanto em sua versão nasserista quanto argelina, o pan-africanismo e a negritude serviram de catalisadores às vanguardas e elites africanas na luta pela independência. Contudo, na África Negra, a mobilização popular era embrionária e esbarrava em problemas sérios. A luta dos poucos sindicatos e partidos ressentia-se de certa debilidade, e as revoltas chefiadas por associações secretas de tipo tradicional e/ou religioso, como a revolta dos Mau-Mau no Quênia (1952-1954), redundaram em fracasso. Todavia, o carisma e o prestígio de líderes africanos, como Kwame Nkrumah, Sekou Touré, Julius Nyerere, Modibo Keita, e mesmo de um moderado, como Léopold Senghor, preocupavam as metrópoles.

O processo de descolonização, no tocante ao conjunto de Terceiro Mundo, seguiu quatro caminhos básicos: a) acordo da metrópole com a elite local para uma independência gradativa (África Tropical); b) exploração de divergências internas como forma de controlar o processo (como na Índia e no Paquistão); c) luta fracassada contra guerrilha revolucionária (guerra franco-vietnamita e argelina); e d) apoio à facção conservadora durante a guerra civil (Filipinas, Vietnã do Sul, Coreia do Sul e China). No que diz respeito à África Negra, as potências coloniais se anteciparam ao amadurecimento do protesto independentista e puderam controlar em linhas gerais o movimento de descolonização nos parâmetros do primeiro caso.

Em 1960, o "ano africano", a maioria dos países do continente tornou-se independente da França e da Grã-Bretanha, dentro da linha pacífica, gradual e controlada: Camarões, Congo--Brazzaville, Gabão, Chade, República Centro-Africana, Togo, Costa do Marfim, Daomé (atual Benin), Alto Volta (atual Burkina Faso), Níger, Nigéria, Senegal, Mali, Madagascar, Somália, Mauritânia e Congo-Leopoldville (depois Zaire). Entre 1961 e 1966, foi a vez de Serra Leoa, Tanzânia, Uganda, Ruanda, Burundi, Quênia, Gâmbia, Botsuana e Lesoto. Todos os novos Estados localizavam-se na zona tropical africana, e neles era limitado o número de colonos europeus, o que facilitou a transferência do controle formal dos diversos países à burguesia e à classe média negras.

Nem tudo, porém, correu tão tranquilamente. No Congo-Leopoldville (depois Zaire, atual República Democrática do Congo), os belgas abandonaram precipitadamente o país, assim que eclodiram os primeiros distúrbios. Patrice Lumumba, líder nacionalista e progressista congolês, tornou-se primeiro-ministro, mas, em meio ao caos reinante, Moisés Tschombé, aliado a transnacionais europeias, como a Union Minière du Haut-Katanga, proclamou a independência da rica província de Katanga. Os paraquedistas belgas atacaram outras regiões do país, e Lumumba pediu ajuda à ONU, mas foi derrubado pelo pró-americano coronel Mobutu e assassinado logo depois.

Vários Estados africanos, diante de sua debilidade, tentaram associar-se em âmbito continental, dentro dos postulados pan-africanistas, ou federar-se pragmaticamente em escala regional, mas a falta de mínimas condições objetivas impediu a realização dessas aspirações. Em 1961 formaram-se dois blocos englobando os jovens Estados africanos: o Grupo de Casablanca, com sete membros, propunha uma diplomacia neutralista e uma ruptura mais profunda com as metrópoles (Nasser, do Egito, Touré, da Guiné, e Nkrumah, de Gana, eram seus principais articuladores); e o Grupo de Monróvia, integrado por 21 membros, seguia uma linha mais moderada, vinculada ao neocolonialismo (Senghor, do Senegal, e Burguiba, da Tunísia, eram suas maiores expressões). Apesar das divergências existentes na Conferência de Addis Abeba, em 1963, foi criada a Organização da Unidade Africana (OUA), com comissões para arbitramento de conflitos e comitês de libertação para os territórios ainda submetidos. A OUA aprovou, como regra para a África, a manutenção das fronteiras herdadas do colonialismo, face à absoluta falta de outros parâmetros para delimitação dos novos Estados.

Os países francófonos, em sua maioria, mantiveram alguns vínculos com a ex-metrópole por intermédio da Comunidade Francesa de Nações, ao passo que os anglófonos, mediante a Commonwealth britânica. Além disso, quase todos os demais países assinavam acordos bilaterais com a antiga potência colonial ou com os EUA, abarcando várias áreas de cooperação. No campo militar, tal cooperação efetivava-se por meio da venda de armas, do treinamento de oficiais e da presença de assessores e missões.

A descolonização da África, no início dos anos 1960, deixou de fora os chamados *bastiões brancos* do sul do continente. Portugal, que servia de guardião de interesses econômicos transnacionais, recusou-se a independizar Angola e Moçambique. A África do Sul, governada pela minoria branca, controlava a Namíbia, e na Rodésia (atual Zimbábue) os colonos brancos apoiaram Ian Smith na proclamação unilateral da independência, em 1965, que não foi reconhecida por Londres. A África do Sul, onde a segregação racial do Apartheid estava consagrada na Constituição, tinha grande força econômica e estava associada às empresas transnacionais. A África Austral, em seu conjunto, possuía imensas reservas de minerais estratégicos, além de deter uma posição geopolítica privilegiada na rota entre os oceanos Atlântico e Índico.

A impossibilidade de os movimentos anticoloniais lograrem a independência, um governo de maioria negra, ou mesmo o direito de participação política, em decorrência da intransigência de Lisboa ou das minorias brancas, levou-os a desencadear a luta armada. O Congresso

GUERRA FRIA, UMA TENSÃO CONTROLADA PELA PAX AMERICANA (1945-1975) 103

Nacional Africano (CNA) abandonou as posições moderadas após o massacre da Sharpeville (1960), aliou-se ao PC sul-africano e iniciou uma guerrilha em condições dificílimas, o que também ocorreu com a Organização do Povo do Sudoeste Africano (SWAPO) na Namíbia, em 1966 — após a África do Sul recusar-se a devolver à ONU esse território, que administrava em *fideicomisso*. O mesmo caminho foi seguido pela União Popular Africana do Zimbábue (Zapu) e pela União Nacional Africana do Zimbábue (Zanu), com a declaração da independência da Rodésia pelos brancos. Diversos movimentos moçambicanos se fundiam na Frente de Libertação de Moçambique (Frelimo) e também iniciavam a luta.

Em Angola, várias organizações igualmente desencadearam a guerra contra os portugueses. Esses grupos aglutinaram-se posteriormente em três movimentos: a Frente Nacional de Libertação de Angola (FNLA), a União Nacional para a Independência Total de Angola (Unita) — correntes moderadas, de base étnica, do norte e do sul, respectivamente — e o Movimento Popular para a Libertação de Angola (MPLA), de tendência socialista revolucionária e base urbana e interétnica. Os movimentos de libertação que tiveram de apelar para a luta armada como meio de obter independência receberam o auxílio dos países socialistas e de vizinhos militantemente anti-imperialistas (Guiné, Congo, Zâmbia e Tanzânia), sendo que alguns deles evoluíram no plano ideológico do nacionalismo ao marxismo, vinculando a ideia de independência política à de transformação social.

Nas Américas, durante a Segunda Guerra Mundial, Washington estreitou sua ascendência sobre a América Latina, e, após 1945, apenas a Argentina escapava à influência estadunidense, pois o país se encontrava na área da Libra, comerciando principalmente com a Grã-Bretanha e a Europa Ocidental, bem como concorrendo com a produção estadunidense. Em todo o continente, os capitais, o comércio e as empresas norte-americanas eram dominantes. Mais do que em qualquer outra região do planeta, na América Latina ficou claro que a Guerra Fria, em suas origens, constituía um instrumento de controle de Washington sobre os governos, sociedades e economias locais. O discurso antissoviético e anticomunista — haja vista não existir a possibilidade ou a intenção de ataque soviético, e o comunismo latino-americano possuir uma expressão modesta e reformista — visava, sobretudo, a legitimar a luta contra atitudes nacionalistas restritivas à forma de inversão de capital ou de comércio proposta pelos EUA. Na Europa industrial e no Japão, as maciças inversões de capitais americanos permitiam a Washington uma primazia econômica sobre seus aliados, tornando dispensável uma intromissão política mais direta. Nesses países, os Estados Unidos defendiam a democracia liberal, mas na América Latina, sob a influência direta norte-americana, não hesitavam em apoiar regimes autoritários ou conduzi-los ao poder, quando isso era necessário a seus interesses (o mesmo acontecia em outros continentes, em países que apresentavam situações similares).

Em 1947, os EUA e os países latino-americanos assinaram, no Rio de Janeiro, o Tratado Interamericano de Assistência Recíproca (Tiar), como instrumento militar de ajuda coletiva em caso de agressão externa a qualquer um dos signatários, os quais, no ano seguinte, em Bogotá, criaram a Organização dos Estados Americanos (OEA). Dessa forma, a Casa Branca passava a contar com instrumentos institucionais, nos campos diplomático e militar, para manter os governos do continente alinhados à estratégia norte-americana de forma legal e legítima. Em consequência, em todo o continente, o populismo radicalizava suas posições face à pressão dos segmentos urbanos. Em Cuba, em 1º de janeiro de 1959, o regime autoritário de Fulgêncio Batista era derrubado por uma revolução desencadeada em 1956, com a implantação de um grupo guerrilheiro liderado por Fidel Castro na Sierra Maestra. Embora articulada como movimento nacionalista, a Revolução Cubana era herdeira de uma tradição anti-imperialista e esquerdista. Mesmo as reformas moderadas do novo governo receberam firme oposição dos EUA, que dominavam boa parte da economia da ilha e desencadearam fortes pressões econômicas e diplomáticas.

A questão cubana não tardou a adquirir dimensões regionais e mesmo mundiais. Após três meses no governo, Kennedy autorizou uma operação clandestina de contrarrevolucionários, montada pela CIA. O desembarque na Baía dos Porcos (16 de abril de 1961) foi derrotado com certa facilidade, frustrando as expectativas norte-americanas de encontrar apoio popular para derrubar Castro. Como resultado da dinâmica interna e externa do regime cubano, Fidel Castro proclamou a adoção do socialismo no país em 1º de maio. O estabelecimento de um regime de orientação marxista-leninista a cem milhas de seu território levou os EUA à escalada. Seguiram-se a imposição da ampliação do bloqueio econômico à ilha, a crise dos mísseis (outubro de 1962) e, posteriormente, a suspensão do país da OEA (25 de novembro de 1962). Embora o *affair* tenha resultado em uma derrota para o Kremlin, no plano regional, concretamente, houve uma barganha entre o recuo soviético e o compromisso norte-americano de não invadir Cuba, o que permitiu a sobrevivência do regime socialista em Cuba.

A Revolução Cubana representava um desafio inaceitável em um continente já convulsionado, um mau exemplo que espelhava, simultaneamente, a incapacidade norte-americana e a presença diplomática soviética na reserva de caça dos EUA. Considerando-se que, desde o lançamento do Sputnik, esse país vivia certa perplexidade, foi um choque o triunfo da primeira revolução socialista em uma área que lhe era estratégica. A bipolaridade, sob a hegemonia dos EUA, cedia lugar a um cenário mundial mais complexo, ao passo que a Europa Ocidental e o Japão reapareciam como competidores econômicos. É a partir desse contexto que devem ser apreendidos os fundamentos da reação norte-americana.

A militarização iniciada por Kennedy visava a reforçar a posição estadunidense, associando-se às reformas sociais, políticas e econômicas na periferia, de modo a conter as tendências contestatórias. Os grupos prejudicados com a perda de Cuba e os setores que priorizavam uma ação repressiva mais firme, em lugar do reformismo de Kennedy, certamente estavam vinculados ao assassinato do presidente norte-americano, em novembro de 1963. Seu sucessor, o vice-presidente Lyndon Johnson, vinculou-se aos grupos que propugnavam o desencadeamento de uma reação, como o complexo industrial-militar. A Aliança para o Progresso foi paulatinamente esvaziada, e a escalada militar foi iniciada no Vietnã para salvar o governo de Saigon da *débâcle*. Em pouco tempo, chegavam ao país mais de meio milhão de soldados norte-americanos. E na América Latina teria início a implantação dos regimes militares de segurança nacional, com o apoio de Washington.

Kissinger e a balança de poder: a aliança sino-americana

A erosão da hegemonia dos EUA e o equilíbrio com a URSS

As décadas de 1960 e 1970 foram marcadas pela erosão da *Pax Americana* e da bipolaridade, devido ao advento da "coexistência pacífica" ou *détente*. Mais do que o avanço de uma das superpotências sobre a outra, o que ocorria era certa tendência à multipolaridade e à perda de controle de Moscou e Washington sobre seus próprios aliados. A Europa Ocidental e o Japão, economicamente recuperados, ganhavam maior autonomia, enquanto o número de Estados independentes crescia no Terceiro Mundo, que emergia e influía nos rumos das Nações Unidas. França e China, por sua vez, afastavam-se dos seus respectivos blocos, enquanto a desaceleração da economia mundial era cada vez mais visível, sinalizando o desgaste do paradigma fordista.

Na busca de um novo equilíbrio internacional, os EUA se aproximam da China, produzindo uma inevitável reação soviética na periferia atingida pela crise econômica. Quatorze revoluções ou mudanças bruscas de regime em apenas uma década, todas desfavoráveis a Washington, viriam a ampliar o desequilíbrio estratégico. A derrota no Vietnã, particularmente, atingiu os Estados Unidos de forma séria, gerando uma situação que viria a encerrar a

106 AS GRANDES POTÊNCIAS E OS CONFLITOS MUNDIAIS

détente no fim da década de 1970. Tudo isso num difícil quadro de acelerada reestruturação da economia mundial.

A segunda metade da década de 1960 assistiu à manutenção da *détente* entre as superpotências, em decorrência de diversos fatores. Em 1963, Kennedy era assassinado, um ano depois, Kruschov era derrubado, e os sucessores de ambos procuravam recuperar a posição de seus países no plano internacional. Washington intensificava a ofensiva na América Latina e no Vietnã, enquanto Moscou tentava restaurar a liderança no campo socialista, que Kruschov deixara em tremenda desorganização. Assim, os EUA aceitaram negociar vários acordos sobre a limitação de armamentos — acordos postos em prática, inicialmente, com a interdição parcial de explosões nucleares na atmosfera e no mar —, em troca da redução do envolvimento soviético no Terceiro Mundo (em apoio ao nacionalismo emergente).

Paralelamente, outros fatores atuaram para reforçar a tendência à multipolarização das relações internacionais, que sustentava a *détente*. Na passagem da década de 1960 para a de 1970, o equilíbrio nuclear e estratégico era atingido, pois a URSS também passou a produzir mísseis balísticos intercontinentais (ICBM) capazes de atingir o território norte-americano a partir de bases de lançamento em solo soviético ou de submarinos.

A emergência do Terceiro Mundo como força política no cenário mundial se consolidava, expressando-se por meio do prestígio crescente do Movimento dos Países Não Alinhados e da ONU, que deixava pouco a pouco de representar, involuntariamente, um suporte para a política dos EUA. A presença dos jovens Estados propiciava maior protagonismo à organização, ao mesmo tempo que a fazia incrementar a atuação de seus organismos especializados na área socioeconômica, cultural e sanitária, de vital importância para o Terceiro Mundo. A ONU adquiria uma dimensão realmente planetária.

O grande *boom* econômico da CEE — cuja força motriz era a RFA — e do Japão propiciava a reemergência de polos capitalistas relativamente autônomos, cuja ascensão era facilitada por seus limitados gastos militares. Esses aliados dos EUA não tardariam a mover-lhe uma bem-sucedida concorrência comercial, financeira e tecnológica. Também no plano político, o bloco norte-americano começaria a apresentar fissuras. A distensão internacional não tardaria a estimular o nacionalismo francês, que se opunha às pressões norte-americanas na CEE e às relações privilegiadas de Washington com a Alemanha Ocidental e a Grã-Bretanha. Assim, em 1966 De Gaulle retirou a França da Otan, em um gesto sem precedentes.

No tocante aos conflitos regionais, o do Oriente Médio agravou-se durante os anos 1960-1970. Em decorrência do desgaste que sofria na guerra civil no Iêmen, na iminência da retirada britânica de Aden (criando um vazio de poder no Mar Vermelho) e perdendo terreno da

GUERRA FRIA, UMA TENSÃO CONTROLADA PELA PAX AMERICANA (1945-1975) 107

esquerda árabe frente ao pan-arabismo do Partido Baas (com suas iniciativas de integração), o nasserismo se encontra em vias de ser ultrapassado. Ele procura, então, criar fatos políticos na região e atrair a atenção dos EUA, interditando o Golfo de Akaba aos navios israelenses em maio de 1967. Duas semanas depois, Israel atacava de surpresa o Egito, a Síria e a Jordânia, ocupando a Cisjordânia, as Colinas de Golã e a Península do Sinai. A Guerra dos Seis Dias tornou ainda mais crítico o problema dos refugiados palestinos, que se instalaram em massa na Jordânia.

O nasserismo entrou em crise e teve de aceitar a tutela dos árabes pró-americanos (Arábia Saudita e outros países) na Cúpula da Liga Árabe, realizada em Kartum, a qual definia a ambígua política de "sim aos Estados Unidos, e não a Israel". A resistência palestina, por sua vez, cresceu em número e organização e radicalizou-se no plano sociopolítico. Assim, uma nova divisão intensificou-se na região: revolução *versus* contrarrevolução. Nesse contexto, em 1970, o exército e os beduínos jordanianos atacaram os guerrilheiros palestinos (massacre do Setembro Negro); estes, então, retiraram-se para o Líbano, alterando o precário equilíbrio político-étnico-religioso desse país ao introduzir uma força muçulmana e/ou esquerdista no cenário local. Paralelamente, intensificavam-se os ataques terroristas palestinos e israelenses.

Em 1973 foi a vez do Egito e da Síria atacarem Israel de surpresa. Tratava-se de um conflito com objetivos limitados, promovido por Sadat, sucessor do falecido Nasser, visando a atrair a atenção dos EUA, pois o novo líder egípcio desejava se afastar da URSS. A Guerra do Yom Kippur, ainda que vencida militarmente por Israel, encerrou a fase das vitórias fáceis, rápidas e de baixo custo. Entretanto, no plano político e psicológico, podem-se computar ganhos expressivos para os países árabes e um considerável desgaste israelense. Quanto ao petróleo, não foi ele apenas valorizado economicamente, mas também utilizado como arma política mediante o embargo às nações que apoiaram Israel na guerra. Em 1974, o líder da Organização para a Libertação da Palestina (OLP), Yasser Arafat, discursou na ONU, a qual reconheceu o direito palestino à independência e concedeu à OLP o *status* de observador permanente na Assembleia Geral. Em seguida, a ONU condenou o racismo, considerando o sionismo uma de suas formas.

A Guerra do Yom Kippur teve também dois outros desdobramentos importantes. O primeiro deles foi o desencadeamento, em 1975, de uma guerra civil no Líbano, onde a esquerda — reforçada pela implantação palestina no sul do país — estava prestes a vencer, quando a Síria interveio militarmente em defesa dos cristãos, ocupando parte do país em 1976. Desde então, o Líbano viveu uma guerra civil intermitente. O segundo desdobramento foi a aproximação do Egito — agora governado por Anwar Sadat — dos EUA e a ruptura com a URSS. Esse processo atingiu o ápice nas Conversações de Camp David, quando Egito e Israel estabeleceram

108 AS GRANDES POTÊNCIAS E OS CONFLITOS MUNDIAIS

relações diplomáticas. A Guerra do Yom Kippur evidenciou a determinação dos países árabes conservadores e pró-ocidentais de forçar uma situação que capitalizasse parte do apoio norte-americano para si, desviando-o de Israel, atraindo o repúdio dos países árabes reformistas.

A cisão do bloco socialista e a aliança sino-americana

A crise do bloco socialista e a ruptura sino-soviética

A situação não era melhor no bloco socialista. Em 1961, efetivava-se a ruptura da URSS com a Albânia e, em 1963, com a República Popular da China. Assim, desaparecia o *campo socialista*, restando no lugar um *campo soviético*. Pequim, poucos dias após a destituição de Kruschov, explodiu a primeira bomba atômica, aumentando suas pretensões políticas. A política externa chinesa privilegiara, até então, a segurança do país, sendo indispensável a aliança com a URSS, mas, a partir desse momento, a ênfase passou a ser a independência e a autonomia.

Os problemas econômicos e as lutas pelo poder dentro do PCCh levaram o país a exacerbar o nacionalismo e a opor-se com mais intensidade à URSS, com fins de legitimação interna. O desdobramento dessa política levou a China ao caos da revolução cultural e ao isolamento diplomático do país, bem como à perda de influência no movimento comunista. Em 1965, um golpe direitista liderado pelo general Suharto, na Indonésia, esmagou o influente PC local (1 milhão de militantes comunistas foram mortos, a grande maioria de etnia chinesa), eliminando o último grande aliado de Pequim.

A Romênia, por seu turno, recusara os planos do Came para o estabelecimento de uma divisão internacional da produção entre países socialistas. A ideia, proposta por Kruschov para contrabalançar as tendências centrífugas do campo socialista, condenaria a Romênia a um modesto nível de industrialização. As questões econômicas serviram para aglutinar a rebeldia dos comunistas romenos, que adotaram uma diplomacia relativamente autônoma em relação a Moscou, embora optando internamente por um regime stalinista ainda mais rígido. A recuperação parcial das posições soviéticas em seu campo, por Brejnev, baseava-se mais em compromissos do que em uma liderança incontestе, como na época de Stálin.

Em 1967-1968, o PC tchecoslovaco iniciou o processo de liberalização política e de descentralização econômica, conhecido como Primavera de Praga. Embora não se tratasse de um movimento antissocialista como o da Hungria em 1956, envolvia consideráveis riscos para os soviéticos e alemães-orientais: a Tchecoslováquia fazia parte do chamado *triângulo de ferro* do Pacto de Varsóvia (com RDA e Polônia). A URSS encontrava-se envolvida em conflitos fronteiriços com a China e enfrentava a rebeldia romena, enquanto os EUA haviam enunciado o princípio do tratamento diferenciado para países socialistas mais autônomos — como forma de desgastar a unidade do Leste Europeu. Assim, as tropas do Pacto de Varsóvia entraram no país, em agosto de 1968, sem encontrar resistência armada. Para justificar a intervenção, Brejnev formulou a Doutrina da Soberania Limitada dos Países Socialistas (ou Doutrina Brejnev), os quais não poderiam adotar medidas externas ou internas que ameaçassem os demais.

O fim da Primavera de Praga, todavia, conduziu à normalização diplomática da Europa Central e ao aprofundamento da *détente*. Em 1969, os social-democratas chegavam ao poder na RFA, e Willy Brandt lançava sua *Östpolitik*, estimulando a cooperação da CEE com o Leste Europeu, o que rendeu excelentes resultados econômicos para a Europa Ocidental. Sem esperanças de derrubar os regimes da Europa Oriental, o Ocidente negociou a normalização política. Entre 1970 e 1972, foram assinados diversos tratados envolvendo o reconhecimento diplomático e de fronteiras entre RFA, RDA, URSS, Polônia e Tchecoslováquia. Em 1973, as duas Alemanhas ingressavam na ONU. Mas tudo isso criava obrigações internacionais para o Leste Europeu (como o respeito aos Direitos Humanos), o que ocorrerá na Conferência para a Segurança e Cooperação na Europa (Helsinque, 1975).

A aliança sino-americana

Outra guinada espetacular na grande diplomacia mundial foi a formação do eixo Washington--Pequim. A República Popular da China vivia, nessa época, um grande isolamento externo (fracasso no Terceiro Mundo, independência de Bangladesh em 1971 e derrota do Paquistão frente à Índia, ocasionada pela aliança dessa última, rival chinesa, com a URSS) e problemas internos decorrentes da revolução cultural. Assim, a China precisava de aliados que auxiliassem na segurança e no desenvolvimento, que passavam a ser prioritários.

Enquanto isso, Nixon e Kissinger procuravam reduzir os gastos e o envolvimento militar dos EUA, bem como encontrar uma saída realista para a Guerra do Vietnã. Essa situação levou o presidente norte-americano a formular a Doutrina de Guam (vietnamização do conflito e desengajamento norte-americano) e a promover a aproximação sino-americana por meio da chamada Diplomacia do Ping-Pong. Logo a China popular ingressava na ONU, ocupando o lugar de Taiwan no Conselho de Segurança como membro permanente e logrando, assim, legitimar-se e inserir-se no concerto das nações. Em seguida, Nixon visitou a capital chinesa, celebrando uma aliança voltada primordialmente para a contenção do Vietnã do Norte e contra a URSS e os movimentos revolucionários do Terceiro Mundo.

AS GRANDES POTÊNCIAS E OS CONFLITOS MUNDIAIS

Henry Kissinger, secretário de Estado do governo Nixon, foi o articulador da política de incluir um novo ator no cenário bipolar, criando uma espécie de tripolaridade estratégica que deixava a URSS numa posição desvantajosa. Acadêmico especializado no estudo do equilíbrio europeu do século XIX, o professor Kissinger demonstrou uma visão de longo prazo que Nixon teve a coragem de abraçar, embora pagando caro por isso em 1974.

Tratava-se da primeira iniciativa para recuperar a desgastada hegemonia norte-americana (processo ainda em curso após 30 anos) a partir da reestruturação da ordem mundial (como forma de reduzir os custos dessa supremacia). Ao lado da *tripolaridade estratégico-militar*, a administração Nixon-Kissinger estruturava a *pentarquia econômico-diplomática*, conferindo um novo *status* à Europa Ocidental e ao Japão, ao lado dos EUA, da URSS e da China. Os novos agregados ao clube dos supergrandes deveriam participar com recursos econômicos e, em certos casos, militares, para auxiliar a manter o conjunto do sistema mundial. Uma das bases conceituais da nova estratégia diplomática e econômica era a Comissão Trilateral, um organismo não governamental fundado em 1973 por David Rockefeller, da qual Kissinger era membro destacado. A comissão, integrada por empresários, políticos, acadêmicos e altos burocratas, buscava articular as ações ocidentais numa associação dos EUA, da Europa Ocidental e do Japão.

A crise econômica: choque petrolífero ou reestruturação?

A desaceleração econômica dos anos 1960 e a crise dos anos 1970

Durante os anos 1960, os países europeus ocidentais (particularmente a Alemanha) e o Japão alcançaram e ultrapassaram os Estados Unidos em vários campos da economia, enquanto esse último encontrava crescentes dificuldades para desempenhar o papel de "polícia do mundo livre". Após os dissabores gerados pela Revolução Cubana, os EUA atolavam na Guerra do Vietnã, com sérias consequências político-sociais domésticas. No entanto, foi a economia norte-americana que sofreu o maior desgaste com as despesas militares, pois no auge da guerra os EUA passaram a apresentar deficits orçamentários e comerciais significativos. A sobrecarga gerada pelas guerras periféricas sobre a economia norte-americana, contudo, era sintoma de um problema estrutural: a crise do modelo de acumulação do pós-guerra, assentado no paradigma fordista-keynesiano, um modelo baseado na produção em grande escala, em linha de montagem, sustentado pela intervenção do Estado em apoio à economia e à distribuição de renda.

GUERRA FRIA, UMA TENSÃO CONTROLADA PELA PAX AMERICANA (1945-1975)

O capitalismo assentado em indústrias motrizes, como de automóveis e outros bens de consumo duráveis, encontra seus limites em razão, por exemplo, da rigidez produzida pelas exigências de garantir pleno emprego e de conceder aumentos salariais reais continuamente. Isso conduzia ao declínio da taxa de crescimento e, logo, da de lucros. No campo político--ideológico, aliás, as sociedades de consumo haviam atingido o limite, como ficou evidente nas revoltas estudantis de maio de 1968 em Paris e nas grandes cidades do mundo, revoltas que contaram com o apoio de alguns trabalhadores. Além disso, o tipo de indústrias em que se baseava o *American way of life* requeria investimentos de porte cada vez maior, tais como a urbanização e a construção de infraestruturas rodoviárias e de serviços. Deve-se levar em conta, também, o desperdício produzido pelos serviços acessórios e de comercialização, requeridos por mercados de concorrência monopolista. Finalmente, é preciso considerar que a divisão mundial do trabalho então existente se tornava um entrave ao desenvolvimento desse modelo.

Para enfrentar esse conjunto de problemas, os círculos dirigentes do Ocidente industrializado projetam um conjunto de ações sucessivas de uma contraofensiva estratégica: primeiramente no campo político-ideológico, depois no âmbito diplomático-militar e, finalmente, na esfera econômico-financeiro-tecnológica. A preparação ideológica partiu do Clube de Roma (uma organização não governamental criada para esse fim) e deu o sinal de alarme, anunciando o iminente esgotamento dos recursos naturais e das formas de energia não renováveis, ao mesmo tempo que denunciava, em clima de pânico, o crescimento populacional e a destruição do meio ambiente. Era a defesa do *crescimento zero*, que legitimava o controle demográfico e os movimentos ecológicos, elementos necessários para uma política ampla de reconversão produtiva. Quanto aos aspectos diplomático-militares dessa estratégia, os elementos centrais foram a aliança Washington-Pequim e o desengajamento norte-americano (repassando tarefas militares locais a aliados regionais), já descritos anteriormente.

No âmbito das questões econômicas, Nixon decretou, em 1971, o fim da paridade do dólar em relação ao ouro e adotou medidas comerciais protecionistas, com o intuito de recuperar a competitividade da economia norte-americana. Paralelamente iniciou, no mesmo ano, uma política de aumentos reais e escalonados no preço do petróleo, anunciados bruscamente por seu íntimo aliado, o xá do Irã. Os EUA, apesar de uma dependência considerável em importações, eram grandes produtores de petróleo, matérias-primas e alimentos. Foram justamente tais produtos que conheceram um aumento significativo, afetando a economia internacional e impulsionando o processo de reconversão econômica global. Esse foi o ponto de partida da crise econômica mundial do capitalismo, e não o que ocorreu depois.

Em 1973, na esteira da Guerra do Yom Kippur, os países árabes aumentaram o preço do petróleo em quatro vezes, além de decretar um embargo contra os países que apoiaram Israel.

Ora, considerando que os Estados Unidos importavam menos de 10% de seu petróleo do Oriente Médio, não é difícil constatar que o Japão e a Europa Ocidental foram os maiores afetados pelo embargo. É importante salientar, ainda, que a maioria esmagadora dos membros da Organização dos Países Exportadores de Petróleo (Opep) era aliada dos EUA, e que esse país também apresentava ampla ascendência sobre as empresas transnacionais desse setor. Assim, tal manobra atingia particularmente as ascendentes economias japonesa e europeia, não produtoras de combustíveis (como também deficitárias em matérias-primas e alimentos). A própria integração europeia foi ameaçada, pois o choque petrolífero forçou cada Estado-membro a buscar fornecedores individualmente.

O aumento do preço do petróleo, das matérias-primas e dos alimentos, ainda que afetando o conjunto da economia capitalista mundial, deixou os Estados Unidos em uma posição de nítida vantagem sobre o Japão e a Europa na corrida para a reestruturação econômica que se iniciava. Além disso, alguns países do Terceiro Mundo se beneficiariam, em certa medida, com os aumentos de preços, qualificando-os para desempenhar o papel de potências locais, com as quais os EUA dividiriam as tarefas de gendarme. Alguns desses países, inclusive, seriam beneficiados com a possibilidade de acumular recursos para industrializar-se, o que em breve viria a ser reforçado pela transferência de indústrias para a periferia.

Outro dado curioso é que a União Soviética e seus aliados do Leste Europeu também teriam um papel a desempenhar na estratégia norte-americana. A aliança com a China visava explicitamente a objetivos político-diplomáticos: reduzir os custos da contenção da URSS e das revoluções do Terceiro Mundo. Paralelamente, era oferecida ao Kremlin a possibilidade de manter-se a *détente*, além de uma compensação econômica que, em última instância, favorecia os Estados Unidos: Moscou era estimulada a vender, no mercado mundial, petróleo e matérias-primas, sobretudo minerais, e a adquirir tecnologia, receber capitais e produtos de consumo. Ora, por essa via, os soviéticos tinham sua economia gradualmente conectada ao sistema capitalista internacional, justamente no momento em que este articulava um salto qualitativo.

Rumo à reestruturação da economia mundial

A reorganização da economia mundial e do seu próprio modelo demandava também um enorme volume de capital. O que se segue, em meio aos apelos à austeridade, é uma corrida pela reciclagem das economias, partindo da tentativa de superar o impacto do aumento de preços daqueles fatores econômicos e das novas políticas comerciais e financeiras, como forma de retomar o dinamismo. Se, por um lado, os Estados Unidos largavam em nítida posição de

GUERRA FRIA, UMA TENSÃO CONTROLADA PELA PAX AMERICANA (1945-1975)

vantagem, por outro, as graves dificuldades europeias e japonesas obrigavam-nos a um esforço muito mais intenso e ousado de reestruturação.

O primeiro ponto a ser atacado foi a própria organização do trabalho, fator imprescindível para a reorganização do capitalismo em escala mundial. A resistência dos operários aos métodos de trabalho taylorista e fordista, os aumentos reais de salário (seja para motivar os trabalhadores, seja como pressão destes por uma melhor distribuição de renda), ao lado de outros fatores, limitaram o crescimento da produtividade do trabalho e ocasionaram uma progressiva queda das taxas de lucro e de mais-valia. A introdução do trabalho temporário, das técnicas das chamadas relações humanas e das equipes de trabalho por tarefa produziram resultados limitados. Os tomadores de decisões econômicas elaboraram, então, estratégias mais amplas para responder à queda da taxa de lucro: a inflação, a ofensiva para reduzir salários e a utilização mais intensa de trabalhadores provenientes de países do Terceiro Mundo nos países de capitalismo avançado.

Ao lado da estruturação de uma nova divisão internacional do trabalho (ou da produção) e como parte dela, as potências capitalistas trataram de impulsionar a chamada Revolução Científico-Tecnológica (RCT), principalmente nas áreas de informática, comunicação, biotecnologia, robótica, supercondutores, entre outros. O desenvolvimento tecnológico passou a ser obtido mediante a pesquisa científica intensiva e previamente planejada, sendo empregado de imediato na economia, deixando de ser um resultado decorrente da evolução da produção.

Esse salto tecnológico objetivava recuperar e redimensionar a acumulação de capital, esvaziar as conquistas trabalhistas, manter a vanguarda e a ascendência sobre a economia dos países periféricos (o que também é reforçado pela dependência destes quanto à importação de capitais) e anular os avanços produtivos obtidos pelo campo socialista. Deve-se assinalar que a nova divisão internacional da produção e a RCT desencadearam a Terceira Revolução Industrial e um intenso movimento de globalização produtiva e financeira. Ademais, essa revolução transcorreu em um quadro de crise recessiva e de crescente concorrência comercial entre os polos que pretendiam liderar o processo. Tais fenômenos serão analisados adiante.

CAPÍTULO 4.

Fim da *détente*, guerra quente e colapso do sistema soviético (1975-1991)

Ao longo da década de 1970, uma série de acontecimentos abalou os "anos dourados" do Ocidente, sinalizando o enfraquecimento da posição mundial norte-americana. Houve a crise econômica que se seguiu à do petróleo, a derrota dos Estados Unidos da América (EUA) na Indochina e a eclosão de mais de uma dúzia de revoluções, da Nicarágua ao Vietnã, de Angola ao Afeganistão. Elas sacudiram o equilíbrio internacional entre Washington e Moscou e criaram "conflitos quentes" na Guerra Fria, que representavam o apogeu do Terceiro Mundo.

Todavia, nos anos 1980 ocorreria uma reversão da tendência, com as reformas econômicas neoliberais e a reação estratégica norte-americana com a administração Ronald Reagan. A corrida armamentista na Europa (novos mísseis, embargos e o projeto Guerra nas Estrelas) foi acompanhada pelos conflitos de baixa intensidade no sul. A nova situação revelou as dificuldades econômicas da União das Repúblicas Socialistas Soviéticas (URSS) e de seus aliados, colocados na defensiva. A Guerra do Afeganistão se apresentou um "Vietnã Soviético", e logo a liderança de Gorbachov lançou reformas que provocariam a queda dos regimes socialistas do Leste Europeu e de vários no Terceiro Mundo e, por fim, o colapso da União Soviética. A Guerra Fria se encerrava, enquanto as reformas e a abertura da China propiciavam o crescimento da economia.

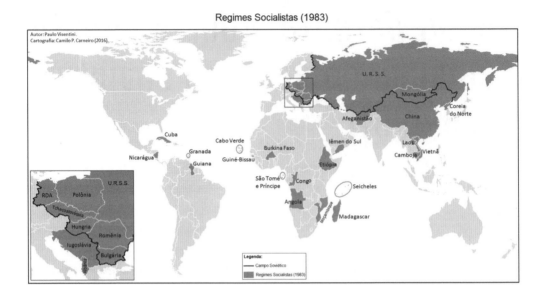

Regimes Socialistas (1983)

As revoluções no sul, a reação norte-americana e a estagnação soviética

As revoluções dos anos 1970 e o desequilíbrio estratégico

O fracasso dos Estados Unidos na guerra do Vietnã

A aliança sino-americana alterou consideravelmente o equilíbrio estratégico mundial. No lugar de uma confrontação bipolar regulada, em que os demais países desempenhavam um papel limitado, surge um cenário no qual uma terceira potência, a China, já era capaz de alterar o jogo internacional, tornado mais complexo. A nova correlação global de forças então criada gerou um desequilíbrio estratégico desfavorável a Moscou. Frente a esse quadro, os soviéticos passaram a apoiar os movimentos revolucionários, anti-imperialistas ou simplesmente nacionalistas, do Terceiro Mundo como mecanismo compensatório.

Além da ajuda direta, sempre problemática, os soviéticos começaram a desenvolver a própria política em relação a esses movimentos por meio de Cuba, da qual o Kremlin se reaproximou. Sob Brejnev, a URSS havia atingido uma relativa paridade estratégica com os EUA (mísseis intercontinentais, alianças no Terceiro Mundo, uma marinha de alcance mundial), a

FIM DA DÉTENTE, GUERRA QUENTE E COLAPSO DO SISTEMA SOVIÉTICO (1975-1991) 117

qual se viu bruscamente rompida pela aliança sino-americana. Tentando retomar o *status quo ante*, Moscou passa a empoderar esses processos de ruptura na periferia terceiro-mundista e a estabelecer com os novos regimes uma série de pontos de apoio, às costas dos adversários norte-americanos e chineses.

Tal estratégia era implementada no momento em que se agravavam os efeitos da crise econômica mundial, desestabilizando socialmente áreas-pivô do Terceiro Mundo, o que contribuiu para um avanço em relação ao qual o Kremlin não estava preparado. Nos anos 1970, ocorreria mais de uma dúzia de revoluções socialistas e/ou anti-imperialistas. Sem dúvida, a Revolução Indochinesa foi a mais importante delas. A derrocada iminente do governo de Saigon obrigou o Pentágono a desencadear a escalada militar em 1964. O Vietnã do Norte e os guerrilheiros do Sul enfrentaram, em condições dramáticas, os 600 mil soldados *yankees* e a mais avançada tecnologia militar do mundo. Em 1968, quando os EUA começavam a enfrentar sérios problemas internos — em grande parte decorrentes do conflito —, a Frente de Libertação Nacional do Vietnã (*Vietcong*) desencadeou a ofensiva do Tet, demonstrando a impossibilidade de uma vitória norte-americana. Recrudesceu, assim, o uso de armas químicas, e houve massivos bombardeios e massacres, enquanto Nixon buscava desenredar-se do labirinto indochinês.

Após longas negociações, os EUA assinaram os Acordos de Paris, em 1973, e retiraram suas tropas, *vietnamizando* o conflito, enquanto forneciam armas, dinheiro e assessores ao governo de Saigon. Em abril de 1975, as tropas do Vietnã do Norte e os guerrilheiros do Sul entravam em Saigon, unificando o Vietnã e vencendo a mais longa, sangrenta e complexa guerra do Terceiro Mundo. Três potências haviam sido derrotadas — inclusive a mais poderosa nação nos campos militar, econômico e tecnológico — por um pequeno país agrícola e periférico, ainda que com o apoio diplomático e armamentista dos países socialistas. A Guerra do Vietnã não fora apenas um conflito militar entre exércitos nacionais, mas também uma revolução social, evidenciando o desgaste norte-americano e as potencialidades da aliança de revoluções do Terceiro Mundo com os países socialistas industrializados.

O fenômeno afetou toda a Indochina, pois simultaneamente ocorria o triunfo dos movimentos revolucionários do Laos e do Camboja (que passava a se chamar Kampuchea). É importante observar a atitude da China, que esfriou gradativamente suas relações com Hanói, à medida que a vitória se avizinhava, chegando mesmo a opor-se à reunificação. A partir de 1975, Pequim passou a apoiar o regime do Khmer Vermelho, como forma de evitar a supremacia do Vietnã sobre toda a Indochina, bem como de pressioná-lo.

A primeira derrota militar norte-americana abalou os EUA, gerando a *síndrome do Vietnã*, que afetou sensivelmente a ação internacional do país. À crise econômica associava-se o sobressalto da derrota militar, da publicidade dos crimes de guerra, dos problemas sociais internos (refletidos no alto índice de desajustados, drogados, mutilados), bem como da descrença política gerada pelo escândalo *Watergate*, responsável pela queda de Nixon. Para a opinião pública norte-americana, os conflitos do Terceiro Mundo eram complicações em que os EUA não deveriam se envolver. Carter assumiria o poder em 1977, reagindo por meio da política de defesa dos direitos humanos e evitando, na medida do possível, a interferência nos assuntos internos de outros países.

Enquanto os EUA se encontravam afetados pela *síndrome do Vietnã* e mantinham um perfil menos protagonista nas relações internacionais, a conjuntura revolucionária no Terceiro Mundo se aprofundava, atingindo seu zênite — e seu termo. Na Indochina, o fim da guerra não trouxera o alívio das tensões regionais, pois a pressão sobre o Vietnã socialista adquirira novas formas. O Khmer Vermelho no Kampuchea iniciou uma experiência ruralizante, marcada por uma política ultraesquerdista influenciada pela Revolução Cultural Chinesa e pelo Maio de 1968 parisiense, pela recusa à modernidade e pela adoção de um ultranacionalismo retrógrado, destinado a restaurar a glória do Império Khmer de Angkor. Esse "socialismo nacional Khmer" foi responsável pela morte de quase um quinto da população do país.

O Vietnã, enfrentando incidentes fronteiriços (apoiados pela China), em fins de 1978, invadiu o Kampuchea com apoio dos refugiados desse país, derrubando o Khmer Vermelho e implantando um regime aliado no início de 1979. Um mês depois, 600 mil soldados chineses cruzavam a fronteira para, segundo Deng Xiaoping, "dar uma lição ao Vietnã". Após um mês de luta, os chineses retiraram-se com pesadas baixas. A República Popular da China, ao atuar como gendarme no plano regional, defendia também os interesses dos EUA na grande diplomacia. No entanto, a cartada falhara, e a Revolução Vietnamita sobrevivera a essa prova, embora ela e o novo governo do Kampuchea sofressem, a partir de então, um forte isolamento e desgaste — mesmo provando ao mundo o genocídio perpetrado pelo Khmer Vermelho contra o próprio povo.

Descolonização tardia e Guerra Fria na África

Na África portuguesa, após 15 anos e apesar das limitações político-militares, as guerrilhas também triunfariam. A Frelimo, dirigida por Samora Machel, já controlava parte do país, quando a Revolução dos Cravos, em Portugal, precipitou os acontecimentos, conduzindo à independência no ano seguinte. Com a fuga da maior parte da elite branca, Moçambique passou a ser governado por um movimento predominantemente negro, que se proclamava marxista-leninista, próximo às fronteiras da Rodésia e da África do Sul, países ainda controlados por

FIM DA DÉTENTE, GUERRA QUENTE E COLAPSO DO SISTEMA SOVIÉTICO (1975-1991) 119

minorias brancas, onde se intensificava a luta armada. Em 1976, ocorria o levante de Soweto, duramente reprimido pelo Apartheid.

Entretanto, a independência de maior impacto internacional da África portuguesa foi a de Angola, com maiores potencialidades econômicas e com expressiva minoria branca — o país dispõe de petróleo, ferro, diamantes, entre outros minerais estratégicos. A divisão e o confronto entre os três grupos que lutavam pela independência acirraram-se ainda mais, quando da derrocada do salazarismo português. A formação de um governo de coalizão dos três movimentos, promovida pela metrópole em retirada, não impediu a eclosão de uma guerra civil. A Frente Nacional de Libertação de Angola (FNLA), apoiada aos EUA, e as tropas do Zaire avançaram do norte para atacar a capital, Luanda, onde o Movimento Popular para a Libertação de Angola (MPLA) era dominante. A invasão foi derrotada, com apoio de instrutores cubanos que começavam a chegar ao país. Entretanto, no sul, os grupos da União Nacional para a Independência Total de Angola (Unita) e o exército sul-africano desencadearam uma ofensiva-relâmpago contra o MPLA. Em face da difícil situação, iniciou-se uma ponte aérea entre Havana e Luanda, com o envio de armas e 20 mil soldados, criando um fato consumado que obrigou os soviéticos a contribuir com armas e conselheiros militares. No centro do país, as tropas cubanas e do MPLA derrotaram o poderoso exército sul-africano.

Assim, o MPLA governaria sozinho o país, declarando uma república popular de inspiração marxista-leninista, mas enfrentaria a guerrilha étnica da Unita no sul, liderada por Jonas Savimbi (ligado à Pretória e a Washington). A África do Sul ocupou uma faixa do sul de Angola para manter viva a Unita, desestabilizar o governo do MPLA e impedir a infiltração dos guerrilheiros da Namíbia. Os cubanos permaneciam um pouco ao norte dos sul-africanos, a fim de impedir a invasão ao centro do país. Na África do Sul, a mobilização negra e os atentados do Congresso Nacional Africano (CNA) intensificavam-se, apesar da crescente repressão e militarização do Estado sul-africano. Outro grande evento foi a ascensão ao poder da União Nacional Africana do Zimbábue (Zanu) na Rodésia, por meio de eleições patrocinadas pela Grã-Bretanha. O país voltou à denominação africana de Zimbábue. Essa original Revolução Africana deixou a África do Sul isolada na região, embora esse país fizesse aos vizinhos frequentes ataques de comandos e bombardeios.

Na Etiópia, castigada pela miséria, pela seca e pelas guerrilhas muçulmanas e esquerdistas na Eritreia, o velho imperador pró-americano Haile Selaissie foi derrubado, em 1974, por um golpe militar com apoio popular. A junta militar (Derg) exprimia um populismo pouco definido, enquanto as oposições, o caos e as tendências centrífugas ameaçavam a existência do novo regime e da própria nação. Enquanto crescia a luta de facções dentro do grupo dirigente, este ligava-se cada vez mais às correntes de esquerda e implementava uma ampla reforma agrária, mobilizava

120 AS GRANDES POTÊNCIAS E OS CONFLITOS MUNDIAIS

a população, rompia com os EUA e enfrentava os movimentos de oposição. Em 1977, ascendeu à direção do Derg o coronel Mengistu Haile Mariam (formado nos EUA). Enquanto ele adotava o socialismo, as rebeliões separatistas ou autonomistas agitavam quase todas as províncias, e a Somália, país que, apesar de se definir como socialista e aliado da URSS, atacou a Etiópia, da qual Moscou acercava-se.

A atitude somali fora encorajada pela Arábia Saudita, Egito e EUA, propiciando que a URSS e Cuba acolhessem o pedido de auxílio de Mengistu, aproveitando para ocupar o vácuo estratégico que se criara. Fidel Castro visitara os dois países em litígio, tentando mediar o conflito e propondo a formação de uma confederação, mas esbarrou na negativa somali, que expulsou todos os assessores soviéticos do país. Nesse momento, Moscou montou uma ponte aérea, enviando armas, assessores soviéticos, além de 10 mil soldados cubanos. A guerra do Chifre da África encerrou-se com a vitória da Etiópia, que consolidava seus laços com o campo socialista, enquanto a Somália aliava-se aos EUA e aos países árabes conservadores.

Em 1969 a Líbia conheceu o golpe liderado por Muammar Al-Kadafi. Para Washington, era mais um problema, pois Kadafi, um nasserista tardio, implantou uma espécie de socialismo árabe e adotou políticas antiocidentais, apesar das desconcertantes guinadas diplomáticas no plano regional. A despeito da reduzida população, a Líbia contava com recursos financeiros abundantes, oriundos do petróleo, para sustentar sua política exterior em direção aos países africanos (que se afastavam de Israel) e suas reformas sociais, fazendo do controvertido Kadafi uma preocupação para os EUA e para alguns de seus próprios aliados.

A queda das ditaduras mediterrâneas durante a primeira metade dos anos 1970 também se somou à onda revolucionária e perturbou o flanco sul da Otan. Em 1974, a Revolução dos Cravos (de contornos populares e esquerdistas) punha fim ao fascismo mais antigo no poder. A queda do salazarismo era fruto da estagnação do país e do desgaste causado pelas guerras coloniais na África. No ano seguinte, após a morte de Franco, a Espanha era conduzida à redemocratização, sob o impacto da penetração de um capitalismo moderno no país. Esse mesmo fator esteve presente na queda da ditadura dos coronéis gregos, mas o detonador da crise foi o conflito com a Turquia pela influência no Chipre, que foi invadido em 1974 e teve o norte ocupado pelas forças turcas.

Os conflitos na América Central, no Caribe e no Arco das Crises

Na América Central, também os acontecimentos se precipitaram. Oligarquias arcaicas governavam as paupérrimas populações das pequenas "repúblicas bananeiras" em proveito de clãs familiares e de interesses externos. Em 1979, a guerrilha da Frente Sandinista de Libertação Nacional derrubava a ditadura da família Somoza — alçada ao poder pelos *marines* nos anos

FIM DA DÉTENTE, GUERRA QUENTE E COLAPSO DO SISTEMA SOVIÉTICO (1975-1991) 121

1930. Embora a frente apresentasse um pluralismo social e ideológico, e a Nicarágua fosse um país de importância econômico-estratégica limitada, a original combinação de marxismo, nacionalismo anti-imperialista e teologia da libertação conseguira mobilizar grande parte da população, representando uma séria preocupação para os EUA e para as oligarquias locais.

Essa preocupação era fundamentada, pois a Frente Farabundo Martí de Libertação Nacional — bem mais radical que a sandinista — mantinha uma ativa guerrilha em El Salvador. Na pequena ilha caribenha de Granada, o movimento *New Jewel*, liderado pelo social-democrata Maurice Bishop, conquistou o poder mediante um golpe de Estado e lançou uma política reformista, passando a receber assistência cubana. Na mesma época, o nacionalismo panamenho encontrava-se no auge, levando Carter a assinar um tratado que transferiria a jurisdição do Canal do Panamá no ano 2000.

Contudo, a região cuja instabilidade mais preocupou Washington foi a que o acadêmico e assessor de segurança nacional do governo Carter, Zbigniew Brzezinski, denominou Arco das Crises, que se estende do Chifre da África ao Paquistão, passando pela península arábica. Em função do petróleo do Golfo Pérsico, da proximidade da URSS e do Oceano Índico, a região era considerada vital para os EUA. A guerra do Chifre da África tivera como resultado o alinhamento da Somália com Washington e da Etiópia com a URSS. Apesar de a Revolução Etíope ainda enfrentar movimentos de guerrilha, especialmente as eritreias — agora apoiadas pelas monarquias árabes, pelo Egito e pelos EUA —, Carter percebia os resultados como favoráveis ao campo socialista. Do outro lado do estreito de Bab El Mandeb, a inabilidade dos aliados de Washington na região radicalizaria a Revolução Sul-Iemenita e iria empurrá-la ainda mais para o lado de Moscou, sobretudo em 1979.

A Revolução Iraniana, por seu turno, foi aquela que mais afetou a estratégia norte-americana na região do Arco das Crises. O Irã apresentava o maior e mais bem treinado e equipado exército do Oriente Médio, situava-se estrategicamente entre a fronteira soviética e o Golfo Pérsico, dispunha de grande riqueza petrolífera e era o aliado mais importante dos EUA na região, além de peça básica do esquema militar norte-americano. Entretanto, a oposição à repressiva monarquia do xá Reza Pahlavi crescia entre os estudantes e parte da classe média, aos quais se associaram os operários do setor petrolífero, organizados em sindicatos liderados por comunistas.

No início de 1978, os *mollahs* se somaram à revolta popular, mobilizando as massas mais miseráveis. As forças da ordem perderam, então, o controle da situação, e o xá teve de fugir do país no início de 1979, enquanto o aiatolá Khomeini, recém-chegado do exílio, colocava-se gradativamente no centro do poder. A Revolução Iraniana fora o resultado da convergência de uma luta política contra os 25 anos de ditadura do xá, de uma revolta social contra as profundas desigualdades do modelo econômico modernizador adotado e de uma revolta islâmica e nacionalista contra a cultura ocidental — sobretudo o *American way of life* —, abruptamente introduzida no país, na esteira da modernização capitalista, e contra a sujeição do país à diplomacia dos EUA.

Apesar de a frente que derrubou o xá ser integrada por uma ampla gama de tendências que incluía desde os fundamentalistas xiitas até o influente Tudeh (partido comunista), passando pela burguesia liberal, as lutas internas conduziram à progressiva hegemonia dos fundamentalistas islâmicos. Assim, a revolução assumia um conteúdo social retrógrado, reintroduzindo práticas de um obscurantismo desconcertante. Ainda assim, ela possuía um fortíssimo conteúdo anti-imperialista, que atingiu o paroxismo no episódio dos reféns da embaixada norte-americana em Teerã. O fracasso da tentativa de resgate desses reféns completou a humilhação dos EUA e de seu presidente. A Revolução Iraniana desencadeou uma histeria no Ocidente, que imaginava hordas de fanáticos xiitas a ameaçá-los, algo que foi agravado pelo segundo choque petrolífero.

Afeganistão: da revolução socialista à intervenção soviética

O bode expiatório da grande virada das relações internacionais foi, entretanto, o Afeganistão. O Afeganistão, feudal e tribal, sempre teve boas relações com a URSS e foi o primeiro Estado a reconhecê-la (1919), mantendo acordos de cooperação econômica e militar desde 1924. Em 1973, em mais um dos golpes de Estado no país — formalmente contra a corrupção generalizada 1, o príncipe Daud depunha seu primo do trono e proclamava a república, apoiando-se em uma ampla frente, da qual fazia parte o grupo marxista Parcham.

Vale lembrar que a vida política só existia em Cabul e em duas ou três cidades e era movida por uma minúscula classe média, da qual muitos oficiais, técnicos e funcionários haviam estudado na União Soviética. Desses segmentos, além do meio estudantil e da reduzida classe operária, eram oriundos os militantes do Partido Democrático do Povo Afegão (PDPA), fundado em 1965, que se cindira no grupo Parcham, favorável a uma evolução política gradual com a também minúscula burguesia local, e no grupo Khalq, que propunha uma revolução fundada na aliança operário-camponesa. Porém, a esmagadora maioria do povo do "teto do mundo", dividida em inúmeras etnias, levava uma vida pastoril nômade no campo ou agrária nas pequenas aldeias.

O governo Daud, em face da crescente desagregação econômica — quase 10% da população trabalhava no exterior — e da progressiva influência dos comunistas no governo, começou a aceitar a ajuda econômica do xá do Irã, que desejava criar a própria área de influência. Desde 1974, a Savak (polícia política iraniana) passou a atuar dentro do governo

FIM DA DÉTENTE, GUERRA QUENTE E COLAPSO DO SISTEMA SOVIÉTICO (1975-1991) 123

afegão para eliminar a esquerda da administração. A situação agravou-se quando Cabul reorientou sua diplomacia, aproximando-se da China, dos EUA e do Paquistão. Nesse contexto, o Parcham e o Khalq reunificaram-se, enquanto as manifestações levaram Daud a efetuar prisões em massa e a assassinar líderes comunistas. Assim, em 1978, o PDPA, com apoio de outros grupos políticos, reagiu apressadamente, desfechando um golpe de Estado, o qual denominou Revolução de Abril.

O novo governo era liderado por Taraki, do Khalq, que iniciou programas de alfabetização, reforma agrária, emancipação dos jovens e das mulheres e nacionalização de alguns setores da economia. Contudo, a luta interna prosseguia, e Hafizullah Amin — também do Khalq — isolou progressivamente Taraki e o grupo Parcham. Amin, então, acelerou perigosamente a *revolução pelo alto*, ao que se somaram os excessos do regime, desencadeando uma autêntica revolta rural contra as reformas desde maio de 1979. A família patriarcal recusava-se a abrir mão do controle sobre as mulheres e jovens, e o clero reagia contra a reforma agrária. Logo a revolta tribal passava a receber apoio externo, via Paquistão, escapando ao controle do governo.

Os soviéticos, já preocupados com os primeiros ventos da Nova Guerra Fria, resolveram, então, agir. Taraki foi a Moscou no início de dezembro e assinou com Brejnev um tratado de amizade e cooperação que, no fundo, representava um instrumento para a derrubada do odiado Amin. Este, percebendo a manobra, assassinou Taraki assim que ele retornou da URSS. Moscou não poderia recuar no país, pois o conflito adquirira nova dimensão regional com o triunfo da Revolução Iraniana e o grande fluxo de armas e dinheiro para a guerrilha afegã, oriundo dos EUA, China, Paquistão, Egito e Arábia Saudita.

Assim, a URSS resolveu apoiar um golpe para derrubar Amin, a ser complementado com a intervenção militar maciça para apoiar o novo governo, o que veio a ocorrer em 27 de dezembro de 1979. Esse novo governo era liderado por Babrak Karmal, do Parcham, que promoveu uma abertura política, moderou o ritmo das reformas e buscou uma aproximação com os líderes religiosos e chefes tribais, enquanto os soviéticos tentavam reerguer o Estado e o exército afegãos, e as tropas procuravam controlar os pontos vitais do país. No entanto, era tarde, pois as bases guerrilheiras encontravam-se instaladas no Paquistão, e era impossível controlar a infiltração pelas altas montanhas.

Os regimes de segurança nacional na Ibero-América

Enquanto na África e na Ásia triunfavam movimentos revolucionários, a América Latina representava uma contratendência, devido à reação norte-americana e das elites locais. Embora o

124 AS GRANDES POTÊNCIAS E OS CONFLITOS MUNDIAIS

continente detivesse uma larga tradição de golpes de Estado e de ditaduras militares, a implantação de regimes baseados na Doutrina de Segurança Nacional era algo qualitativamente novo. A industrialização por substituição de importações atingira seus limites. A radicalização social gerada pelo aumento das demandas populares frente aos regimes populistas chegou a um impasse, inclusive pelos impactos da Revolução Cubana no continente. Esses fatores representavam um problema para os EUA, para as empresas transnacionais e para os setores das burguesias nacionais vinculados à produção de bens de consumo sofisticados e industriais de base.

O regime militar brasileiro (implantado em 1964), após sanear a economia do país em moldes monetaristas, recebeu investimentos estrangeiros e a instalação de indústrias, algo que conduziu a um acelerado crescimento econômico (o "milagre") desde 1967. Houve crescimento econômico rápido, sendo implantado um conjunto de obras de infraestrutura que ainda são a base do país (estradas, habitação). Houve inegáveis avanços na educação superior, na saúde pública e na previdência social. A tardia mobilização opositora provocou a repressão a grupos de esquerda, alguns dos quais optaram pela luta armada. Apesar da aparência de ser um mero aliado regional de Washington, o regime desenvolveu uma diplomacia autônoma. Ao contrário das ditaduras do Cone Sul, o regime militar desenvolveria a economia nacional, ainda que ao preço do endividamento externo.

A Revolução Cubana, enquanto isso, encontrava-se isolada no continente e, desde 1966, sentia-se ameaçada pela *détente* soviético-americana, o que a fez fomentar a implantação de focos guerrilheiros em diversos países latino-americanos para, segundo expressão de Che Guevara, "criar dois, três, inúmeros Vietnãs". A experiência do romantismo revolucionário guevarista foi um fracasso — Che foi morto na Bolívia, em 1968, e acirrou ainda mais a reação dos EUA e dos governos latino-americanos. Tal atitude irresponsável contribuiu para a doutrina da contrainsurgência e a implantação de regimes autoritários na América Latina. Ainda mais isolada no continente, Havana buscou espaço no Terceiro Mundo, mediante o Movimento dos Países Não Alinhados, pois as relações com a URSS também haviam sido esfriadas.

No Chile, as eleições de 1970 foram vencidas pela Unidade Popular, que levou o socialista Salvador Allende à presidência. Desde o início, entretanto, as elites empresariais, os militares conservadores, a direita chilena, a CIA e as empresas transnacionais desencadearam uma eficiente campanha de desestabilização do governo Allende e de boicote às suas reformas socioeconômicas. Em 1973, um golpe militar liderado pelo general Augusto Pinochet, com apoio dos EUA, assassinava Allende e implantava um dos mais sangrentos e repressivos regimes de segurança nacional no continente. Cabe destacar que o regime ditatorial foi utilizado como instrumento básico para a implementação de uma política econômica ultraliberal, que destruiu a

FIM DA DÉTENTE, GUERRA QUENTE E COLAPSO DO SISTEMA SOVIÉTICO (1975-1991) 125

industrialização por substituição de importações e pauperizou a maior parte da população. No mesmo ano, o Uruguai, antes considerado a Suíça das Américas, implantava uma ditadura tutelada pelos militares. A estagnação da economia uruguaia, a crescente crise política e a ação guerrilheira urbana de extrema-esquerda (Tupamaros) criaram o clima para um golpe militar.

Em 1976 foi a vez da Argentina, onde o esgotamento do populismo peronista (a presidência era ocupada pela viúva de Perón), a crise socioeconômica, a instabilidade político-institucional e os atentados de grupos de extrema-esquerda (como o ERP) ou da própria esquerda peronista (Montoneros) deram margem a um sangrento golpe militar, liderado pelo general Jorge Videla. Também no Uruguai e na Argentina as ditaduras militares desencadearam uma repressão de intensidades até então desconhecidas. Tortura, assassinatos e desaparecimentos foram intensos, tornando o terrorismo de Estado uma regra política no Cone Sul. Economicamente, ao contrário do regime militar brasileiro, os três regimes militares do Cone Sul desindustrializaram seus país, sendo digno de nota que também fecharam o parlamento, instituições judiciárias e sindicatos, diferentemente do que ocorreu no Brasil. Os Estados de segurança nacional logo exportaram esse modelo para países menores, como a Bolívia. Apenas o México e a Venezuela, beneficiados pelo aumento do preço do petróleo, puderam manter políticas reformistas e uma diplomacia relativamente autônoma.

O fim da *détente*, a reação ocidental e a Nova Guerra Fria

Da coexistência pacífica à Nova Guerra Fria

Em 1978 a direita norte-americana conseguia recuperar-se do baque sofrido no Vietnã e restaurava seu domínio no congresso, obrigando o governo Carter a alterar sua política. Antes de os soviéticos entrarem no Afeganistão, a *nova direita* conseguira, no congresso, aumentar o orçamento militar dos EUA (e logo se negaria a ratificar os acordos Salt II sobre a limitação de armas nucleares), colocar em fabricação a bomba de nêutrons, obter o apoio formal para a guerrilha afegã, interromper o diálogo com o Vietnã, criar a Força de Deslocamento Rápido — uma espécie de exército flutuante a patrulhar os litorais —, reequipar a Otan e instalar os mísseis Cruise e Pershing II na Europa. Quase uma década de vacilação norte-americana chegava ao fim, encerrando a conjuntura favorável ao triunfo de revoluções no Terceiro Mundo. A eleição da conservadora Thatcher, na Grã-Bretanha, dava início à ascensão de uma nova direita na Europa.

Quais as razões dessa virada espetacular? As revoluções antes descritas têm um potencial de desestabilização regional que confere certa lógica à "teoria do dominó", invocada por

126 AS GRANDES POTÊNCIAS E OS CONFLITOS MUNDIAIS

Washington. Além disso, URSS e Cuba passaram a apoiar mais diretamente as revoluções do Terceiro Mundo nos anos 1970, a fim de contrabalançar o eixo Washington-Pequim. A América, marcada pelos fracassos da década, pela crise econômica e com o orçamento ainda limitado pelo programa social dos democratas, viu no republicano Ronald Reagan o homem capaz de recolocá-la de pé e elegeu-o em fins de 1980. A Era Reagan deu forma institucional à reação conservadora e à Nova Guerra Fria. A estratégia da *nova direita* para as relações internacionais era oposta a qualquer multilateralização dessas relações e contrária ao diálogo norte-sul, buscando restaurar uma bipolaridade com vantagem estratégica para os EUA.

A Nova Guerra Fria consiste, esquematicamente, no seguinte: os Estados Unidos desencadeiam uma corrida armamentista convencional e estratégica — cujo ponto máximo seria a militarização do espaço pela IDS, ou projeto Guerra nas Estrelas — que os põe em superioridade estratégica frente à URSS e abala a economia soviética. A URSS, debilitada pelo aumento dos gastos militares e pelo embargo comercial dos EUA e seus aliados, vê-se obrigada a limitar o apoio soviético às revoluções do Terceiro Mundo, como contrapartida para uma redução da pressão militar norte-americana contra si. Dessa forma, Washington e os aliados mais militarizados (como Israel, Paquistão e África do Sul) poderiam conter os movimentos e regimes revolucionários surgidos na década anterior.

Paralelamente, os Estados Unidos buscariam controlar os aliados-rivais economicamente bem-sucedidos (Europa e Japão), dividindo com eles o fardo dos gastos armamentistas e afastando-os da vantajosa cooperação econômica com a URSS e a Europa Oriental (daí a luta contra a construção do gasoduto Sibéria-Europa e a venda de tecnologia avançada aos países socialistas). Finalmente, os EUA tentariam abrir os países socialistas à penetração econômica ocidental, o que aumentaria o controle sobre a política do bloco soviético e forneceria alternativas financeiras e comerciais para a superação da estagnação do sistema capitalista.

A Guerra Fria, nesse sentido, não pode ser reduzida à sua aparência de conflito entre EUA e URSS. A Revolução Soviética criara uma base industrial autônoma, capaz de permitir-lhe independência de ação e de fornecer recursos econômicos e militares às revoluções e ao nacionalismo na periferia. Daí a necessidade de conter não tanto uma suposta "exportação da revolução", mas principalmente o apoio da URSS às revoluções e rivalidades espontaneamente surgidas no Terceiro Mundo. Pode-se dizer, nesse sentido, que a corrida armamentista — nuclear ou não — representava o regulador de um sistema internacional em transição e convulsionado por rupturas revolucionárias — regulador esse impulsionado pela economia dominante. O desenvolvimento nuclear — que constitui apenas um resultado da corrida armamentista — serve para dar coesão aos blocos e regular o conflito entre eles.

A reação conservadora e a pós-modernidade

Ao lado de dificuldades econômico-sociais, aprofundadas por algumas políticas neoliberais, apresentam-se estranhas tendências político-ideológicas. As grandes teorias estruturantes são substituídas por uma visão fragmentária e relativista da realidade. Ideias conservadoras ganharam a maior parte da intelectualidade, convertendo até mesmo antigos pensadores de esquerda. A vida social cede terreno ao indivíduo, voltado à fruição e ao *eu mínimo*. Embora a pós-modernidade não constitua uma corrente uniforme, trata-se de um fenômeno essencialmente urbano da sociedade de consumo. Busca ausentar-se da vida moderna, cultuando o niilismo. Almeja também destruir a "tradição", por meio de uma cultura de negação, com a destruição de valores sem preocupação com sua reposição por uma nova ética. Tudo isso produzirá a confusão da esquerda, com a rejeição das metateorias, assegurando um reinado relativamente fácil aos conservadores, apesar da deterioração do Estado de bem-estar social.

Era a emergência da chamada pós-modernidade. Com a crise do capitalismo a partir dos anos 1960, o pensamento acerca da modernidade parece ter estagnado e regredido. Nessa época ocorre a expansão da perspectiva weberiana, inclusive entre a chamada Nova Esquerda, com a Escola de Frankfurt e, mesmo, a partir da valorização de Gramsci. Nos anos 1970, passou a haver a desconstrução dos anos 1960, com o gradual desmantelamento da cultura moderna e do espaço público. A sociedade se desintegrava em grupos de interesse privado, material e espiritual. Foucault forjará um álibi de dimensão histórica e mundial para o sentimento de passividade e desesperança da geração de 1968.[1]

Um último resultado da situação social gerada pela desindustrialização é o aumento quantitativo e qualitativo da criminalidade, da delinquência e do consumo de drogas, preocupando mesmo países com larga tradição de violência, como os EUA. As novas camadas excedentes, formadas pela dissolução parcial do proletariado, gradualmente abandonadas pelo Estado declinante e não tendo meios para se expressar politicamente, mergulham em uma criminalidade in-

---

1 As características da pós-modernidade são as seguintes: ideia de fragmentação; rejeição do pensamento nascido com o Iluminismo; denúncia da razão abstrata; aversão ao projeto de emancipação humana baseada na mobilização das forças da tecnologia, da ciência e da razão; aceitação do efêmero, do caótico; negação da ideia de processo, de totalidade e de progresso; rejeição do pensamento racional; não identificação de vínculos com a lógica política e econômica ou da relação entre poder e conhecimento; crença em um conjunto distinto de códigos e simbolismos; estruturação das "comunidades interpretativas"; culto às diferenças (alteridade) e às novas tecnologias de comunicação (e suas "redes"); "desconstrução" (relativismo em relação à produção e à recepção); rejeição às metanarrativas (o pensamento fragmentado rompe com a ideia de sujeito, pois não há espaço para este no processo histórico); perda da temporalidade (abandono do sentido de continuidade e memória histórica); busca do impacto instantâneo; perda da profundidade e do que se pode identificar como sentidos essenciais.

AS GRANDES POTÊNCIAS E OS CONFLITOS MUNDIAIS

controlável. A passagem do protesto social à delinquência desenfreada permite, por outro lado, o desencadeamento de uma repressão crescente e consentida pela opinião pública. A manipulação da questão pelos meios de comunicação de massa é intensa. Aliás, uma das grandes revoluções do último quarto de século XX foi justamente a dos meios de comunicação, em particular, da televisão. Tanto em forma quanto em conteúdo, os meios de comunicação tornaram-se um dos mais importantes instrumentos de poder no mundo contemporâneo.

Conflitos de baixa intensidade no Sul Geopolítico

Os conflitos regionais da Nova Guerra Fria

A Nova Guerra Fria tinha como um de seus componentes básicos o desencadeamento de uma vigorosa ação contra as revoluções no Terceiro Mundo. Washington desenvolveu a estratégia dos *conflitos de baixa intensidade*, que seriam travados em teatros limitados, visando a desgastar economicamente e enfraquecer politicamente os regimes contestadores do Sul Geopolítico, para derrubá-los. Essa eliminação poderia ocorrer por uma ação dos contrarrevolucionários domésticos ou por uma invasão externa.

Com os países socialistas na defensiva, essa tarefa não deveria ser muito árdua. Assim, dinheiro, armas e assessores, além de apoio de unidades especiais da CIA e de aliados, como Israel, Paquistão e África do Sul, começaram a afluir legal ou ilegalmente aos movimentos contrarrevolucionários (os "paladinos da liberdade", segundo o presidente Reagan), em uma tentativa de reverter, nos anos 1980, as revoluções ocorridas nos anos 1970. Os *contras* — ex-guardas somozistas, instalados em Honduras — atacavam a Nicarágua seguidamente, sem conseguir implantar-se dentro do país, mas causando sérios danos à economia e aterrorizando a população. Assim, a guerrilha, que fora durante o século XX um instrumento de subversão da esquerda, voltara-se contra ela.

Em Moçambique, a pró-ocidental Resistência Nacional Moçambicana (Renamo) atuava em conjunto com comandos sul-africanos, destruindo estradas, ferrovias e oleodutos, bem como dispersando os camponeses. Em Angola, o exército da África do Sul mantinha a ocupação do sul do país, apoiava a guerrilha da Unita e também sabotava a infraestrutura do país. O Zimbábue e os vizinhos que davam acolhida ao CNA eram igualmente vítimas de constantes *raids* sul-africanos. Na Ásia, intensificou-se o apoio aos guerrilheiros islâmicos afegãos instalados no Paquistão. Os exércitos soviético e afegão controlavam as cidades e os eixos rodoviários e gradativamente conseguiam o apoio de alguns chefes tribais com suas milícias. No

FIM DA DÉTENTE, GUERRA QUENTE E COLAPSO DO SISTEMA SOVIÉTICO (1975-1991) 129

entanto, encontravam sérias dificuldades nas montanhas, desgastando-se grandemente nos planos militar e diplomático.

No Kampuchea, o Khmer Vermelho fustigava as tropas kampucheanas e vietnamitas na fronteira com a Tailândia, onde estavam instalados e recebendo apoio norte-americano, japonês e chinês. Os regimes revolucionários ainda não haviam consolidado o poder sobre seus frágeis países, sendo bastante vulneráveis à ofensiva conservadora. Além disso, os conflitos de baixa intensidade eram acompanhados por intensa campanha de propaganda realizada pelos meios de comunicação — desnorteando uma opinião pública que saudara a vitória vietnamita — e pelo isolamento diplomático desses Estados. Paralelamente, os EUA exerciam pressão e desencadeavam ações militares contra Granada (invadida em 1983), Panamá, Cuba e Líbia.

No Machrek (Oriente Médio), a situação adquiriu contornos radicalmente novos, devido à Guerra Iraque-Irã (Primeira Guerra do Golfo) e à invasão do Líbano por Israel. O Irã encontrava-se em situação caótica e pareceu uma presa fácil ao Iraque, governado pelo partido Baas e formalmente aliado da URSS. A pretexto de antigos litígios fronteiriços, o Iraque atacou seu vizinho em setembro de 1980, ocupando parte da zona produtora de petróleo, mas sendo contido. O erro de cálculo do governo de Bagdá logo se fez sentir, pois o Irã, embora desorganizado e menos armado, desencadeou uma guerra popular e messiânica com o entusiasmo dos guardas revolucionários, um *lumpen* disposto a morrer na "guerra santa". À contraofensiva iraniana sucedeu-se uma longa estagnação estratégica e um violento embate.

Por que razão esse conflito foi desencadeado? Evidentemente o Iraque aceitou uma aproximação com o Ocidente, que julgava vantajosa, em troca do papel de gendarme, de potência regional e da obtenção de vantagens territoriais. A Guerra Iraque-Irã constituía um meio para esmagar a revolução iraniana e também uma luta pelo petróleo do golfo, quando ocorria o segundo choque petrolífero. O Iraque utilizou armas químicas, lançou mísseis contra as cidades iranianas e ataques aos petroleiros que se dirigiam ao Irã, que, na sequência, também adotou essa tática. A estagnação militar, o prolongamento do conflito e a evolução diplomática fizeram com que a URSS e os EUA oscilassem em relação à posição na guerra. O Irã, aparentemente isolado, manteve a cooperação econômica com o mundo capitalista — sobretudo com o Japão e alguns países da Europa Ocidental —, além do assessoramento militar de nações como a Coreia do Norte.

Aparentemente irracional, a Guerra do Golfo manteve-se por quase uma década pelas seguintes razões: interesse dos exportadores de armas, manobras envolvendo a política petrolífera, divisão do mundo muçulmano em benefício de Israel — que aproveitou o conflito para destruir o reator nuclear iraquiano —, necessidades internas de legitimação política e de construção de exércitos modernos e experientes por Khomeini e Saddam Hussein, ao que se ligavam rivalidades históricas entre, de um lado, árabes e persas e, de outro, muçulmanos sunitas e xiitas.

Em junho de 1982, no auge da Guerra Iraque-Irã, Israel invadiu o Líbano, visando a eliminar a Organização para a Libertação da Palestina (OLP). Sem capacidade de ação, o governo libanês solicitou o envio de uma força norte-americana, inglesa, francesa e italiana, sob a bandeira da ONU. O desgaste militar no Líbano e o descontentamento interno levaram Israel a retirar-se desse país, conservando apenas uma zona-tampão no sul. Após atentados realizados por suicidas muçulmanos materem, em Beirute, 200 *marines* norte-americanos e membros da Legião Estrangeira Francesa, logo a Força Multinacional também se retirava. A Síria, que ocupava o norte do país, teve desgaste, enquanto Israel passava a sofrer uma séria crise interna, ainda mais agravada pelo levante da população palestina da Cisjordânia e Gaza ocupadas, iniciado em dezembro de 1987 — a Intifada, ou Revolta das Pedras. O Líbano propriamente dito mergulhou em um processo de balcanização, no qual se mesclam conflitos feudais e religiosos.

A democratização e a crescente desigualdade social na periferia

Em várias regiões do Terceiro Mundo, uma onda democratizante contrastou, nos anos 1980, com o aprofundamento das dificuldades socioeconômicas. No início da década, eram visíveis os sinais do desgaste dos regimes de segurança nacional, que se debatiam com a estagnação econômica, o elevado endividamento externo e a erosão de suas bases de sustentação política. Mas surgiam também no mundo grupos sociais novos e atividades vinculadas às novas tecnologias e serviços.

Nesse contexto, eclode a insólita Guerra das Malvinas, a qual ajudou Thatcher a reeleger-se, quando o prestígio da primeira-ministra se encontrava em baixa, e apressou a derrocada do regime militar argentino, que, carente de perspectivas, buscava algum tipo de consenso populista-nacionalista. Cabe lembrar que a primeira-ministra britânica era a maior aliada dos ameaçados planos de reequipamento da Otan, defendidos por Reagan. A Guerra das Malvinas de Thatcher também servia para reforçar o argumento norte-americano de que existiriam ameaças militares no Terceiro Mundo, o que tornava necessário o incremento bélico demandado pelo Pentágono. O apoio dos EUA à Grã-Bretanha na guerra, contudo, mergulhou a Organização dos Estados Americanos (OEA) e seu instrumento militar, o Tratado Interamericano de Assistência Recíproca (Tiar), em uma preocupante crise, a qual enfraqueceu os laços de cooperação militar entre a América Latina e Washington, dado o apoio norte-americano ao país europeu.

FIM DA DÉTENTE, GUERRA QUENTE E COLAPSO DO SISTEMA SOVIÉTICO (1975-1991)

Em fins de 1983, Raul Alfonsín era eleito presidente da Argentina, e, um ano depois, Julio Sanguinetti, no Uruguai, e Tancredo Neves e José Sarney, no Brasil, também triunfariam, encerrando formalmente o ciclo militar nesses países. Redemocratizações também ocorreram nas Filipinas, em 1986, no Paraguai e no Chile, em 1989, e no Paquistão em 1988. A redemocratização da Coreia do Sul, em um contexto de crescentes movimentos de protesto, ocorreu em 1988, com explícito apoio de Washington. Houve transições a regimes políticos multipartidários também no continente africano, que sofrera uma significativa *regressão econômica absoluta* durante a década de 1980, na esteira da depreciação dos termos de troca internacional, das políticas de ajuste monetarista e dos conflitos armados. A derrota eleitoral dos sandinistas, no início de 1990, coroou o triunfo da centro-direita na América Latina. Esse evento acentuou o isolamento de Cuba, já prejudicada pela diplomacia da *Perestroika*.

A Era das Reformas: neoliberalismo, *Perestroika* e reformas chinesas

Globalização e neoliberalismo no Ocidente

A nova divisão internacional da produção constitui um elemento estrutural do processo de recomposição do desgastado modelo de capitalismo fordista-keynesiano, configurando o fenômeno da globalização financeira e produtiva. Os setores industriais criados na Primeira e na Segunda Revoluções Industriais (têxteis e siderurgia, principalmente) têm primazia no processo de transferência, assim como o têm determinados ramos de eletrodomésticos, eletrônicos, audiovisuais, artigos simples de consumo, automóveis, além de outros que utilizam intensivamente a força de trabalho.

Assim, um dos fatores determinantes da exportação de indústrias para a periferia foi o baixo nível salarial pago aos trabalhadores da região, além da quase ausência de legislação social que regulasse as relações de trabalho. Outro elemento decisivo foi que as áreas escolhidas para a instalação das indústrias ofereciam facilidades fiscais. Os impostos cobrados às empresas transnacionais nas plataformas de exportação são pequenos, pois os próprios governos pagam a maioria das taxas de administração, defesa, segurança e equipamento de infraestrutura. Agregue-se a isso a facilidade da fraude fiscal.

132 AS GRANDES POTÊNCIAS E OS CONFLITOS MUNDIAIS

O controle ambiental cada vez mais rigoroso e oneroso no Primeiro Mundo foi, ainda, um fator adicional no estímulo à transferência de indústrias para países da periferia, onde a poluição ocorria sem controle. É interessante observar que, nessa época, começaram a se estruturar os movimentos ecologistas no Hemisfério Norte, cada vez mais articulados politicamente, enquanto o Clube de Roma (uma ONG que agrega expoentes empresariais, políticos, acadêmicos e burocráticos, especialmente de países da Organização para a Cooperação e Desenvolvimento Econômico — OCDE) propugnava pelo *crescimento zero* desde 1972. Fala-se cada vez mais no uso de novas formas de energia e em tecnologias que economizem e sintetizem matérias-primas não renováveis, geralmente produzidas pelos países do Terceiro Mundo, ao lado de uma intensa campanha contra a energia nuclear.

O resultado obtido, como forma de enfrentar a crise, é satisfatório, pelo menos a médio prazo. As indústrias instaladas na periferia, voltadas para a exportação ou elaborando apenas parte de uma mercadoria, exigem meios de transporte baratos e eficazes para vencer as enormes distâncias geográficas. As novas tecnologias do transporte, como os contêineres, as linhas aéreas de carga, as telecomunicações e a informatização, vão permitir tanto a exportação eficaz como a distribuição das etapas de produção ao redor de todo o planeta. A *globalização* da produção aprofunda-se rapidamente. Aqui, há de se fazer uma distinção entre os países que se mantiveram como meras plataformas de exportação e os que adotaram uma estratégia desenvolvimentista, tornando-se Novos Países Industrializados (NPI). Os NPI asiáticos, ou Tigres Asiáticos, dinamizados a partir da articulação com o capitalismo japonês e, posteriormente, com a ascensão econômica do mundo chinês, farão da Ásia Oriental o polo mais dinâmico da economia mundial.

Os países desenvolvidos tornaram-se, em certa medida, sociedades pós-industriais, concentrando-se progressivamente em novos segmentos de tecnologia avançada e alta lucratividade, bem como em centros financeiros. O primeiro resultado é o crescimento do desemprego, pois a terceirização da economia e o desenvolvimento de novos setores de tecnologia ultrassofisticada são insuficientes para absorver os operários demitidos. O desemprego na Europa Ocidental, que era de 3% em 1971, atingiu 12% em 1985. As economias centrais apresentam, então, um crescimento moderado, ou entram em estagnação. Nas cidades desindustrializadas, desenvolvem-se tensões sociais perigosas, pois a reciclagem do trabalho e os paliativos do Estado são insuficientes. Aliás, a possibilidade de atuação governamental é limitada pela visão e pela ação conservadoras dos neoliberais contra o *welfare state* keynesiano. O thatcherismo foi o paradigma de tal modelo, com a primeira-ministra argumentando "Tina" (*There is no alternative*).

FIM DA DÉTENTE, GUERRA QUENTE E COLAPSO DO SISTEMA SOVIÉTICO (1975-1991) 133

Em que consiste o neoliberalismo, cujos efeitos sociais foram descritos? As ideias neoliberais de economistas como Hayek e de determinados círculos empresariais começaram a ganhar audiência nos anos 1970, quando a crise do modelo econômico do pós-guerra introduziu uma prolongada recessão, que combinava modestos índices de crescimento com inflação elevada. Para eles, a crise seria decorrente dos aumentos salariais e dos gastos sociais do Estado, de modo que a solução seria reduzir o tamanho e as funções do Estado, que deveria concentrar-se, sobretudo, na estabilidade monetária. Essa política foi perseguida mediante a limitação da emissão monetária, o aumento da taxa de juros, a redução de impostos para os rendimentos mais elevados, a redução dos gastos sociais, a privatização facilitada das empresas públicas e, *last but not the least,* a liberalização dos controles financeiros e comerciais internos e externos.

O neoliberalismo inegavelmente atingiu alguns de seus objetivos-meio: os impostos caíram, a inflação foi drasticamente reduzida, as regulamentações financeiras e comerciais, também, o sindicalismo sofreu um acentuado retrocesso, o desemprego tornou-se estrutural, grande parte das empresas públicas foi privatizada, e os gastos sociais sofreram acentuada redução. O programa de ajuste neoliberal foi implementado em profundidade nos países anglo-saxões e em algumas nações do Terceiro Mundo.

Contudo, os objetivos-fim tiveram resultados menos favoráveis: a retomada de um crescimento estável a taxas elevadas e a eliminação dos deficits governamentais dos países mais importantes não ocorreram. A eliminação das regulamentações financeiras e comerciais criou um sistema fortemente especulativo, no quadro de um sistema monetário internacional altamente permeável (grande facilidade de transferência e de evasão fiscal) e da articulação de verdadeiros circuitos subterrâneos e informais, geridos no âmbito de empresas privadas e não controlados por governos.

Os gastos militares e de segurança interna, bem como outras despesas decorrentes das consequências sociais da reconversão econômica, têm também impedido que muitos governos equilibrem suas contas. Aliás, os Estados têm dificuldades crescentes em arrecadar, tanto pelas novas regras institucionais de inspiração neoliberal como pelo perfil da economia aberta e globalizada. Os países capitalistas que obtiveram melhor desempenho econômico e social foram aqueles que aplicaram parcialmente o neoliberalismo (enfatizando mais o controle orçamentário e as reformas fiscais do que os cortes sociais), como é o caso dos escandinavos e do arco alpino, ou que simplesmente o contornaram, como ocorre na Ásia Oriental (Japão, Tigres Asiáticos e países da Associação das Nações do Sudeste Asiático — Asean).

As reformas socialistas: *Perestroika* soviética *versus* via chinesa

Durante a era Brejnev, a crescente presença internacional da URSS e a melhoria do nível de vida da população haviam exigido um esforço adicional da economia soviética. Na segunda metade dos anos 1970, o *crescimento extensivo* alcançava seu limite, quando também tinha início a Nova Guerra Fria, e aprofundava-se a reestruturação das economias capitalistas avançadas, com as quais a União Soviética estabelecera vínculos importantes. A corrida armamentista e os embargos comerciais e tecnológicos atingiram duramente a URSS, onde a envelhecida liderança do grupo Brejnev (uma verdadeira gerontocracia) carecia do necessário dinamismo para responder aos novos desafios externos e à estagnação interna.

À crise polonesa somou-se o peso dos conflitos regionais, como os do Afeganistão, do Kampuchea (Camboja), da América Central, da África Austral e do Chifre da África. As reformas de Iúri Andropov, em 1983, não tiveram tempo de frutificar, e o imobilismo do interregno Tchernenko apenas contribuiu para abortá-las. Em 1985, Mikhail Gorbachov, jovem aliado de Andropov, assume o poder no Kremlin, lançando as políticas reformistas da *Glasnost* (transparência) e da *Perestroika* (reestruturação). No plano interno, há democratização política e eficiência econômica baseada em descentralização, criação de um setor mercantil e associação ao capital estrangeiro em algumas áreas da produção.

Paralelamente ao lançamento das reformas internas, Gorbachov desencadeou uma ofensiva diplomática em prol da paz e do desarmamento, oferecendo propostas concretas e desencadeando intensa campanha de propaganda, quando Reagan iniciava o segundo mandato. A diplomacia da *Perestroika* era uma resposta à ofensiva belicista norte-americana e só pode ser compreendida à luz da guinada conservadora ocidental iniciada em fins dos anos 1970, a qual alterou bruscamente o equilíbrio mundial.

Em dificuldades sérias nos planos econômico, diplomático, militar e ideológico, a URSS buscava evitar o desencadeamento de uma guerra, cujos contornos se esboçavam nos crescentes incidentes internacionais, e sustar uma corrida armamentista cujos ritmo e intensidade não mais podiam ser acompanhados pela economia soviética. As reformas e a diplomacia da *Perestroika* deveriam também tornar o país mais simpático aos olhos da comunidade internacional, esvaziando estereótipos como o do *império do mal* — que serviam para instrumentalizar a opinião pública —, bem como fomentar uma mobilização interna capaz de reverter o quadro de estagnação e descontentamento latente.

FIM DA DÉTENTE, GUERRA QUENTE E COLAPSO DO SISTEMA SOVIÉTICO (1975-1991) 135

A abertura econômica ao mercado capitalista mundial visava a obter tecnologia e recursos para a modernização de determinados setores deficitários, mas continha principalmente componentes políticos. Em uma época de crescente concorrência intercapitalista, em um mercado sem uma elasticidade compatível com a Revolução Científico-Tecnológica (RCT), a abertura do espaço equivalente a um continente, rico em recursos e com numerosa população apta para o consumo, permitiria aliviar a perigosa tensão inerente a tal competição. Dessa forma, a URSS poderia obter uma posição de barganha, a fim de manipular e tirar proveito político e econômico da rivalidade entre os diversos polos capitalistas.

A estratégia da *Perestroika* teve, entretanto, a lógica de sua eficácia matizada por sérios problemas. Em primeiro lugar, ela continha um grave risco de desestabilização interna para a URSS e para seus aliados do campo socialista e do Terceiro Mundo. Em segundo lugar, os limites das reformas dependeriam da luta política imprevisível dentro do país e da evolução mundial. Como as reformas econômicas não conseguiam avançar, devido à resistência corporativa encontrada, Gorbachov passou a priorizar a *Glasnost*, como forma de desbloquear o processo por meio da mobilização política. A partir de então, o grupo dirigente, que não possuía um projeto estratégico suficientemente definido, perderia o controle da situação, adotando uma postura meramente reativa e cada vez mais tímida. O que as tendências posteriores evidenciaram foi a concretização das tendências desagregadoras e a evolução das reformas para muito além dos marcos inicialmente pensados.

Se no plano doméstico a eficácia da *Perestroika* em atingir os objetivos propostos produzia efeitos cada vez mais questionáveis, no âmbito internacional seus resultados foram avassaladores após um ano de governo Gorbachov. As diversas negociações diplomáticas sobre o desarmamento, iniciadas em 1986 por proposição do Kremlin, conduziram paulatinamente à instauração de uma nova *détente* entre as duas superpotências. As negociações incluíam tanto o desarmamento propriamente dito quanto a cooperação comercial e financeira. Contudo, se no Hemisfério Norte a nova situação parecia favorecer a política soviética, no Terceiro Mundo o quadro era diverso. A transição social dos regimes revolucionários da periferia fora bloqueada pela Nova Guerra Fria e seus conflitos de baixa intensidade. Esses regimes se tornaram os principais alvos da ofensiva conservadora e das concepções implícitas na nova *détente* soviético-americana.

A resolução política dos conflitos regionais, do Kampuchea à Nicarágua, implicava um recuo da URSS e de seus aliados. Os soviéticos retiraram-se do Afeganistão (quando a situação militar se encontrava equilibrada), os cubanos iniciaram sua retirada de Angola (depois de infligir uma esmagadora derrota aos sul-africanos na batalha de Cuito Cuanavale), e os vietnamitas, do Kampuchea (quando a guerrilha encontrava-se sem iniciativa). Os EUA e seus aliados, porém, intensificaram o apoio às facções anticomunistas em luta, para derrubar alguns desses regimes, após a redução do apoio soviético a eles. Além disso, Moscou teve de reduzir ou cortar a ajuda militar, diplomática ou econômica aos demais aliados da década de 1970.

Que razões levaram o Ocidente, em particular os EUA, a substituir sua Nova Guerra Fria pela nova *détente* proposta pelos soviéticos? Em primeiro lugar, encontra-se a consciência de que a URSS não oferecia mais qualquer perigo, o que era evidenciado pelo *novo pensamento* da equipe Gorbachov. Como resultado da estagnação interna de fins dos anos 1970 e dos desastrosos efeitos econômicos da corrida armamentista e das pressões diplomáticas dos anos 1980, Moscou encontrava-se literalmente extenuada. Em segundo lugar, os EUA também conheciam problemas com a concorrência japonesa, as tendências autonomistas europeias e o atolamento norte-americano nos conflitos do Terceiro Mundo, num momento em que sua própria economia se mostrava limitada para suportar o esforço estratégico-militar requerido pela política da *nova direita*.

Os Estados Unidos viram sua situação internacional agravar-se ao longo dos anos 1980. A taxa norte-americana de investimento era inferior à dos demais polos capitalistas avançados, o comércio continuava deficitário, o orçamento aumentara seu desequilíbrio, a infraestrutura encontrava-se defasada, e a dívida interna e externa havia crescido exponencialmente. No campo social, o acesso a serviços essenciais ficou mais limitado, havendo o aumento paralelo da pobreza e da criminalidade. Assim, era preciso aproveitar as vacilações soviéticas, acolhendo as iniciativas de Gorbachov, para ganhar politicamente o que não fora possível obter no terreno militar.

O fim da década assistiu também a um importante e complexo fenômeno, a crise do socialismo. A URSS passou a enfrentar internamente os efeitos desestabilizadores da *Perestroika*. Algumas das medidas adotadas tentavam corrigir desvios do socialismo, enquanto outras se orientavam rumo ao capitalismo ou simplesmente mergulhavam no caos. Constantes greves, indefinições e contradições das reformas provocaram uma séria crise econômica, enquanto jovens quadros e gerentes aproveitavam-se das reformas para tentar implantar uma economia de mercado em proveito próprio, transitando, sem problemas, da ortodoxia socialista para a defesa crescente do capitalismo liberal. Essa crise econômica, as nascentes desigualdades sociais e o descontentamento acumulado ensejaram críticas abertas, agora permitidas pela *Glasnost*, sem que o governo respondesse, pelo menos, às mais absurdas. A frustração crescia, pois nenhum resultado prático era obtido pela simples liberdade de discussão.

A consequência foi a aglutinação da tensão latente em torno de bandeiras separatistas, nacionalistas e étnico-religiosas, conduzindo à agressão aos vizinhos ou ao massacre covarde de minorias étnicas isoladas, como no Cáucaso e em algumas repúblicas soviéticas muçulmanas,

FIM DA DÉTENTE, GUERRA QUENTE E COLAPSO DO SISTEMA SOVIÉTICO (1975-1991) 137

ou simplesmente revalorizando nacionalismos anacrônicos e reacionários, como no próprio Cáucaso e nos países bálticos. Esse fenômeno também atingiu profundamente o "comunismo liberal" (ou "autogestionário") da Iugoslávia, orientado pelo Fundo Monetário Internacional (FMI) nos anos 1980, quando ressurgiram, na esteira da crise econômica, tensões étnicas adormecidas. Se no plano internacional a *Perestroika* eliminou a mentalidade de Guerra Fria da maior parte da opinião pública ocidental, por outro lado introduziu um clima de desmoralização ideológica dentro da esquerda, apenas enfatizando os aspectos negativos da Revolução Soviética e do socialismo.

Até 1989, a República Popular da China, a Iugoslávia e a Romênia eram os únicos países socialistas elogiados no Ocidente — os primeiros, por sua abertura econômica ao mercado mundial; o terceiro, por haver aceitado a austeridade do FMI para o pagamento da dívida externa; e todos, por sua independência diplomática em relação ao Kremlin. A bancarrota da Iugoslávia fez desaparecer as referências elogiosas ao seu socialismo de mercado, a guinada diplomática da *Perestroika* tornou a Romênia objeto de severas críticas, e logo a China também seria afetada. O país seguia um caminho de mudanças diferentes das soviéticas. Pequim desencadeou as reformas internas e a abertura externa essencialmente no plano econômico (desde os anos 1970), sem estendê-las no político.

Os reformistas de Deng Xiaoping desencadearam o processo de mudanças quando a RCT se encontrava ainda na fase inicial, além de aproveitar uma conjuntura internacional mais favorável, conservando o sistema político chinês (possibilitando estabilidade e controle sobre as reformas). Já o grupo gorbachoviano priorizou as reformas políticas desde 1987, e perdeu o controle no momento em que se agravavam os antagonismos sociais e a produção mergulhava no caos. Portanto, essas reformas se dão sem um plano estratégico claramente definido, sem controle político e, pior ainda, num momento em que a dianteira tecnológica do capitalismo já era inalcançável.

Os efeitos internacionais da *Perestroika* e a facilidade com que a URSS estava sendo integrada ao sistema mundial, em uma posição de subordinação, levaram determinadas forças políticas (dos EUA, de Taiwan, de Hong Kong e da própria China) a tentar conduzir a República Popular da China pelo mesmo caminho, buscando capitalizar o descontentamento social e a divisão interna do Partido Comunista da China (PCCh) como forma de alcançar a democratização. Não se tratava de mera conspiração, pois as tensões sociais que acompanhavam as economicamente bem-sucedidas reformas chinesas eram consideráveis, além de os dirigentes se encontrarem divididos quanto aos rumos, à velocidade e aos limites dessas mesmas reformas.

O imobilismo do PCCh frente à crise que se desenhava (a descentralização tendia a regionalizá-lo) exasperava a população, que o via como uma instituição inútil. A situação de conflito que perpassava o partido, o Estado e a própria sociedade se materializou na mobilização estudantil, que logo arrastou consigo outros segmentos com objetivos divergentes. Um movimento popular multifacetado e contraditório emergia no país, e o jovem empresariado e os ultrarreformistas do PCCh, nucleados pelo primeiro-ministro Zhao Ziyang, procuraram capitalizá-lo na luta contra os reformistas moderados (*neoautoritários*), como um *movimento pela democracia*.

A concentração popular na Praça da Paz Celestial (Tiananmen), ponto de inflexão desse confronto, não por coincidência, ocorria durante as comemorações do Movimento de 4 de maio de 1919 e a visita de Gorbachov, que deveria encerrar três décadas de divergência sino-soviética. Verdadeira revolta popular do mundo urbano, o movimento cria um vazio de poder, levando os veteranos octogenários (antigos reformistas) a enfrentar-se com os novos reformistas e a juventude americanizada. Assustados pela transição ocorrida na Polônia, e diante da determinação dos estudantes, a velha guarda e os partidários do *neoautoritarismo* agruparam-se em torno do último personagem carismático, Deng Xiaoping, recorrendo ao exército popular para desencadear a repressão em junho de 1989, causando centenas de mortes. O regime foi salvo *in extremis*, impedindo que a China tivesse o mesmo destino que a URSS, mas tal acontecimento logo seria eclipsado pelo Leste Europeu, profundamente afetado pela *Perestroika*.

O fim da Guerra Fria, do socialismo europeu e da União Soviética

A convergência soviético-americana e a queda do Leste Europeu

A queda dos regimes socialistas do Leste Europeu foi considerada como um conjunto de revoluções populares liberais da "sociedade civil", inspiradas pela *Perestroika*. Mas não foi exatamente o que ocorreu. Com o estabelecimento da Conferência para a Segurança e Cooperação na Europa (Helsinque, 1975), a coexistência pacífica foi institucionalizada, bem como a agenda dos direitos humanos, dos quais os países do leste socialista eram cossignatários. Para melhorar o nível de consumo, era necessário importar produtos e tecnologias ocidentais, a serem pagos com moeda conversível. Para tanto, era preciso exportar bens e participar de reuniões em organizações econômicas internacionais, tendo como resultado a formação de uma nova geração de tecnocratas socialistas conectada com os colegas do capitalismo.

As crises do petróleo de 1973 e 1979, a reestruturação da economia mundial, a rápida industrialização dos Tigres Asiáticos (que liquidaram as vantagens comparativas do Leste Europeu)

FIM DA DÉTENTE, GUERRA QUENTE E COLAPSO DO SISTEMA SOVIÉTICO (1975-1991) **139**

e o aumento da taxa de juros no início dos anos 1980 afetaram seriamente a Europa Oriental. Para compensar o deficit comercial e cambial, ela se endividou muito e não conseguia mais arcar com os compromissos internacionais, sobretudo porque a URSS tinha que auxiliar regimes revolucionários do Terceiro Mundo (e suas guerras) e também se encontrava em dificuldades. A Polônia foi a nação mais afetada pela crise (THER, 2016).

Os anos 1980 foram caracterizados pela Nova Guerra Fria, estimulada pelo presidente norte-americano Ronald Reagan e pelas reformas neoliberais da primeira-ministra britânica Margaret Thatcher. Ela cunhara a expressão "Tina" (*There is no alternative*), isso é, "Não há alternativa" às reformas neoliberais. Os problemas enfrentados na Europa Ocidental não eram muito diferentes dos enfrentados nos países do Leste Europeu. Propostas de reformas já existiam dentro dos governos comunistas, lançadas pelos tecnocratas jovens que conviviam com funcionários ocidentais e também viam os ajustes neoliberais da economia como uma opção para suas endividadas nações. O descontentamento social crescia, quando o líder reformista soviético Mikhail Gorbachov chegou ao poder em 1985, propondo uma agenda de abertura política e econômica com a *Perestroika*. Além dela, havia o novo pensamento diplomático, visando a reduzir a tensão internacional e a corrida armamentista, que afetavam a economia soviética. O conceito de *casa comum europeia*, por sua vez, propunha uma esfera de cooperação de Lisboa ao Estreito de Bering. Tal conceito e os princípios liberalizantes na economia, no sistema político e na diplomacia tiveram, então, forte impacto no Leste Europeu.

Após 1987, não havia mais possibilidade de voltar atrás, pois os acordos assinados entre os EUA e a URSS haviam encerrado a Guerra Fria como sistema e como conflito. Desde então, não houve mais contraposição entre as duas superpotências no Conselho de Segurança da ONU. O próprio Gorbachov alertava os líderes do Leste Europeu de que não haveria mais ajuda soviética e de que deveriam implantar reformas políticas e econômicas. Uma geração de "gerontocratas" começava a se retirar de cena, e, no segundo semestre de 1989, quase todos os líderes da Europa Oriental haviam sido afastados do poder. A narrativa estabelecida foi a de que a sociedade civil promovera uma *revolução popular*, que derrubara os regimes socialistas e varrera o comunismo para a lata de lixo da história. Mas não foi exatamente o que ocorreu, como demonstrou o historiador norte-americano Stephen Kotkin no livro *A Sociedade Incivil* (2013).

Na Polônia, a crise econômica se agravara pela incompetência dos dirigentes, pela baixa produtividade da agricultura (majoritariamente privada) e pelo endividamento externo resultante de uma industrialização exagerada, voltada para a exportação. O descontentamento popular expressou-se no apoio ao sindicato Solidariedade, que o estado de sítio imposto pelo general Jaruzelski, em 1981, não conseguiu desarticular. Em agosto de 1989, sem mais alternativas e com apoio soviético, foi estabelecida uma mesa redonda, em que o governo transferiu o

140 AS GRANDES POTÊNCIAS E OS CONFLITOS MUNDIAIS

poder ao Solidariedade (que defendia a economia de mercado), em troca de uma anistia geral aos comunistas. Paralelamente, a Hungria seguia o mesmo caminho, com a formação de um governo de setores reformistas do regime, que logo abandonou o socialismo. A aprovação de Gorbachov a essa mudança foi explícita e encorajou os reformistas e as oposições dos outros regimes socialistas.

A pressão voltou-se, então, contra os regimes socialistas mais prósperos, a República Democrática Alemã (RDA) e a Tchecoslováquia, os últimos *bastiões do stalinismo*. Em uma operação articulada pelo novo governo húngaro (em troca de investimentos da República Federal da Alemanha) e pelo governo alemão-ocidental, turistas alemães-orientais que se encontravam em férias na Hungria aproveitaram para emigrar (recebendo estímulos apreciáveis): 5% dos 800 mil que lá estiveram no verão de 1989 não retornaram para casa. Cresceram os protestos (apoiados pela Igreja Luterana) e a crise durante a comemoração do 40º aniversário da RDA, que contara com a presença de Gorbachov. A situação insustentável provocou a renúncia de Erich Honecker, e, em um incidente bizarro, o muro foi aberto em novembro.[2] No mesmo mês, caía o governo tcheco, após uma série de protestos praticamente não reprimidos (a Revolução de Veludo). O teatrólogo dissidente Vaclav Havel formou um governo centrista.

Na Bulgária, onde sequer existia oposição organizada, a ala reformista do partido comunista desfechou um golpe palaciano assim que surgiram os primeiros protestos, conservando o poder sob a nova roupagem. Na acuada Romênia, as expectativas criadas pela *Perestroika*, o descontentamento com o racionamento imposto para pagar a dívida externa (saldada em setembro) e o imobilismo do regime de Ceausescu fizeram eclodir protestos populares, logo reprimidos. Na cidade de Timissoara, uma rede de televisão francesa, com suporte de autoridades locais, apresentou os acontecimentos como um grande massacre, o que, posteriormente, revelou-se ter sido uma montagem feita por uma televisão francesa.[3] Na esteira desses fatos, foi desfechado um golpe militar (encorajado pela URSS), derrubando o velho ditador, que foi fuzilado. O poder foi dominado pela Frente de Salvação Nacional, uma corrente do próprio governo comunista, responsável pelo golpe. Apenas na Iugoslávia houve um desfecho realmente sangrento, com uma guerra civil e, depois, internacional, que fragmentou e devastou o país e

---

2 Após uma reunião inconclusa dos dirigentes estudar uma forma de autorizar as viagens ao exterior, o porta-voz Günter Schabowski, que não participara do encontro, deu uma entrevista ambígua na televisão à noite, que a população entendeu como liberação das viagens. Em poucas horas, milhares de pessoas foram aos *checkpoints*, e, sem obter instruções dos superiores (os ministérios estavam fechados), os guardas simplesmente abriram as cancelas. Na manhã seguinte, o fluxo era tal que o governo, não podendo mais recuar, removeu parte do muro para os automóveis cruzarem. Ninguém "derrubou o muro".

3 Conforme noticiou na página 3 o *Le Monde Diplomatique* em março 1990.

FIM DA DÉTENTE, GUERRA QUENTE E COLAPSO DO SISTEMA SOVIÉTICO (1975-1991) **141**

durou uma década. O governo da Albânia também passou às mãos de comunistas reformistas, que renunciaram em 1991, em função da crise econômica.

Assim, devido ao fim da Guerra Fria (ocorrido em 1987-1988), no segundo semestre de 1989, os regimes socialistas pró-soviéticos da Europa Oriental foram varridos, praticamente sem resistência interna e externa. As razões para a URSS ter permitido e até auxiliado tal processo se deveram à perda de importância estratégica de seu *glacis* defensivo na era dos mísseis intercontinentais e ao elevado custo político-econômico da manutenção da maioria desses regimes. Eliminava-se, assim, um dos obstáculos à *détente* com o Ocidente, e, em dezembro de 1989, Moscou assinava um acordo de cooperação com a comunidade europeia, no caminho da materialização do sonho gorbachoviano de uma *casa comum europeia* e da obtenção de ajuda financeira. Não houve qualquer tratado formal entre o Ocidente e a URSS, tendo Gorbachov recebido apenas promessas informais de apoio econômico e de não expansão da Otan, em troca da dissolução do Pacto de Varsóvia. Nada disso foi cumprido, posteriormente, pelo Ocidente, em troca das concessões soviéticas (FLACH, 2007).

Da mesma forma, os supostos atores populares da "revolução democrática" saíram de cena logo em seguida. Aliás, quando eles foram às ruas, a transição já havia sido negociada discretamente entre os elementos reformistas (gorbachovianos) dos próprios regimes e alguns opositores selecionados, que continuaram controlando o Estado. Alguns eram conservadores, mas boa parte eram membros que haviam sido expurgados no passado e foram reintegrados, o que evidencia que se tratava de um pacto entre setores do próprio sistema, agora em busca da democracia liberal e do mercado. Os movimentos trabalhistas de oposição (que queriam depurar o socialismo burocrático), pacifistas e ecologistas, foram meros figurantes em uma trama que não compreendiam e, logo, dispersos. As privatizações em proveito de membros da cúpula e de corporações estrangeiras, junto com as políticas neoliberais adotadas, deixaram grande parte da força de trabalho desamparada, embora a narrativa triunfante fosse a da conquista da liberdade e a de promessas sociais otimistas. Todavia, 20 anos depois, ela seria alterada.

O colapso do regime socialista e do Estado soviético

O colapso do regime socialista e do Estado soviético

O fim da União Soviética, uma superpotência, e do seu regime de 74 anos causou perplexidade entre analistas e estrategistas. Aqui é necessário compreender como ocorreu tal colapso na mais pura *realpolitik,* em vez de julgar supostas qualidades e defeitos do modelo político. Após

142 AS GRANDES POTÊNCIAS E OS CONFLITOS MUNDIAIS

a queda do Leste Europeu, na URSS a luta pelo poder continuava, pois a *Perestroika* se transformara numa "catastroika". Segundo Keeran e Kenny (2008, p. 177, tradução nossa),

> [...] as forças econômicas do lado sombrio da sociedade soviética exigiam legitimidade e poder. O mercado negro e a máfia russa se multiplicavam. A empresa privada e as "cooperativas" fictícias cresciam. Os ambiciosos e gananciosos apoiantes de Boris Ieltsin faziam pressão no sentido de uma mudança drástica para a passagem radical à economia de mercado. Se [este] substituísse a planificação, os altos funcionários e diretores podiam aspirar a uma riqueza sem precedentes. Era evidente de que lado o vento soprava.

O passo seguinte foi a implementação de reformas políticas, tais como a apresentação de várias candidaturas a cada vaga legislativa, abrindo-se, em seguida, a possibilidade de inscrições de não comunistas. Mais importante, entretanto, foi a descentralização que acompanhou essas medidas. Gorbachov esperava, assim, criar um novo quadro político visando a desbloquear as reformas econômicas. O resultado desse processo foi o crescimento vertiginoso e caótico da mobilização em âmbitos local, regional e republicano.

Face à crescente desagregação dos marcos político-institucionais, ao enfraquecimento do poder central e à decomposição dos referenciais ideológicos, os líderes locais, tanto os de oposição como os leais ao sistema, procuraram construir ou salvar suas bases de poder na esfera local. A *Perestroika* demonstrou ser capaz de desarticular o sistema anterior, mas não parecia contar com meios para construir nada de novo em seu lugar. O retraimento da ação estatal deixava um vazio que era preenchido pela criminalidade, pelo clima de desmoralização, de "salve-se quem puder", e pela apropriação de empresas públicas por setores da cúpula político-administrativa, por meio das privatizações.

Gorbachov continuou seu processo de mudança política, separando o partido do Estado cada vez mais, tornando-se presidente da URSS em março de 1990 por indicação do parlamento federal. Na mesma eleição, os autodenominados democratas (anticomunistas e pró-mercado) venceram em Moscou e em Leningrado, encontrando em Ieltsin seu decidido líder e instalando um poder dual, que inexistia desde 1917. Ieltsin voltou à política, depois de ser perseguido por Gorbachov desde 1987, e foi eleito deputado por Sverdlovsk; abandonou o Partido Comunista da União Soviética (PCUS) e em seguida foi eleito presidente da Federação Russa, cargo criado em abril de 1991, num acordo com Gorbachov, em troca do apoio ao Tratado da União, que este queria aprovar. Ieltsin tinha um mandato popular direto, de que Gorbachov carecia, e começou sua luta decisiva: implantar a passagem ao capitalismo, fase radical da *Perestroika*. Mas, para isso, ele teria de se livrar da União Soviética e agir apenas na Rússia, onde tinha poder para tanto.

FIM DA DÉTENTE, GUERRA QUENTE E COLAPSO DO SISTEMA SOVIÉTICO (1975-1991) 143

Gorbachov recorreu ao FMI, pois nada obtivera em troca da cessão do Leste Europeu, apenas conselhos para uma reforma de preços. Seus aliados ocidentais começavam a abandoná-lo, e a pressão pela terapia de choque era cada vez maior. Mas grande parte de seu grupo de apoio achava tal estratégia uma loucura. Enquanto isso, Ieltsin nomeava elementos pró-mercado, que entendiam que o controle local permitiria um rápido processo de privatizações, o que as repúblicas mais ricas já haviam percebido. A consequência foi a aglutinação da tensão latente em torno de bandeiras separatistas, nacionalistas e étnico-religiosas, conduzindo à agressão aos vizinhos ou ao massacre de minorias étnicas isoladas, como no Cáucaso e em algumas repúblicas soviéticas muçulmanas, ou simplesmente revalorizando nacionalismos anacrônicos, como no próprio Cáucaso e nos países bálticos.

Assim, a *Perestroika* de Gorbachov, depois de entregar ao Ocidente quase todo o seu patrimônio diplomático e de abrir sua economia, ingressou em uma crise terminal, com o caos social e econômico e os conflitos étnico-políticos generalizando-se. Em março de 1991, um plebiscito aprovou a manutenção de uma federação renovada por 76% dos votos (a União de Estados Soberanos), a qual concederia maior autonomia às repúblicas e repartiria o controle acionário do patrimônio econômico da União entre elas (proporcionalmente à população de cada uma), sem, entretanto, desmembrá-lo. Ora, tratava-se de um mecanismo que equilibraria as forças centrífugas, o que desagradou as repúblicas mais ricas, geralmente possuidoras de uma população menor. Mas o enfraquecimento do PCUS eliminou o único mecanismo capaz de manter unida uma população heterogênea.

Isso potencializava ainda mais os conflitos étnico-regionais, resultantes do processo de descentralização política. Com o enfraquecimento do poder central e a introdução da competição política, tanto as lideranças locais comunistas como a oposição passaram a organizar-se no plano regional, derivando cada vez mais para as plataformas nacionalistas e mobilizando as populações com essa bandeira. Enquanto, em algumas regiões, ocorriam crescentes e sangrentos enfrentamentos intercomunitários (como na Ásia Central e no Cáucaso), em outras, as frentes populares nacionalistas tentavam obter a independência (repúblicas bálticas). Na Lituânia, tal política conduziu ao choque armado entre as forças federais e as regionais em 1991, gerando imediata pressão ocidental contra a "intromissão" de Moscou no próprio país.

Em meados de 1991, enquanto Gorbachov ia à reunião do G-7 (os sete maiores países capitalistas industriais) pedir ajuda e voltava de mãos vazias, o ex-comunista Boris Ieltsin interditava a atuação do PCUS em todas as instituições públicas russas. Ele ainda tenta modificar o tratado para poder controlar as receitas da Federação Russa, o que seria, concretamente, o fim da URSS. Em 19 de agosto de 1991, um grupo de assessores de Gorbachov, face ao descalabro da situação, formou o Comitê Estatal para o Estado de Emergência (CEEE), furiosos

144. AS GRANDES POTÊNCIAS E OS CONFLITOS MUNDIAIS

com o que percebiam como a rendição de Gorbachov a Ieltsin. Na estância balneária onde se encontrava em férias, Gorbachov foi informado das tratativas e aconselhado a passar o poder ao vice-presidente, Guennadi Yanayev, que proclamaria a lei marcial, poria ordem em tudo e evitaria o colapso do Estado. "Nada lhe é exigido, faremos todo o trabalho sujo por si", disse-lhe Blakanov, do Conselho de Defesa.

A posição de Gorbachov, alienado da realidade, foi hostil, mas a ideia não era a sua derrubada. Com pouca firmeza, os membros do CEEE fizeram uma declaração ao povo soviético pela Agência de Notícias Russa (TASS), que dizia: "Surgiram forças extremistas que [fomentam] a liquidação da URSS, o colapso do Estado e a tomada do poder." Denunciava as reformas econômicas de "aventureiros que [provocaram] queda acentuada nos padrões de vida da população e o florescimento da especulação e da economia-sombra", apelando pelo debate de um novo tratado da União. Entretanto, os "democratas" falavam e agiam livremente voltados para o Ocidente e para o público interno, entrincheirando-se no parlamento, que não foi tomado pelo CEEE.

O estranho e mal articulado "golpe de Estado" (inclusive com os soldados desarmados), desencadeado pelo segundo escalão do grupo gorbachoviano, procurou deter o processo de desagregação do país (sem abandonar as reformas). Na verdade, não se tratava, tecnicamente, de um *golpe*, porque era o uso de um dispositivo legal pelo próprio governo. Mas foi suplantado pelo golpe mais bem articulado de Ieltsin, que assume o poder de fato e ignora o plebiscito que optou pela manutenção de uma federação renovada. Gorbachov retorna para um poder puramente formal, embora houvesse um amplo apoio desorganizado contra Ieltsin.

As repúblicas federadas aproveitaram a crise para proclamar a independência e apropriar-se do patrimônio da União localizado em seu território, algumas delas lideradas por nacionalistas de direita ou de centro-direita, e outras por comunistas desejosos de evitar a caça às bruxas desencadeada por Ieltsin. Do desmembramento da URSS, surgiram novos países: Rússia, Ucrânia, Bielorrússia, Moldávia (eslavos); Estônia, Letônia, Lituânia (no Báltico); Armênia, Geórgia, Azerbaijão (no Cáucaso); Cazaquistão, Uzbequistão, Turcomenistão, Quirguistão e Tadjiquistão (na Ásia Central muçulmana). Gorbachov revelou-se, então, uma figura patética, assistindo impotente à dissolução oficial da URSS em 25 de dezembro de 1991. Ieltsin articulou com as novas repúblicas (exceto as bálticas) a Comunidade de Estados Independentes (CEI), um organismo com pouca consistência material e institucional. É fundamental lembrar que as cinco repúblicas da Ásia Central, a Armênia e a Bielorrússia foram, até o fim, contrárias ao desmantelamento da URSS e tornaram-se independentes contra a vontade da maior parte dos cidadãos e dos dirigentes.

O que causou o colapso da URSS?

A derrubada do socialismo e a desintegração da URSS foram o resultado de algumas ações concretas, como a desarticulação do partido por suas lideranças, a entrega dos meios de comunicação a grupos antissocialistas, a privatização e o abandono da propriedade pública e do planejamento, o separatismo e a subjugação às potências capitalistas. Segundo Keeran e Kenny (2008, p. 238, tradução nossa), "não foram insuficiências amorfas e abstratas da democracia socialista que 'causaram' essa política. A direção de Gorbachov no PCUS iniciou tudo isso como opções políticas conscientes".

Dentre as explicações sobre o colapso, as mais comuns são as seguintes: a) vícios do socialismo; b) oposição popular; c) fatores externos; d) contrarrevolução burocrática; e) falta de democracia e centralização excessiva; e f) o fator Gorbachov. Sobre o primeiro ponto, muitos argumentaram que o regime político "contrariava a natureza humana e estava destinado ao fracasso". Embora possa haver críticas à manutenção de mecanismos da época da tomada do poder e deformações decorrentes da tensão da Guerra Fria, nada disso produziu a crise ou o colapso do regime por mais de 70 anos. Pelo contrário, foi a mudança que causou o colapso, referido por Putin como "a maior tragédia da história russa". Quanto à existência de uma oposição popular, empiricamente constata-se que o descontentamento surgiu no fim, e não no início da era Gorbachov. Portanto, foi mais efeito do que causa.

A propósito dos fatores externos, ainda que tenham sido consideráveis, como foi visto, a URSS seguia forte como nas épocas de cerco e sanções, que, aliás, foram mais a regra do que a exceção durante sua existência. Com relação à chamada contrarrevolução burocrática, pode-se argumentar que o elemento detonador do colapso foi a luta entre as facções de Gorbachov e Ieltsin. A elite partido-Estado reagia aos acontecimentos e não os iniciava, porque as estruturas vigentes não permitiam isso. O problema maior foi a emergência da segunda economia (ou economia paralela), que influenciou parte da sociedade e do aparato, não o partido em si mesmo.

Interessante e recorrente é o argumento de que a falta de democracia e a excessiva centralização seriam o fator principal. Ocorre se tratar de uma tese idealista e a-histórica, porque explica a evolução histórica pela aproximação ou distanciamento de um ideal. Tais teóricos desconsideram a história da democracia liberal e da socialista. O liberalismo só gradualmente adotou a democracia como valor (em geral, quando foi desafiado socialmente), enquanto o socialismo sempre defendeu o governo das classes mais baixas. Mas, então, por que a população teria assistido passiva à destruição do seu Estado dos trabalhadores? Segundo Keeran e Kenny (2008, p. 272-273, tradução nossa),

146 AS GRANDES POTÊNCIAS E OS CONFLITOS MUNDIAIS

[...] ocorreu de fato a resistência da classe operária, mas por que foi insuficiente? [...] A maior parte da população de uma sociedade industrial avançada submeteu-se passivamente enquanto uma minoria transformou a riqueza comum em lucro privado, empobreceu o resto da população e pela primeira vez na história desmodernizou uma sociedade. A aquiescência de uma população a políticas que comprovadamente não servem os seus interesses constitui um fenômeno perturbante, bem conhecido nos países capitalistas, e é muito mais comum do que seria de supor. É uma acusação que se pode fazer tanto à democracia liberal como à socialista.[4]

Finalmente, há os que veem em Gorbachov apenas um traidor ou um elemento sem ideologia, que apenas perseguia o poder. Mesmo tentadora, essa tese tem alguns problemas, pois ele não agiu sozinho, e havia um contexto e uma base de apoio. Ao se afastar das ideias de Andropov, ele se aproximou de outras velhas teses do partido, defendidas por Bukharin e Krushov. E as ideias e ações ganharam expressão no quadro dos interesses do setor dinâmico (mesmo que parasitário), vinculado às atividades privadas semilegais ou ilegais. Na mesma linha, tentar identificar uma agenda prévia e ações premeditadas não condiz com a realidade. Os indícios mais relevantes

[...] parecem apontar para um líder superficial que agiu impetuosa, impulsiva e contraditoriamente. Embora as políticas de Gorbachov tenham em última análise formado um padrão de capitulação aos interesses internos, pequeno-burgueses, liberais e corruptos; e à pressão imperialista externa, isso no início não era evidente. O farol que orientou os seus passos foi o oportunismo, e não um plano ou um desígnio premeditado. Não foi a história da traição de um só homem, mas antes a história do triunfo de certa tendência no interior da própria revolução (KEERAN; KENNY, 2008, p. 274, tradução nossa).

O significado internacional do colapso do socialismo de tipo soviético

Com o desaparecimento do campo soviético, restaram como países socialistas Cuba (sob forte pressão norte-americana), Coreia do Norte, Laos, Vietnã e China; os três primeiros associando

---

4 Seguindo a argumentação, os autores lembram que "[...] muitas das formas políticas soviéticas tradicionais — os jornais, os sovietes e o próprio partido comunista — foram subvertidos por Gorbachov depois de 1985. Assim, ao passo que a maioria da população soviética ainda se opunha à privatização da propriedade, à eliminação do controle de preços e à ruptura da URSS, os modos tradicionais de expressão das opiniões estavam a desaparecer. [Além disso], é provável que a passividade dos trabalhadores tenha em parte acontecido porque, ao mesmo tempo que Gorbachov e outros dirigentes comunistas provocaram a erosão do nível de vida da população, da segurança econômica e do próprio socialismo, prometiam aos trabalhadores um socialismo melhor e os privavam das próprias instituições por meio das quais eles tinham antes exprimido os seus pontos de vista" (KEERAN; KENNY, 2008, p. 272-273, tradução nossa).

FIM DA DÉTENTE, GUERRA QUENTE E COLAPSO DO SISTEMA SOVIÉTICO (1975-1991) 147

os investimentos internacionais às empresas estatais e os dois últimos introduzindo reformas econômicas de mercado, mas todos conservando os regimes políticos calcados no partido--Estado de inspiração leninista. Por que razão sucumbiram justamente os países mais industrializados do socialismo real? Esses países, nucleados em torno da URSS, por participarem mais ativamente do jogo internacional da Guerra Fria, tiveram de fazer frente a demandas maiores do que teve a China, por exemplo. Não se pode perder de vista o fato de que o campo socialista geria uma base econômica de dimensão apenas regional, ao passo que o capitalismo se apoiava em uma economia mundial, e, o que é mais importante, o sistema mundial funcionava dentro de uma lógica capitalista. Logo, a evolução do contexto mundial e a incapacidade interna de resposta a essa mudança foram mais decisivas do que a estagnação em si mesma.

Além da ofensiva da segunda Guerra Fria, o capitalismo mostrou uma grande capacidade de reciclagem econômico-tecnológica e elaborou novos e eficazes mecanismos de propaganda e legitimação social. As reformas de Krushov e o imobilismo do grupo Brejnev produziram uma *estagnação política*, com benefícios materiais em troca de conformismo. Com a erosão dos valores socialistas, precisamente a elite técnico-burocrática comunista (sobretudo sua *nomenklatura*) pôde assumir o poder e reimplantar a propriedade privada dos meios de produção em proveito próprio, tornando-se, assim, uma classe social dominante. A tendência que se afirmou foi a de o antigo campo soviético desempenhar, por certo período, um papel internacional semelhante ao do Terceiro Mundo.

Há várias leituras para a queda da URSS. Segundo Frederic Jameson (1999, p. 192-193),

> o colapso da União Soviética não se deveu ao fracasso, mas ao sucesso do comunismo [...] como uma estratégia de modernização. [...] [Ela] "tornou-se" ineficiente e entrou em colapso quando tentou integrar-se a um sistema mundial que estava passando da fase de modernização para a fase pós-moderna [que funcionava com] um nível incomparavelmente mais alto de "produtividade". Atraída por uma competição militar-tecnológica calculada, pela isca da dívida e por formas de competição comercial que se intensificavam cada vez mais, a sociedade soviética ingressou em um ambiente no qual não poderia sobreviver, [pois], como lembra Wallerstein, o bloco soviético, a despeito de sua importância, não constituía um sistema alternativo ao capitalismo, mas apenas um antissistema, um espaço dentro dele.

A desintegração da União Soviética e a derrocada do regime socialista em seu território ocorreram de forma desconcertante, tomando de surpresa, inclusive, os serviços de inteligência ocidentais e muitos analistas renomados. A segunda superpotência, detentora de imensos recursos econômico-sociais e político-militares, desapareceu de forma insólita, deixando um vazio de poder, de forma relativamente pacífica. Foi um caso inédito de "renúncia de poder" e desorganização por parte da envelhecida elite soviética, que se tornara uma espécie de "gerontocracia" (governo de velhos).

148 AS GRANDES POTÊNCIAS E OS CONFLITOS MUNDIAIS

O desaparecimento da União Soviética encerrou o ciclo histórico da primeira geração de revoluções socialistas nucleadas pela Revolução Russa. O socialismo de orientação marxista logrou, ao longo do século XX, impulsionar um conjunto de revoluções vitoriosas em sucessivas ondas. A primeira delas teve lugar na esteira da Primeira Guerra Mundial, com o triunfo da Revolução Russa e a construção da URSS. A segunda, decorrente das frentes antifascistas e dos resultados da Segunda Guerra Mundial, afetou o Leste Europeu, tanto com as *revoluções pelo alto* impulsionadas por Moscou, que constituiriam as democracias populares, quanto com as revoluções autônomas da Iugoslávia e da Albânia.

A terceira, paralelamente, teve como epicentro a Revolução Chinesa, iniciada já na década de 1920, caracterizada pela questão camponesa, a qual pode ser acrescentada a Coreia do Norte. Finalmente, a descolonização e o nacionalismo do Terceiro Mundo protagonizaram o triunfo de algumas revoluções socialistas, como a cubana, a vietnamita e as africanas dos anos 1970. Desde então, não mais ocorreram revoluções socialistas. Nesse sentido, a Revolução Soviética não teria representado propriamente a implantação do comunismo, mas, sim, um ensaio (frustrado) de transição do capitalismo ao socialismo.

A Revolução Soviética representou também um processo de desenvolvimento autônomo relativamente bem-sucedido, apesar do que afirmam os críticos. A modernização soviética mostrou que a industrialização e o desenvolvimento da ciência em um grande país, relativamente fechado, eram viáveis, apesar de seus custos e distorções, e, sobretudo, que isso pode ocorrer sem o endividamento externo e a absorção dos recursos de outras nações. A planificação socialista provou ser possível queimar etapas no desenvolvimento, sem passar necessariamente pelo modelo capitalista (embora isso tenha um custo elevado). Isso decorre do fato de que existe um nível de desenvolvimento global já assegurado. Mas são necessários um planejamento e um órgão controlador para o desenvolvimento, o que reforça o fenômeno burocrático.

No plano diplomático, com o fim da Segunda Guerra Mundial e em função dos seus resultados, a URSS tinha de ser integrada à comunidade internacional não como revolução, mas como Estado nacional. Contudo, as duas dimensões eram, em certa medida, inseparáveis. Assim, a "pátria do socialismo" tornou-se a "outra superpotência", o que permitia aos Estados Unidos se constituírem na superpotência líder do "mundo livre" e do capitalismo mundial, unificando-o sob o comando norte-americano. Com a iniciativa estratégica e comandando um sistema mundial capitalista, os EUA lograram manter a URSS numa posição defensiva e reativa.

Temendo sempre pela segurança, Moscou procurou administrar diplomaticamente sua natureza antagônica, freando os processos de ruptura revolucionária, quando a posição soviética era respeitada, e estimulando-os, quando se sentia ameaçada. Mas a unidade do movimento comunista sofreu uma erosão progressiva, e o mundo bipolar foi se tornando um sistema ten-

FIM DA DÉTENTE, GUERRA QUENTE E COLAPSO DO SISTEMA SOVIÉTICO (1975-1991) 149

dente à multipolaridade. A descolonização globalizou o sistema westfaliano de Estados-nação, e o nacionalismo transformou-se em uma nova força internacional, que não pôde ser disciplinada nem pela Casa Branca, nem pelo Kremlin. Todavia, a Guerra Fria continuou sendo uma realidade dominante na política mundial.

Mesmo com essas limitações, o socialismo e a União Soviética representavam uma ameaça para o mundo capitalista. É preciso notar em primeiro lugar que a Revolução Soviética constituiu a primeira ruptura bem-sucedida ao sistema vigente, e sua durabilidade, sua eficácia econômico-militar e seu poder de atração tiveram um forte impacto mundial. Mito ou realidade, o socialismo orientado desde Moscou perturbou a vida de sociedades e governos ocidentais, seja como movimento político, ideologia crítica ou ameaça diplomático-militar.

O fim da Guerra Fria marcou o fim de uma época, na medida em que era tanto um conflito como um sistema. A falta de uma ameaça antagônica externa pôs fim a um elemento de coesão do sistema como um todo e, particularmente, da hegemonia norte-americana. Segundo Fred Halliday (1999, p. 274),

> [...] não são apenas os sistemas e os conflitos pós-1945 que parecem estar em questão. Os eventos de 1989 colocaram em pauta não apenas Yalta e Potsdam, mas também o que fora estabelecido em uma conferência anterior, a de Versalhes. Mais do que qualquer coisa, a explosão na Europa nos leva de volta ao período da Primeira Guerra e, em alguns aspectos, a épocas anteriores.[5]

Assim, o fim da Guerra Fria dissolveu os elementos aglutinadores que eram a base da hegemonia norte-americana e dos mecanismos de controle sobre os seus aliados, que hoje buscam os próprios caminhos, no quadro de uma competição renovada e de ação de tendências centrífugas. Novas forças históricas estão operando, e surge espaço para a afirmação de novos protagonistas na política mundial. Mas eles ainda não têm condições de substituir os EUA, que, sem adversários à altura, seguem na liderança. Isso se deve mais à imaturidade dos demais, do que pela força da América. Quanto à Rússia, que foi a potência sucessora da URSS, viveu momentos traumáticos de desintegração e retrocesso, mas começou a rearticular-se uma década após o fim do seu comunismo. Entretanto, a União Soviética não ressurgirá do renascimento da Rússia, fazendo já parte da história de um século que se encerrou. Contudo, ela apresenta capacidades militares e recursos naturais expressivos, além de representar uma "ponte terrestre" entre a dinâmica Ásia Oriental e uma Europa Ocidental que esboça certa autonomia.

---

5 Texto redigido em 1990.

CAPÍTULO 4.5

A disputa por uma nova ordem para o novo século (1991-2021)

Com o fim da Guerra Fria e, depois, da União das Repúblicas Socialistas Soviéticas (URSS), a ordem mundial bipolar deixou de existir, em aparente vitória norte-americana. O encerramento do confronto estratégico e de seus conflitos locais mudou a agenda internacional da segurança para a economia, liberando as forças da globalização neoliberal. Iniciou-se uma fase dinamizada pelas finanças e pelas corporações transnacionais em que, aparentemente, o mercado ocupava maior espaço que o Estado. Todavia, apenas uma década depois, ocorreriam os atentados terroristas de 11 de setembro de 2001, dando início à Guerra ao Terrorismo, uma intervenção dos Estados Unidos da América (EUA) e dos aliados norte-americanos no grande Oriente Médio. O "século americano" iniciava com guerras que, 20 anos depois, ainda não se encerraram, corroendo os recursos econômico-militares e o prestígio político da maior potência mundial.

Em meio a um salto tecnológico, por outro lado, a expansão da produção mundial e as sociedades nacionais conheceriam sobressaltos, como as crises de 1997 (asiática) e de 2008 (euro-americana). Enquanto isso, a China crescia em ritmo acelerado e estável, com um modelo estatista, associando-se à reerguida Rússia de Putin e aos Estados ex-soviéticos da Ásia Central na Organização de Cooperação de Xangai. A Primavera Árabe, por sua vez, produziria conflitos devastadores, ondas massivas de refugiados e enorme instabilidade no Oriente Médio e na Europa. A globalização neoliberal, considerada uma tendência irreversível, passou a ser questionada pelos Estados Unidos de Trump e, ironicamente, defendida por membros do Brics.

Mercados, Guerra ao Terrorismo, ascensão da Ásia e crise de 2008

A América, o mercado e a globalização triunfantes

Em busca de uma "nova ordem mundial" pós-Guerra Fria

O fim da Guerra Fria deixou os EUA numa posição de vantagem, sem um adversário à altura, pois a Rússia não tinha o mesmo peso da URSS no sistema mundial. A "vitória" norte-americana serviria para construir uma *nova ordem mundial* (Bush sênior), que se basearia nos triunfantes *valores universais*, orientadores das organizações internacionais redimensionadas, gerando os *regimes internacionais*. A "paz, democracia e prosperidade" de tal sistema estava espelhada na obra de Francis Fukuyama, *O Fim da História*, que ressaltava o triunfo do liberalismo e o fim dos antagonismos internacionais. Enfim, era preciso reestruturar o sistema mundial, de forma que a liderança norte-americana fosse reafirmada e exercida a um custo menor que durante a Guerra Fria. Mas também avançar para a zona ex-socialista e manter os aliados sob controle.

Todavia, a globalização foi melhor aproveitada por outros, como a China, e permitiu que conflitos de novo tipo, como o terrorismo, ganhassem dimensão mundial. Para combatê-lo, os Estados Unidos se envolveram em conflitos intermináveis e custosos em regiões distantes, que sofreram enorme desestabilização. Era a vez da obra de Samuel Huntington, *O Choque de Civilizações* (1996). Uma nova crise econômica em 2008 abalou a confiança norte-americana, enquanto a Rússia superava sua ilusão ocidentalista, e aliados como a Alemanha e a Arábia Saudita começavam a estruturar sua própria ordem regional. Frente a tais desafios, muitos analistas se perguntam: os EUA têm, realmente, uma estratégia definida, coerente e contínua para o futuro?

Durante muito tempo se julgou que a globalização fosse um caminho inevitável, mas o que a realidade internacional mostrou não foi bem isso. Segundo Jürgen Osterhammel e Niels Peterson (2005, p. 151, tradução nossa) argumentaram,

> [...] a globalização não deve ser pensada como um processo autônomo, um movimento histórico impossível de deter e uma necessidade política imperativa. Conexões globais são forjadas, mantidas, redefinidas e destruídas por Estados nacionais, companhias, grupos e indivíduos. Elas são objeto de

A DISPUTA POR UMA NOVA ORDEM PARA O NOVO SÉCULO (1991-2021) 153

conflitos de interesses e de disputa política. Elas nivelam diferenças e criam outras; elas produzem vencedores e perdedores. O mesmo é verdade para a *destruição* de estruturas globais. A globalização é propagada por pessoas que têm uma variedade de visões e de estratégias.

A rivalidade dos EUA com os países e polos aspirantes à supremacia mundial, entretanto, precisa ser matizada. É evidente que o desaparecimento do perigo representado pelo inimigo externo socialista propicia o aumento das rivalidades intercapitalistas (empresariais e estatais). Daí a referência a contradições semelhantes às que antecederam à Primeira Guerra Mundial. Mas, por outro lado, também é inegável o bom funcionamento de um *condomínio do G-7* [1] sobre os assuntos internacionais. Isso se deve, entre outros fatores, à forte interdependência existente entre os países líderes da economia mundial. Ironicamente, trata-se praticamente da materialização do modelo da Comissão Trilateral, criada na época do governo Carter.

A própria ONU, que completou seu cinquentenário em 1995 e discutia reformas que a sintonizassem com a nova realidade mundial, constitui um elemento significativo dessa situação. Desde o fim dos anos 1980, crescia a ascendência dos EUA sobre ela e sua utilização como instrumento da política estadunidense, o que foi facilitado pelo fim da oposição soviética: entre 1988 e 1993 a organização realizou 13 intervenções no mundo, o mesmo número que no período 1945-1987. Também é significativo que Washington promova suas intervenções com mandato da ONU, em locais onde é possível atingir os objetivos rapidamente e com perdas mínimas.

Segundo Alfredo Valladão (1995), esse conjunto de práticas norte-americanas é orientado pela *Estratégia da lagosta*: o Tratado Norte-Americano de Livre-Comércio (Nafta) constitui a cabeça, o centro nevrálgico; a América Latina, o rabo, a retaguarda e a reserva de recursos; as garras projetam-se sobre o Pacífico e o Atlântico, apoiadas em alianças militares na Ásia e na Europa. A presença americana destina-se a evitar a emergência de potências desafiantes nessas regiões (BRZEZINSKI, 1998), e seus golpes (intervenções) são voltados para o que é considerado como um corredor de instabilidade, que inicia na Rússia, cruza a Ásia Central ex-soviética, o Oriente Médio e atinge o Leste da África. Nelas estariam surgindo novas formas de movimentos políticos antiocidentais.

Os EUA continuam, assim, mantendo uma vantagem significativa sobre os aliados-rivais e guardando a iniciativa estratégica, apesar de seu declínio relativo. Isso se deve tanto à permanência de seu peso absoluto, vantagem militar, domínio sobre importantes organizações internacionais, bem como às vacilações dos demais protagonistas, pois os riscos e os custos da construção de uma hegemonia alternativa, por parte destes, são grandes. Esses últimos

---

1 Organização dos sete países capitalistas mais industrializados: EUA, Canadá, Japão, Alemanha, Itália, França e Grã-Bretanha.

154. AS GRANDES POTÊNCIAS E OS CONFLITOS MUNDIAIS

preferem, então, adaptar o sistema existente. Contudo, a chave do problema está nos próprios Estados Unidos, que "não poderão manter o grau de envolvimento global necessário à preservação de seu papel mundial e à sua segurança e defesa externa sem um profundo ajuste econômico interno" que lhes permita restaurar sua competitividade. Mas não poderão ajustar a economia doméstica sem manter o envolvimento internacional necessário para obter recursos externos "e sem contribuir para a construção de uma ordem internacional, cujo grau de consensualidade lhes garanta uma liderança inversamente proporcional à quantidade de força que necessitem empregar para mantê-la" (ALBUQUERQUE, 1993, p. 83).

Clinton e a tentativa de uma liderança *soft* e multilateral

O pós-Guerra Fria reduziu a percepção da utilidade dos EUA para seus próprios aliados, pois a hegemonia norte-americana dependia do antagonismo bipolar. Mas as incertezas internacionais e o vácuo criado com o desaparecimento da URSS permitiam a Washington apresentar-se como indispensável no curto e no médio prazos. A estrutura mundial de caráter oligárquico propicia, igualmente, aos EUA um considerável espaço de iniciativa estratégica. Agregue-se a isso que, apesar do declínio norte-americano relativo, eles ainda são o centro da economia mundial, além de conservar a primazia militar sobre as mais importantes organizações internacionais da esfera econômica e política (Banco Mundial, FMI, ONU e OMC). Da mesma forma, como salientou Henry Kissinger, Washington não está disposta a aceitar a hegemonia de qualquer potência continental sobre a Europa ou a Ásia.

A questão central, contudo, talvez esteja dentro dos próprios Estados Unidos. Há um grande debate sobre o declínio norte-americano, contrapondo os *declinistas* e os *renovacionistas*. Os primeiros, tendo em Paul Kennedy — *Ascensão e Queda das Grandes Potências* (1989) — o maior expoente, argumentam que o país atingiu o ponto de maturidade e necessita agora encontrar um lugar na ordem internacional que implique compartilhar responsabilidades com outras potências. Para Samuel Huntington e Joseph Nye, o país estaria passando por um rejuvenescimento, e o fim da Guerra Fria estaria abrindo espaço para uma nova hegemonia norte-americana. Não haveria, assim, qualquer país capaz de desafiar os EUA durante longo tempo. Nesse sentido, ao longo dos anos 1990, foi destacada certa recuperação econômica, tecnológica e social no país durante os dois mandatos do democrata Bill Clinton.

Também há que se levar em consideração certos elementos culturais que estão implícitos no livro *O Choque de Civilizações* (1996), de Huntington. O mais interessante na obra é a percepção que o Wasp (branco anglo-saxão e protestante) norte-americano tem da evolução do país, como o temor instintivo frente às demais civilizações. O percentual das minorias não apenas cresce rapidamente, mas, o que é mais importante, suas identidades têm se reafirmado e até "contaminado" a tradicional cultura do *American way of life*.

Também conta a diferença entre a estratégia *mundial* dos democratas e a *internacional* dos republicanos. Os primeiros são mais propensos ao multilateralismo e atribuem aos EUA um papel de *liderança*, a qual gerencia um código de valores e de conduta que o país está afirmando no mundo, apoiando-se para tal em organizações internacionais e nos elementos do chamado *soft power*. Assim, tal visão implica uma ingerência global e o monitoramento permanente, pois os Estados Unidos seriam o *centro de um sistema mundial*. Os segundos, ao considerar o país como a maior potência, tendem a percebê-lo como um *comandante em chefe*. Preferindo as relações bilaterais, nas quais a nação norte-americana seria sempre o lado mais forte, os republicanos preferem não organizar tanto o mundo, mas exercer seu poderio com força sempre que necessário, mundo esse que poderia ser mais plural do que o concebido pelos democratas. Nesse sentido, o tradicional *hard power* seria empregado de forma mais sistemática pelos democratas e mais *ad hoc* pelos republicanos. Mas os dois partidos defendem *America first*.

Os Estados Unidos, como líderes incontestáveis do sistema internacional em transformação, têm buscado reafirmar essa liderança por meio de formas menos onerosas. Não é mais possível arcar com os custos da época da Guerra Fria. Assim, Washington trata de estabelecer novos códigos morais e de conduta, ancorados em organizações e regimes internacionais, como forma de exercer sua hegemonia mundial. Os princípios que começam a substituir o Direito Internacional abarcam cada vez mais temas como democracia liberal, direitos humanos, economia de mercado, narcotráfico, terrorismo, defesa de minorias étnicas, questões ambientais, entre outras. A decisão, porém, sobre quais violadores desses princípios são passíveis de punição tem sido claramente seletiva: ignoram-se alguns, e punem-se outros.

As Nações Unidas, por sua vez, encontram-se em processo de discussão sobre o ingresso de novos membros permanentes no Conselho de Segurança com direito a veto. Trata-se de enquadrar a Alemanha e o Japão no condomínio político dirigente, atribuindo-lhes, simultaneamente, tarefas financeiras compatíveis com o novo *status*. Contudo, países do Terceiro Mundo, como Índia, África do Sul e Brasil, viram no processo uma oportunidade para ampliar a projeção diplomática. Entre as estruturas hegemônicas de poder, encontram-se aquelas destinadas a acelerar o progresso científico e tecnológico em favor das potências já dominantes, bem como a reorganizar o sistema produtivo mundial. Também se pode mencionar a reincorporação de regiões ao sistema capitalista, mas essas regiões são muito diferentes do padrão consagrado, com a China e a Rússia mantendo modelos diferentes e pouco controláveis.

Por fim, elas visam à reorganização territorial e à limitação da soberania das nações que não integram o condomínio do poder mundial. Alguns países periféricos, diga-se de passagem, aceitam essa agenda de redução do próprio poder, aderindo a acordos de desarmamento unilateral. É o caso da adesão ao Tratado de Não Proliferação Nuclear (TNP), enquanto as grandes potências (as mais armadas) sequer cogitam discutir tal problema. Existe também um processo em marcha de fragmentar nações grandes ou estratégicas em unidades menores, como ocorre no leste da Europa, no entorno da Rússia, no Oriente Médio, na China e na África.

A estratégia norte-americana, por outro lado, vem evoluindo do *containment* (contenção) ao *enlargement* e ao *engagement* (alargamento e engajamento), como recomendou o secretário e ex-diretor da CIA Anthony Lake. Durante a Guerra Fria, o mundo estaria dividido entre azuis e vermelhos, com Washington contendo os vermelhos. Com o desaparecimento desses últimos, seria necessário avançar e ocupar o "espaço vazio". A implementação desse princípio, que já vinha sendo ensaiada em várias ocasiões, acabou sendo institucionalizada por meio da Otan, na guerra "humanitária" contra a Iugoslávia. Durante o cinquentenário da organização, que coincidiu com essa guerra, a nova estratégia foi oficializada e consolidada simultaneamente. Mas o sucesso norte-americano tem ocorrido também pela incapacidade e pela debilidade dos adversários. A resposta norte-americana às pretensões da Europa, por exemplo, deu-se a partir do documento *Defense Planning Guidance 1994-1999*, publicado em 1992 pelo Pentágono. Concretamente, recusou-se qualquer esquema de defesa europeu fora da Otan (propondo inclusive a *ampliação*, em lugar da *extinção*), devido a supostas ameaças do Leste Europeu e da Bacia do Mediterrâneo. No processo de convencimento dos europeus, foi desencadeada a Guerra do Golfo, e alimentados, dentro da própria Europa, os conflitos da Iugoslávia em desagregação.

A Rússia, a China, a Eurásia e o Brics

A nova Rússia de Putin: potência vulnerável e reativa

A década de 1990 foi catastrófica para a sociedade russa e para a projeção internacional do país. Uma superpotência se transformou em uma reduzida potência cambaleante sob Ieltsin. Com a chegada de Putin ao poder em 2000, o governo passou a trabalhar pelo fortalecimento doméstico e internacional da Rússia. Putin, que fora agente da KGB (a polícia política soviética) demonstrou dinamismo, força e habilidade. Iniciou um combate às máfias e ao crime organizado, ao mesmo tempo que fez um pacto com os oligarcas: eles poderiam tocar os negócios, mas não deveriam se envolver na política. Além disso, certos setores estratégicos foram renacionalizados, e os demais passaram a ter apoio do Estado para atuar no exterior. Também foi feita uma aliança com a Igreja Ortodoxa, que passou a apoiar o regime em troca de algumas benesses.

O restabelecimento da ordem nas ruas e nas instituições foi acompanhado pela recuperação da abalada autoestima da sociedade, que em sua maioria apoiava as medidas após uma década de descalabro. A economia voltou a crescer não apenas devido ao aumento do preço do gás e do petróleo, mas também devido à reabertura de fábricas e a uma melhor gestão da economia, apoiada pelo Estado. O acentuado declínio demográfico foi sendo, lentamente, reduzido. Tratava-se de promover uma síntese entre a Rússia tradicional e o legado soviético. Putin afirmou que "o desmantelamento da URSS representou a maior tragédia da história russa" e promoveu a ressovietização de alguns elementos simbólicos. Internamente foram reintroduzidos alguns elementos da antiga União Soviética, como a música do hino nacional (mas não a letra) e a bandeira vermelha para as forças armadas, embora sem a foice e o martelo. Ao mesmo tempo, comemorações nacionais, como a rendição da Alemanha nazista, foram revalorizadas. Mas nada disso representou a volta ao socialismo, e sim a recuperação de algumas políticas sociais em benefício dos setores mais empobrecidos.

Externamente, Putin não apenas formalizou a parceria estratégica com a China, como também atuou com ênfase contra a expansão da Otan e a implantação do chamado Escudo Antimísseis. Além disso, efetuou visitas históricas à Coreia do Norte e a Cuba, reaparecendo em antigas áreas de influência, como na África e na Síria, e em novas, como na Venezuela. Com relação aos Estados que antes integravam a URSS, o novo dirigente buscou reintroduzir o ritual respeitoso da época comunista e dar atenção e apoio às novas nações. Negociou habilmente um acordo na Chechênia, mas o terrorismo continuou a ser um problema, inclusive estimulado por outras nações.

Paralelamente, surgiram crescentes tensões no relacionamento com os EUA, provocadas pelas políticas de Bush, especialmente após o 11 de setembro e as disputas na Ásia Central. Ocorre que a debilidade econômica da Rússia, que estava sendo revertida, convive com alguns instrumentos de poder: o país continua renovando na área tecnológica em certos setores militares, nucleares e aeroespaciais, exportando produtos e conhecimento. A venda de petróleo, gás e minerais estratégicos têm garantido uma balança comercial favorável. A recentralização parcial do poder pôs um freio à desintegração administrativa, criando um cenário interno mais estável. Todavia, o endividamento externo, a dificuldade de atrair capitais e os elevados índices de desemprego, violência, estagnação demográfica e pobreza eram fatores negativos.

A tentação norte-americana de aproveitar a fundo suas vantagens para impor uma nova hegemonia constitui o grande motor da reação russa. Putin necessitava de uma diplomacia autônoma para poder barganhar uma melhor cooperação econômica com o Ocidente, já que a fase de convergência de Ieltsin não dera resultados. Em segundo lugar, buscava uma maior cooperação econômico-militar com os países da Comunidade de Estados Independentes (CEI) e estabeleceu uma inflexão em direção à Ásia, lançando os fundamentos de um polo eurasiano, como forma de contrabalançar a expansão da Otan.

Assim, na Rússia começou a se reverter o quadro de declínio e descalabro econômico e político-administrativo. O país recuperou a concepção de interesse nacional e tem mantido crescente autonomia frente ao Ocidente, apesar da dependência financeira. Estabeleceu uma parceria estratégica com a China e criou a Organização de Cooperação de Xangai (OCX). As origens da OCX remontam à organização *dos cinco de Xangai*, formada em 1996 por China, Rússia, Cazaquistão, Tadjiquistão e Quirguistão. Em 2001, esse grupo se transformou na OCX, quando o Uzbequistão se juntou aos demais membros. Em 2016, a Índia e o Paquistão foram admitidos como membros plenos. Mongólia, Irã e Afeganistão são Estados observadores.

Considerados todos os seus membros, a OCX ocupa uma área de 34 milhões de km^2, na qual vivem quase 3 bilhões de pessoas. O PIB somado dos países ultrapassou a marca de U$15 trilhões, quando a União Europeia (UE) tinha uma superfície de 4,3 milhões de km^2, para uma população de 502 milhões de pessoas, e PIB de U$ equivalente. Outro ponto importante são as reservas energéticas. No tocante ao gás natural, em 2009, os países da OCX detinham 26,9% das reservas provadas (só a Rússia possui 24%) e eram responsáveis por 24% da produção. Quanto ao petróleo, em 2009 tinham 10% das reservas comprovadas e responderam por 22% do total de barris de petróleo produzidos no mundo naquele ano.

Além da integração e da cooperação econômica, com o desenvolvimento de meios de transportes seguros para ligar a Ásia à Europa, a OCX representa a materialização da reabertura da chamada Rota da Seda. A fronteira se transformou em uma zona de comércio e uma rota de passagem para mercadorias produzidas na China, que chegam por trem à Europa em menos tempo e a um menor custo que por via marítima. Em sentido inverso, oleodutos e gasodutos vão da Rússia e da Ásia Central em direção à China, grande consumidora de energia. A China está construindo um corredor de transporte e produção ligando-a, por meio do Paquistão, ao porto de Gwadar, no Oceano Índico e na entrada do Golfo Pérsico.

A China diante da economia mundial

Em termos econômicos, para a arrancada das políticas de reformas, abertura e quatro modernizações, a China apresentava uma base industrial considerável (siderurgia e máquinas), mas pouco modernizada. Todavia, colaborou com o Japão entre 1973 e 1978, durante a crise

A DISPUTA POR UMA NOVA ORDEM PARA O NOVO SÉCULO (1991-2021) 159

do petróleo. A manutenção da estrutura socialista paralela e de um considerável volume de população vivendo no campo permitiu dispor de uma mão de obra abundante a um custo extremamente baixo, possibilitando elevada competitividade. Mas o baixo salário nominal não reflete a situação real dos trabalhadores chineses, que tem melhorado. Esse é o significado profundo da ambígua expressão *economia socialista de mercado*, que consiste na *descentralização do planejamento* (estabelecendo trocas entre campo e cidade) e na *centralização do mercado* (integração dos mercados regionais em um nacional).

Além da base material e da estabilidade sociopolítica construídas pelo regime socialista, a China possuía ainda a possibilidade de utilizar outros trunfos, como os que haviam favorecido o desenvolvimento de Taiwan, Hong Kong e Cingapura: a diáspora chinesa e seus imensos recursos financeiros. Ao alterar suas políticas, os comunistas de Pequim não apenas reinseriam o país no concerto das nações, como também multiplicavam os sinais de confiança destinados a atrair investimentos. Surge o conceito de um capitalismo internacional chinês. Com a introdução do princípio de *uma nação, dois sistemas* (que estabeleceu zonas econômicas especiais na República Popular da China), Pequim conseguiu negociar exitosamente a reincorporação dos dois últimos enclaves coloniais, Hong Kong, em 1997, e Macau, em 1999. A associação com Taiwan (com a qual há expressiva e crescente cooperação econômica) é o próximo objetivo, apesar das dificuldades políticas envolvidas.

Os resultados das reformas e da abertura logo se fizeram sentir: nos anos 1980, o país passou a exportar alimentos e vem conhecendo um notável crescimento econômico, que, desde aquela década, tem sido, até recentemente, de 10% ao ano, mesmo enquanto o conjunto da economia mundial às vezes tende à estagnação ou ao retrocesso. O impacto da inserção da China é imenso devido a seu peso econômico e populacional e a sua dimensão continental, e o país apresenta grande superavit comercial sobre o Japão e os EUA. A China se tornou a segunda economia mundial, ultrapassando o Japão, e é previsto que ultrapasse os EUA em breve. O problema, entretanto, não diz respeito apenas ao peso da China, mas principalmente às características de seu projeto e *status*. A República Popular da China é o único país em desenvolvimento que se encontra no núcleo do poder mundial: ela é membro do Conselho de Segurança da ONU (membro permanente com poder de veto) e é dotada de indústria bélica, um sistema autônomo de mísseis e arsenal nuclear. Pequim também tem um sistema político que lhe garante soberania para filtrar os elementos indesejáveis da globalização.

Adicionalmente, em 2002, depois de 15 anos de negociações, a China ingressou na Organização Mundial do Comércio (OMC) como país em desenvolvimento. Com esse ingresso, a China facilita ainda mais a inserção do dinâmico comércio chinês no mercado mundial. Além de exportar para os países desenvolvidos produtos de crescente valor agregado, a China passou a exportar produtos baratos, serviços e investimentos em infraestrutura para a África, a América Latina, o Oriente Médio e a Ásia. Em contrapartida, a China importa grandes quantidades de petróleo, gás, minérios, alimentos e outras matérias-primas. O fenômeno deu novo conteúdo à Cooperação Sul-Sul e ao desenvolvimento dos países da periferia do sistema mundial, gerando uma nova geografia econômica mundial.

A China, para produzir sempre mais, necessitava de crescentes volumes de matérias-primas, energia (particularmente petróleo) e produtos agrícolas, especialmente dessas regiões. Além disso, passou a deter grande volume de reservas que necessitavam de investimento, principalmente construindo obras de infraestrutura para dinamizar essas economias. Assim, as relações econômicas se tornaram mais complexas e mutuamente favoráveis. Deve-se acrescentar que a China oferece créditos a juros baixos, sem burocracia nem pré-condições, que podem ser pagos em matérias-primas, o que passou a representar um importante instrumento para as nações em desenvolvimento. Com o tempo, a prestação de serviços e a realização de obras passaram a disputar espaço com o Ocidente nesses terceiros mercados, gerando uma competição que os países desenvolvidos têm dificuldade de enfrentar.

A compra de bônus da dívida americana e europeia, por sua vez, representou outra fonte de crescimento chinês. Embora o Ocidente se beneficie de tal movimento financeiro, é inegável que se sente desconfortável com o aumento de poder relativo da economia chinesa sobre a sua economia. Da mesma forma, a estreita cooperação com corporações transnacionais ocidentais tem levado a parcerias que ampliam o poder produtivo e tecnológico chinês. Bons negócios em curto prazo para as nações do Atlântico Norte, mas também um inegável avanço da China sobre elas em médio e longo prazos. Assim, a percepção de um "perigo chinês" não para de crescer, e o domínio da tecnologia 5G acelerou-a. Ainda que receba investimentos do mundo todo, a nação chinesa investe cada vez mais no exterior. Não apenas em nações pobres, mas também adquirindo ou criando empresas em nações desenvolvidas. Mais que isso, a China já mantém em atuação um grande número de empresas internacionalizadas de porte, em todas as áreas. E, por fim, criou bancos de investimento multilaterais ou internacionalizados para atuar na economia mundial.

Da mesma forma, sua atuação nas organizações ocidentais, como o FMI, a OMC e o Banco Mundial, bem como nos chamados paraísos fiscais *offshore*, é cada vez mais assertiva. A partir da crise de 2008, esses fenômenos começaram a ser considerados pelo Ocidente como uma espécie de guerra econômica, responsabilizando a China pelo limitado desempenho da economia das antigas potências industriais. Afinal, a China já ultrapassou a do Japão e vai ultrapassar a dos Estados Unidos, embora sua população seja de 1 bilhão a mais do que a norte-americana, o que não representa muito em termos *per capita*.

A DISPUTA POR UMA NOVA ORDEM PARA O NOVO SÉCULO (1991-2021) 161

Todavia, o que parece ser o elemento mais considerado no Ocidente é que a China tem autonomia para manejar a própria economia, sendo limitadas as formas de influir no dinamismo chinês com base no uso do dólar ou em outras estratégias usadas no passado contra competidores bem-sucedidos. Mesmo em termos geopolíticos, as estratégias antichinesas têm se revelado de efeito limitado, pois a integração continental da Eurásia, com a Nova Rota da Seda, aparece como uma alternativa fora do alcance do Ocidente. A Rússia, sob embargo ocidental, tem resistido bem, estabelecendo maior cooperação com a China. E outros países o fazem apenas por razões econômicas.

O Brics como grupo

A Goldman Sachs, que criou o acrônimo e o conceito, baseou-se nas dimensões territoriais, populacionais e nas médias históricas de crescimento do PIB do Brasil, Rússia, Índia e China.[2] Com base nesses indicadores, fez projeções que levaram a concluir que esses países seriam responsáveis por uma ampla transformação da economia mundial. Todavia, essa é a concepção dos criadores do conceito, e não, a rigor, a visão dos membros do grupo. De fato, os países do Brics detinham 26% do território, 42% da população e 14,5% do PIB mundiais, além de terem contribuído, de 2005 a 2010, com mais de 50% do aumento do PIB mundial. O grupo também converge em suas posições em relação à defesa dos interesses dos países em desenvolvimento, à necessidade de reformas em organismos internacionais, como o FMI e a ONU, entre outras.

Contudo, segundo os críticos, o grupo apresenta características bastante diversas: dois governos considerados autoritários, enquanto os outros três são democracias liberais. Dois possuem assentos permanentes no Conselho de Segurança da ONU, ao passo que três lutam por isso, além do que três são potências nucleares, e dois renunciaram. Alguns analistas apontam que as disparidades entre esses países não constituem um obstáculo à unidade política do grupo. O embaixador Roberto Jaguaribe argumenta que há elementos suficientemente fortes que dão suporte à ideia do Brics, e que o grupo tem prosperado porque apresenta um grau considerável de consistência. Segundo ele, essa seria a razão pela qual o conceito amadureceu e se consolidou. Jaguaribe considera que o sistema mundial contribuiu para que isso ocorresse, já que o mundo contemporâneo não comporta mais uma estrutura rígida (bipolar) como a que havia durante a Guerra Fria, caracterizada pelo conflito ideológico capitalismo *versus* socialismo.

Assim, o Brics, apesar das diferenças estruturais de seus membros, divergências pontuais e deficiências internas, encontra-se numa situação semelhante no plano internacional,

---

2 A África do Sul foi admitida no grupo em dezembro de 2010, acrescentando o "s", de South Africa, ao acrônimo, que passou a ser Brics.

a qual propicia a articulação de posições e ações comuns. Muitas das suas políticas decorrem da reação às atitudes tomadas pelas potências ainda dominantes, que apresentam, muitas vezes, uma visão voltada ao passado. Por outro lado, o Brics tenta evitar confronto e mudanças bruscas na economia e na ordem mundial, às quais procura se integrar. Mas, para isso, essa ordem tem de ser reformada. Rússia e China se articulam (apesar das divergências bilaterais) na OCX eurasiana, próximas ao centro de poder mundial. Índia, Brasil e África do Sul buscam na Cooperação Sul-Sul, por meio do Ibas (acrônimo do nome desses países), um espaço comum a países mais afastados do anel hegemônico central norte-atlântico. E o Brics acaba se convertendo num fórum comum dos dois grupos, o qual ganhou relevância no contexto da crise mundial. Ele não pretende ser um bloco antiocidental, mas uma coalizão com propostas e ações para alterar a ordem mundial, manter a estabilidade global e obter um desenvolvimento sustentável.

Rússia e China, aliados, *ma non troppo*

A cooperação entre a China e a Rússia tem crescido e é considerada uma aliança antiamericana. Mas a situação não é bem essa. A nação mais populosa e a de território mais extenso do planeta apresentam notável complementaridade. Ambas têm grande peso econômico. A China, como novo polo industrial do mundo e com acelerado crescimento, tornar-se-á, em breve, a maior economia do planeta. Já a Rússia é uma potência energética, possui recursos naturais estratégicos e tecnologia de ponta nas áreas militar, aeroespacial e nuclear (herdadas da antiga URSS) e reemerge com peso regional. Os dois Estados integram tanto o Conselho de Segurança da ONU como membros permanentes quanto o Brics, e são potências nucleares. Militarmente, enquanto a China aumenta sua capacidade de dissuasão, a Rússia conserva, ainda, um arsenal estratégico capaz de rivalizar com a superpotência norte-americana. Além disso, ocupam a maior parte do espaço eurasiano e foram, no século XX, os protagonistas das duas maiores revoluções e regimes socialistas.

Curiosamente, essa identidade política, além das complementaridades materiais objetivas, em lugar de gerar convergência, produziu antagonismos de consequências globais. A aliança sino-americana dos anos 1970-1980, por exemplo, contribuiu para a derrocada da União Soviética. Assim, a percepção que cada uma das elites dirigentes tem da outra é determinante, e a cooperação buscando evitar a intrusão do poder norte-americano no coração da Eurásia é apenas reativa. As debilidades internacionais dos dois países contribuem decisivamente para tal convergência. Mas o que impede que evoluam para uma aliança estratégica?

A DISPUTA POR UMA NOVA ORDEM PARA O NOVO SÉCULO (1991-2021) 163

Não objetivam articular uma oposição aberta aos EUA, pois uma aliança mais sólida entre Moscou e Pequim contra Washington traria mais custos do que benefícios. O mais relevante, entretanto, é o descompasso entre os dois países, pois nunca houve condições necessárias para uma aliança equilibrada. Durante a Guerra Fria, a URSS era qualitativamente mais poderosa que a China, e hoje esta supera amplamente a Rússia.

Assim, historicamente, ambas buscaram evitar ser o parceiro menor da aliança, situação que persiste apesar das novas condições vigentes. Além disso, Moscou e Pequim defendem a formação de um sistema mundial multipolar, o qual garantiria a autonomia de cada um. Por fim, existe uma disjuntiva sociopolítica entre as duas, na medida em que a Rússia abandonou a referência socialista, apresenta uma frágil projeção internacional e apresenta traços de instabilidade no plano doméstico. A China, por outro lado, apesar de forte projeção na economia mundial, mantém a referência socialista, com um projeto de longo prazo e um invejável grau de governabilidade interna.

Conflitos e integrações no espaço ex-soviético

O Cáucaso constitui uma região montanhosa de notável fragmentação étnica, conexão entre a Ásia e a Europa, onde há conflitos não resolvidos. No rico Azerbaijão, a pobre Armênia passou a apoiar as reivindicações separatistas da população armênia do enclave de Nagorno--Karabakh, desencadeando uma guerra civil. Ainda assim, as forças armênias lograram manter o controle sobre a totalidade da região em disputa e território azeri, até a ofensiva do Azerbaijão recuperar, em 2020, parte do território perdido. Já a vizinha Geórgia passou por períodos de turbulência política após a independência, com o governo ultranacionalista de Gamsakurdia negando direitos às minorias étnicas. As repúblicas autônomas da Abcásia e Ossétia do Sul pediram apoio à Rússia, que, ao lado, travava a guerra da Chechênia. Houve trégua durante o governo Chervadnadze, mas, em 2003, uma revolução colorida (Rosa), com apoio externo, derrubou o presidente, trazendo ao poder Mikhail Saakashvili, que vivera nos EUA. Ele buscava recuperar os territórios pela força, aprofundou relações com a Otan e a União Europeia e tornou-se parceiro na construção de um grande oleoduto conectando o Azerbaijão à Europa, o Nabucco. Em 2008, forças georgianas invadiram a Ossétia do Sul, mas foi um erro de cálculo, porque a Rússia prontamente retaliou com toda a força, expulsando-as. As duas repúblicas reivindicam a incorporação à Rússia por meio de um referendo no modelo da Crimeia.

Após a dissolução da URSS, a Rússia, a Ucrânia e a Bielorrússia realizaram uma conferência na qual se estabeleceu o objetivo coletivo de manter os laços entre as ex-repúblicas soviéticas. Com esse propósito, foi fundada a frágil CEI. As demais aderiram, com a exceção dos Estados bálticos. De forma complementar, para lidar com assuntos securitários, alguns países do bloco (Rússia, Armênia, Quirguistão, Tadjiquistão, Cazaquistão e Bielorrússia) fundaram a Organização do Tratado de Segurança Coletiva (OTSC). A Ucrânia nunca ratificou a carta de fundação da CEI, em represália ao fato de a Rússia ter sido reconhecida como sucessora legal exclusiva da URSS, por isso é apenas um membro associado do bloco. As nações que desejavam se afastar de qualquer influência russa fundaram, em 2001, o grupo Guuam (Geórgia, Ucrânia, Uzbequistão, Azerbaijão e Moldávia), pró-Ocidente. Em 2005, o Uzbequistão sofreu uma revolução colorida, fracassada, e retirou-se da organização. Os países remanescentes têm como principal pauta a crítica a movimentos separatistas com apoio russo.

A integração econômica regional avançou com a criação da União Econômica Eurasiana (UEE). Ela consiste em um projeto ambicioso de integração econômica que constitui um dos principais eixos da atuação da Rússia no espaço pós-soviético. O bloco tem como meta a integração econômica complementar, superando a integração comercial que foi desenvolvida a partir da união aduaneira. Além disso, possui maior densidade institucional, contando com um banco de desenvolvimento próprio. Vladimir Putin propõe que o bloco seja um meio para articular políticas econômicas, a integração da infraestrutura e forças de defesa coletiva — inclusive os atuais membros da UEE são todos membros da OTSC. A união entrou em vigência em maio de 2014, sendo integrada por Rússia, Bielorrússia, Armênia, Cazaquistão e Quirguistão. A adesão da Ucrânia era considerada peça-chave do processo.

Em 2014, todavia, eclodiu a crise da Ucrânia, que constituiu o berço histórico da Rússia na Idade Média. Outro problema mal compreendido é a desintegração da URSS, que produziu a independência da Ucrânia. O catalisador foi a separação entre o partido e o Estado, promovida por Gorbachov, que minou a unidade federal, enquanto a República Russa era governada por seu inimigo Ieltsin. A Ucrânia ressurgiu, assim, meio por acidente. Por trás das bandeiras nacionalistas, o que a Ucrânia desejava era escapar do choque liberal da Rússia, e pouca coisa mudou na economia ucraniana, apenas surgiram os indefectíveis oligarcas. Mas o país perdeu muito economicamente com o fim da URSS, ficando em situação pior que a Rússia, que arrendou bases navais na Crimeia.

A Rússia, mesmo com a recuperação de Putin, é uma nação ainda vulnerável (tem o mesmo PIB da Espanha), na qual a liderança procura sempre nova legitimação para as próximas eleições e para enfrentar as pressões ocidentais. E a construção da UEE, proposta por Moscou, tinha na Ucrânia um elemento indispensável. Mas a crise econômica na Europa e na Ucrânia acirrou as posições internas e precipitou os acontecimentos. O presidente Yanukovych, pró--russo, decidiu adiar o acordo com a União Europeia e aderir à UEE por razões financeiras. A

A DISPUTA POR UMA NOVA ORDEM PARA O NOVO SÉCULO (1991-2021) 165

primeira oferecia conselhos e a renegociação da dívida, a segunda, investimentos e redução do preço do gás. Mas, durante as Olimpíadas de Sochi, houve nova revolução colorida em Kiev, apoiada por extremistas locais e estrangeiros, provocando uma bem calculada reação russa na estratégica Crimeia, povoada por russos e reincorporada (Krushov a entregara à Ucrânia para obter apoio no partido). O novo governo ucraniano era composto de nacionalistas radicais da região ocidental. Todavia, o apoio euro-americano foi retórico, pois ninguém deseja assumir o custo político-econômico de reerguer a Ucrânia. E o que Moscou busca é uma acomodação que garanta a influência russa e impeça a adesão de Kiev à União Europeia e à Otan.

A Rússia é uma potência mundial ou regional? Apesar da nova projeção para ex-satélites, África, América Latina e Oriente Médio; de ser uma potência energética; de contar com empresas mundializadas na área do petróleo e do gás; e da capacidade militar e tecnológica, os interesses russos são regionais. Não haverá nova União Soviética, pois o que Moscou busca é ter um espaço aceito pelo Ocidente. Mas, como argumenta Kissinger no livro *Ordem Mundial* (2015), o Ocidente age de forma equivocada e empurra a Rússia para o lado da China. Os EUA e a União Europeia toleram regimes muito mais autoritários que o de Putin, sem questioná-los. A política mundial sempre teve pesos e medidas diferenciados conforme as circunstâncias.

A Europa ameaçada, a Otan e a Primavera Árabe

A expansão para o leste, a Otan e o Euro

A União Europeia, a mais bem-sucedida integração já existente, encontra-se frente a graves desafios. O processo de integração europeu se desenvolveu dentro de uma redoma durante a Guerra Fria. Um dos fundamentos era o eixo Paris-Bonn, no qual a França detinha a supremacia político-militar, e a Alemanha, a econômico-tecnológica. Foi ampliada e aprofundada a integração, assim como assinado o Ato Único Europeu (1986). Logo em seguida, em 1989, ocorreu a queda do Muro de Berlim, a desagregação do bloco oriental e da URSS, assim como a reunificação da Alemanha. Na sequência, entrou em vigência o Acordo de Maastricht, em 31 de dezembro de 1992, que transformava a Comunidade Europeia (CE) em União Europeia (UE). No caso da reunificação alemã (1990), ela reconstituiu a *Mitteleuropa*.

No campo internacional, perturbou-se conjunturalmente o equilíbrio França-Alemanha, trazendo inquietação aos vizinhos ocidentais a respeito do novo papel alemão no mundo e na UE. A Alemanha se tornou maior com a incorporação da parte oriental: 80 milhões de habitantes alemães contra menos de 60 milhões da França, da Itália e do Reino Unido. Situada não mais no limite da UE, mas no centro, a Alemanha se tornou mais poderosa do ponto de vista geopolítico. E havia certa tendência de buscar maior autonomia política frente aos EUA. Todavia, ainda que desequilibrada, permanece a simbiose existente entre a união (agora diferente) e a Alemanha: para a Alemanha, a UE constitui seu *Hinterland* econômico, enquanto, para a UE, o país representa um desenvolvimento dinâmico e o principal amortecedor dos problemas do Leste Europeu. A expansão para o leste, todavia, gerou uma contradição: acompanhada pela expansão da Otan (que passou de organização defensiva à ofensiva), houve o surgimento de tensões entre importantes países europeus e os Estados Unidos, sobretudo no tocante à cooperação com a Rússia.

Washington e Bruxelas (sede da UE) prometeram a Gorbachov e, depois, a Ieltsin que a Otan não integraria os antigos Estados comunistas, nem a UE incorporaria as ex-repúblicas soviéticas. Nenhuma das duas promessas foi cumprida, gerando tensões que atingiriam o ápice com a crise da Ucrânia em 2014. No leste, a euforia da população, que idealizava o capitalismo como uma espécie de paraíso e esperava resultados positivos com uma rápida integração à UE e à Otan, num lapso de tempo bem curto, transformou-se em frustração, que se desviou para versões de nacionalismo xenófobo, separatismo étnico-regional e movimentos de extrema-direita.

Porém, essas dificuldades não impediram um movimento em direção ao alargamento da UE para a região. Em 1995, já havia ocorrido a ampliação para países neutros (e prósperos), como a Áustria, a Suécia e a Finlândia. E, em maio de 2004, ela recebeu 10 novos membros no leste: Lituânia, Letônia, Estônia (ex-integrantes da URSS), Polônia, República Tcheca, Eslováquia, Hungria, Eslovênia (ex-comunistas), Malta e Chipre. Contudo, em termos econômicos, esses países agregaram apenas 5% ao PIB da UE, mas 30% em população e território, aumentando a economia de escala para as companhias europeias (mercados novos, ainda não saturados).

Em 2007, Romênia e Bulgária, sem condições plenas, também se tornaram membros, seguidos em 2013 pela Croácia. O advento da crise em 2008, por sua vez, fez com que a candidatura turca fosse postergada e criticada. O alargamento implica também a emergência de uma integração continental menos profunda e, portanto, um relativo retrocesso. Ao mesmo tempo, permanecem dilemas referentes ao aprofundamento. Especificamente, pode-se mencionar a proposta alemã de reforço das competências político-institucionais da união, que criaria uma espécie de *megaestado* europeu. A França, ciosa de sua autonomia e temerosa de uma hegemonia alemã, rechaçou tal iniciativa, propondo no lugar uma Federação de Estados-Nação. Tal proposta seria uma espécie de meio-termo entre o maximalismo político alemão e o minimalismo econômico inglês, que defendia algo próximo a uma área de livre-comércio, reduzindo o escopo da integração.

Sem a Inglaterra, e em meio a grandes festividades, a moeda única europeia, o Euro, foi lançada em 1º de janeiro de 2002. Embora tenha havido uma relativa perda de capacidade de atuação financeira autônoma dos países que a adotaram, e outros tenham minimizado seu impacto nas relações econômicas internacionais, o Euro passou a constituir um importante elemento da economia mundial como moeda de reserva e base de um espaço econômico mais sólido. O Euro não tem condições de competir com o dólar e de ocupar-lhe a posição, nem pretende isso, mas, sim, constituir-se numa alternativa à moeda norte-americana.

Outra tendência integrativa é que a Europa logrou superar sua divisão ideológica e consolidou a democracia liberal. A diversidade cultural, o elevado nível de instrução e qualificação da população e suas tradições históricas acumuladas constituem um valioso capital intelectual que capacita o continente a enfrentar os desafios da globalização. A Europa, em particular a Alemanha, parece tentar buscar um modelo diferente do neoliberalismo radical dos anglo--americanos, com base num capitalismo de produção industrial, e não de especulação financeira. Ela ainda apresenta o mais desenvolvido sistema de proteção social do mundo, e a sociedade tem muito a perder. O Reino Unido e a Alemanha, nesse contexto, são os antípodas.

No plano diplomático, há uma transformação em curso, discreta, mas sólida, que poderia levar a um novo ativismo nas relações internacionais e a um intercâmbio diferenciado com os americanos. Nesse contexto, o relacionamento com os EUA e as questões de segurança envolvidas têm tido um impacto negativo considerável, dificultando uma visão mais autônoma. Na ausência da afirmação de uma postura europeia, que hesita em ocupar um espaço político compatível com seu peso econômico (o "anão político e gigante econômico", referido por Willy Brandt), os norte-americanos mantêm boa margem de iniciativa e capacidade estratégica. Renunciar à "proteção" norte-americana, defendendo-se às próprias custas, significaria gastos adicionais, além do fato de muitas elites europeias deverem a permanência no poder, no fim da Segunda Guerra Mundial, aos Estados Unidos.

Após 1989, os EUA buscaram manter e expandir a Otan (conservando-a sob comando norte-americano), mesmo com o desaparecimento do inimigo externo (fim do comunismo e dissolução do Pacto de Varsóvia). Isso contrariou a visão de alguns líderes europeus, que a consideram um fardo estratégico-diplomático e financeiro. Antecipando-se à UE, a Otan foi ampliada, incorporando, em 1999, países como a Polônia, a Tchéquia e a Hungria e, em 2004, os países bálticos, a Eslováquia, a Eslovênia, a Romênia e a Bulgária, o que reforça a presença norte-americana. A pressão de Washington para a expansão da UE e, especialmente, da Otan para o leste foi também forte em relação ao Cáucaso (Geórgia e Azerbaijão) e à Ucrânia, gerando a crise atual. O Reino Unido, a Holanda, os países ibéricos e os ex-comunistas da Europa oriental são os principais aliados dos EUA dentro da Otan para tal política. Já a Alemanha, a França, a Itália e a Bélgica são, geralmente, reticentes ou abertamente contrárias a provocar a Rússia com tal política, percebida por Moscou como um cerco estratégico. Quando George W. Bush tentou usar a organização para atacar o Iraque, a França e a Alemanha vetaram.

Há também um componente estratégico importante, que é a existência da já referida simbiose franco-alemã, o núcleo duro da UE: a Alemanha é desenvolvida no plano econômico-financeiro, enquanto a França é poderosa no plano estratégico, com armas nucleares, presença no Terceiro Mundo, indústria aeroespacial avançada e direito de veto no Conselho de Segurança da ONU. Por outro lado, o velho continente tem buscado obter certa autonomia, com a UE tentando se capacitar progressivamente para constituir um polo autônomo num sistema multipolar. Da mesma forma, busca acercar-se da África, da Rússia, da Ásia e do Oriente Médio, em particular, como reação a iniciativas norte-americanas.

Crise do Euro, separatismos e o avanço do populismo ultraconservador

O caso da Inglaterra é complexo. O país, que não aderiu ao Euro, é um centro financeiro mundial, um fiel aliado aos Estados Unidos e retirou-se da UE em 2020 (Brexit). A crise norte-americana de 2008, causada pela bolha imobiliária (*subprime*) e pelos enormes deficits financeiros e comerciais, espraiou-se para a Europa, graças à facilidade de circulação de capitais. Na Europa, a crise atingiu primeiro países não pertencentes à UE, como a Islândia, um paraíso fiscal, depois a Irlanda, Portugal, Grécia e Espanha (os "Pigs") e, finalmente, afetou a Itália. Mas o caso mais grave é o da Grécia, uma economia de pequeno porte que arrisca ter que sair da zona Euro.

Um dos efeitos disso é o fenômeno separatista. Cinco séculos após o surgimento dos Estados nacionais, o continente europeu vive uma onda de separatismos regionalistas. A Escócia ficou no Reino "Unido" por pouco, mas votou contra o Brexit e deseja novo plebiscito. Na Espanha em crise, enquanto o nacionalismo basco parece procurar novo foco, após o insucesso da via terrorista do ETA, o catalão levanta a voz, buscando um plebiscito. Para muitos, tais eventos se baseiam em diferenças étnico-linguísticas, e, para os militantes, trata-se de corrigir injustiças históricas. Mas na Itália, onde existe um movimento separatista no norte, todos são italianos. E, na França, onde há alemães alsacianos, bretões, bascos, catalães e italianos provençais e corsos, não há movimentos separatistas expressivos. A integração europeia, ao transferir algumas competências nacionais para o plano comunitário, abriu espaço para arranjos regionais. Por outro lado, a globalização criou novas bases políticas e fluxos econômicos e, principalmente,

A DISPUTA POR UMA NOVA ORDEM PARA O NOVO SÉCULO (1991-2021) **169**

alterou os fundamentos sobre os quais foram construídos os Estados nacionais, tanto política como economicamente. As regiões ricas não desejam mais contribuir com as mais pobres, como ocorre na Espanha. Excetuando a cidade de Madri, as áreas mais prósperas são, justamente, o país basco e a Catalunha.

No caso da Bélgica, o catolicismo manteve, por séculos, os flamengos (holandeses do sul, que eram agricultores e artesãos) unidos aos valões de fala francesa do sul contra os holandeses do norte (calvinistas e comerciantes). A Revolução Industrial fez da Valônia uma região próspera, com siderúrgicas, enquanto Flandres permanecia uma região agrícola. Desde os anos 1970, contudo, ocorreu a desindustrialização da primeira, enquanto a segunda se convertia numa próspera economia de serviços e logística. Agora, os flamengos enriquecidos se recusam a auxiliar os valões empobrecidos, considerando a Bélgica "artificial".

Até o presente, as rupturas têm sido evitadas por recorrentes concessões tributárias dos governos centrais. Todavia, se o fenômeno avançar, mais grave do que reconstituir o mapa medieval europeu, com micropaíses, o fenômeno é preocupante por seu conteúdo político. Por mais nobres que sejam os argumentos levantados, os partidos regionalistas contribuem para esvaziar o sistema político, da mesma forma que a crescente extrema-direita. A ideia de que alguns são melhores e podem se salvar sozinhos contribui para tornar o mundo ainda mais instável. Na mesma linha, em 2014, as eleições para o parlamento europeu constituíram a crônica de um drama anunciado. A centro-direita tradicional venceu (e agora é responsável pelo *status quo*), mas os principais rivais ideológicos serão a direita xenófoba, antissemita e populista. O problema mesmo é que muitos dos vencedores eram céticos sobre a permanência de seus países na UE, como os ingleses. Num clima de baixa participação e apatia, a ultradireita cresceu geometricamente; a esquerda, aritmeticamente na periferia em crise; e o centro e a centro-esquerda declinaram.

Todavia, mais importante do que a composição do parlamento é o perigoso fenômeno social que cresce na Europa: xenofobia, antissemitismo e a força do apelo demagógico num continente em acelerado processo de envelhecimento. Seriam apenas a crise econômica e o ressentimento social? Não. Trata-se da erosão do modelo de bem-estar social europeu e da própria integração, da tendência regionalista fragmentadora (Reino "Unido", Espanha, Itália) e das rivalidades dentro do núcleo duro da UE, que paralisam a capacidade de resposta.

Governos de coalizão sem identidade e uma oposição com um discurso que não se diferencia do governo geram falta de ideias novas e de qualquer ação eficaz. Uma cultura política de consenso fabricado e continuamente reforçado faz com que mentes vazias e seres amedrontados a respeito do futuro busquem líderes que deem uma explicação e uma solução fáceis. O exagero da propaganda do "paraíso europeu" e aventuras mal calculadas, como a da Ucrânia, voltam-se contra a UE como um bumerangue. E o entorno mediterrâneo e oriental da Europa se transformou em uma perigosa zona de instabilidade.

O perfil da União Europeia mudou muito. O politólogo Jan Zielonka (Oxford) demonstrou, com muita acuidade, que a integração de países fragmentados do leste tornou a UE um império neomedieval de pequenos Estados. Era semelhante ao Sacro Império Romano-Germânico, com um centro forte em Bruxelas e uma periferia manipulável e semissoberana. Dos 27 Estados-membro, apenas 7 Estados (incluindo o Reino Unido) têm população superior a 20 milhões de habitantes. A média do PIB caiu muito com a ampliação para o leste, e muitos não têm condições de aderir ao Euro. O estabelecimento de políticas comunitárias também se tornou extremamente difícil. Tudo isso se complicou ainda mais com a grande crise de 2008-2009, que afetou a Libra e o Euro, com países se tornando fortemente deficitários e endividados e com imensos problemas sociais, como é o caso da Grécia e de várias nações do leste.

O envolvimento na Primavera Árabe e suas consequências

Outro exemplo dos desacertos da Europa foi a intervenção franco-inglesa na Líbia e as ingerências em outras nações, como a Síria. Num quadro de crise, a Primavera Árabe pareceu oferecer uma boa oportunidade de ação externa, especialmente na Líbia. Kadafi havia abandonado seu modelo econômico e normalizara as relações com o Ocidente, mas as privatizações da exploração de petróleo favoreceram os EUA e o Brics, em detrimento dos europeus, que compravam durante a fase do embargo internacional. Paralelamente, a Líbia, temendo a crise dos bancos europeus, pretendia transferir para a Ásia fundos depositados no continente.

País de posição pouco estratégica, despovoado, com os arsenais e o exército desmantelados pelo regime, rico em petróleo e gás, dono de grandes reservas financeiras e governado por um líder politicamente autista, pareceu um alvo fácil. A Inglaterra, a França e as petromonarquias árabes (especialmente o Catar) apoiaram e armaram os oposicionistas, além de enviarem forças especiais e grupos jihadistas islâmicos, mas não contavam com a resistência do regime. Burlaram a Resolução do Conselho de Segurança da ONU, que mencionava "separar os beligerantes" e não entrar na guerra ao lado de um deles. Resultado: a completa desintegração do país, a instabilidade da região, o assassinato do embaixador norte-americano, um campo aberto aos grupos extremistas islâmicos e dezenas de milhares de imigrantes ilegais cruzando o Mediterrâneo mensalmente, gerando uma crise humanitária, política e securitária. Um sério erro de cálculo, como no caso da Ucrânia.

Fatos recentes evidenciaram que a Alemanha, principal sustentação da integração europeia, vem sofrendo novas formas de pressão. A destruição do Estado líbio já havia criado uma

A DISPUTA POR UMA NOVA ORDEM PARA O NOVO SÉCULO (1991-2021) 171

onda de refugiados rumo à Itália (e dali para o resto da Europa). Então, no verão setentrional de 2015, teve início um novo fluxo migratório de refugiados sírios (e também de algumas outras nacionalidades), via Turquia e Balcãs, em direção à Alemanha e a alguns outros países da UE. Tal fenômeno, visivelmente organizado e induzido a partir da Turquia, agravou a já latente onda de xenofobia, com o avanço político e eleitoral de uma extrema-direita racista e antissemita por todo o continente, especialmente na Alemanha, na França e em nações visadas pelos refugiados.

Na sequência, teve início uma onda de atentados terroristas na França e até na Alemanha. Os atentados também ocorreram contra turistas russos e europeus em geral, no norte da África e no Oriente Médio. Consequentemente, vai se desenhando uma nova geopolítica do turismo europeu rumo ao Caribe e à América Central. Mas o alvo prioritário parece ser debilitar a integração europeia, hoje seriamente ameaçada. Em 2016, os ingleses votaram pelo Brexit, ou saída da Grã-Bretanha da União Europeia. O voto de protesto ressentido e irracional das regiões empobrecidas do centro-norte da Inglaterra e de Gales cria um precedente perigoso, com a ameaça de saída de outros países. Aquele que parecia ser o mais sólido processo de integração do mundo, hoje, encontra-se ameaçado com a convergência das crises econômica, política e securitária. E o alvo central é a Alemanha, mas também a errática França.

Oriente Médio: *regime change* e crise islâmica

Há raízes populares sólidas nos levantes árabes, fruto do choque entre a mudança social modernizadora e democratizante e os regimes autoritários e desgastados, potencializados pelos impactos da crise de 2008. Um aspecto da máxima relevância levantado pela Primavera Árabe de 2011, porém, é o emprego da estratégia de mudança de regime (*regime change*) das chamadas revoluções coloridas, um novo elemento das relações internacionais. É, basicamente, uma estratégia de mobilização para provocar uma mudança pacífica de regimes políticos desgastados, que se tornaram indesejáveis às grandes potências. Essas revoluções tiveram início como forma ao derrubar os regimes comunistas do Leste Europeu, especialmente na Alemanha Oriental e na Tchecoslováquia (Revolução de Veludo). Gradativamente, elas ganharam nova dimensão com a difusão da internet, da telefonia celular, dos seus aplicativos e das redes sociais.

Posteriormente, a estratégia foi empregada com sucesso na Sérvia, em 2000 (Revolução Bulldozer); na Geórgia, em 2003 (Revolução Rosa); na Ucrânia, em 2004 (Revolução Laranja); no Líbano (Revolução Cedro); e no Quirguistão (Revolução Tulipa), em 2005. Mas, na China, na Venezuela, no Irã (Verde), na Rússia, na Bielorrússia, em Mianmar, no Zimbábue, entre outros, ela (ainda) não atingiu seus objetivos. Finalmente, chegou aos países árabes em 2011. É possível pensar que se trata de uma forma espontânea de luta política possibilitada pela tecnologia da informação. Mas os slogans, os logos, a adoção de uma cor ou flor padrão (com um kit completo, como das convenções partidárias dos EUA) e uma conexão comum com a grande mídia global possuem um padrão idêntico.

Não existe prática sem teoria. Segundo os professores Sussman e Krader (2008, p. 97, tradução nossa), da Portland State University, "as revoluções coloridas não são espontâneas, mas resultado de uma vasta planificação. Os Estados Unidos, em particular, e seus aliados exerceram nos Estados pós-comunistas uma impressionante gama de pressões e utilizaram financiamentos e tecnologias a serviço do 'apoio à democracia'". O teórico da nova técnica de mudança de regime é o politólogo norte-americano Gene Sharp, professor emérito de Ciência Política na Universidade de Massachusetts e pesquisador na Universidade de Harvard, que publicou a obra *From Dictatorship to Democracy* em 25 idiomas, inclusive em árabe.

A primeira edição foi em 1993, redigida para os dissidentes de Mianmar e Tailândia. Sharp foi um dos criadores da Albert Einstein Institution, organização destinada a estudar a metodologia da resistência não violenta. Robert Helvey, ex-coronel das forças armadas dos EUA, encarregou-se de difundir essa estratégia política pelo mundo com a finalidade de desestabilizar regimes indesejáveis. Além dessa, outras instituições americanas trabalham na mesma direção. É preciso ressaltar, no entanto, que os europeus também são extremamente ativos nessa área, tanto por meio de fundações tradicionais e respeitadas (que se ocupam apenas de estudos e da formação de opinião) como das ONG, que são atuantes na linha de frente da luta política.

Essas organizações despenderam previamente milhões de dólares nos países afetados pelas revoluções coloridas, como se pode observar nos próprios sites das instituições. A metodologia empregada é ministrar cursos sobre democracia, direitos humanos, governança e outros temas correlatos, bem como selecionar *cyber* dissidentes e prepará-los para a ação política pacífica. Os instrumentos de "luta" são o Skype, o Facebook, o Twitter, a internet e o celular, sendo que o último jogou um papel fundamental para mobilização de massa, já que os demais ainda são acessíveis apenas a uma elite globalizada. Mais recentemente, as formas de revolução colorida/mudança de regime sofreram um aperfeiçoamento com o advento do *smart power* (expressão de Hillary Clinton), com a utilização do aparato parlamentar, judiciário, policial e midiático dentro de países com governos que praticam políticas alternativas ao modelo predominante no mundo. Agindo dentro da constituição, embora nos limites cinzentos da lei e com apoio externo, houve vários casos pelo mundo de afastamento de dirigentes eleitos, invocando motivos menores e questionáveis.

Afinal, o que se passa no mundo árabe e islâmico? Segundo Todd (2003), a diferença entre sunitas e xiitas dentro do islã é semelhante à existente entre católicos e protestantes no cristianis-

A DISPUTA POR UMA NOVA ORDEM PARA O NOVO SÉCULO (1991-2021) 173

mo. E há uma confusão entre religião, cultura e estrutura social, pois, se as famílias árabes são patrilineares, as indonésias são matrilineares. Maomé encarava as normas islâmicas como uma forma de combater realidades que considerava injustas na Arábia pré-muçulmana, por exemplo, a forma de herança e a falta de direitos das mulheres. A religião corrigiu, em parte, esses problemas, mas não conseguiu mudar completamente a sociedade, da mesma forma que o cristianismo não logrou criar um "homem novo", totalmente liberto de práticas estranhas às religiões cristãs.

Segundo o modelo do autor, a alfabetização masculina desestabiliza a política e abre as portas à revolução, e segue-se a aceleração da alfabetização das mulheres, que controlam a natalidade. Os dados estatísticos confirmam tal realidade, com a exceção de nações desarticuladas, como a Somália e a Palestina. Mas isso não significa um processo linear e estável, pois a alfabetização desenraiza mentalmente as populações, gerando violência, irracionalidade e nostalgia do passado. Segundo Todd (2011, p. 51, tradução nossa), "o mundo muçulmano [...] está atrasado em relação à Europa, à Rússia, à China e ao Japão. [Os muçulmanos] efetuam agora a grande passagem, deixam a rotina mental tranquila de um mundo analfabeto e caminham para a alfabetização universal. Entre os dois, existem os sofrimentos e perturbações do desenraizamento mental".

Todavia, o Ocidente vê o processo como parte do atraso, do passado, mas tal percepção se deve mais ao que se passa nas próprias sociedades ocidentais do que no Oriente Médio. Nos Estados Unidos e, depois, na Europa, houve um recuo do universalismo ideológico. São sociedades com população idosa, carentes de crenças e perspectivas, com traços de niilismo. Daí o islã representar um bode expiatório, e haver uma intolerância em relação a manifestações "religiosas". O outro é o fanático, não o velho colonizador. A queda da eficiência econômica das antigas potências industriais, por outro lado, conduz a uma obsessão pelo petróleo árabe, enquanto a insuficiência militar dos EUA faz do débil mundo muçulmano um alvo preferencial. A realidade, entretanto, deveria ser vista por outro prisma: "A Jihad em nome de Alá dos anos recentes não é, *em todas as suas manifestações*, de natureza diferente (das matanças religiosas da Inglaterra do século XVII). Se longe está de ser sempre liberal, tampouco representa, fundamentalmente, uma regressão, mas uma crise de transição. A violência e o frenesi religioso são apenas temporários" (TODD, 2011, p. 47, tradução nossa, grifo do autor).

Assim, o Oriente Médio está conectado à globalização (com fluxos de população, que circula pelos países mais avançados) e está se modernizando, mas tem medo da perda da antiga estabilidade e simplicidade. O próprio islã sunita evoluiu muito nos últimos 20 anos, como assinala Alexandre Roche (2012, p. 57), colocando em xeque os retrógrados dogmas conservadores do wahabismo saudita. Da mesma forma que a desgastada cúpula conservadora dos aiatolás iranianos, eles lançam provocações (como o apedrejamento de mulheres adúlteras) como forma

AS GRANDES POTÊNCIAS E OS CONFLITOS MUNDIAIS

de atrair a condenação ocidental indiscriminada, que os acaba relegitimando, para desgosto de uma maioria que deseja mudanças. Por meio de tal simbolismo, os radicais dos dois lados vão impondo a agenda política.

A Guerra ao Terrorismo: expansão e retração dos EUA

Bush Jr., o terrorismo e as guerras infinitas

A estratégia de Clinton, apesar dos avanços internos, não teve grandes resultados externos. Nesse contexto, no fim de 2000, o republicano George W. Bush foi eleito presidente dos EUA. Até o 11 de setembro de 2001, a diplomacia republicana buscava se desengajar dos conflitos externos da administração anterior. O século XXI foi proclamado "o século americano", mas o novo governo adotou atitudes unilaterais, como o abandonar o Protocolo de Kyoto sobre aquecimento global, retirar-se da conferência da ONU sobre o racismo e rejeitar submeter-se ao Tribunal Penal Internacional (TPI), que Clinton ajudara a criar. Mas a reação dos ultra-conservadores iniciara antes, com as pressões sobre o governo Clinton (como o caso Monica Lewinsky), que levaram o presidente a mudar sua política.

Uma vez no poder, Bush passou a governar ignorando as organizações internacionais, particularmente a ONU, dentro da visão de que "os EUA venceram a Guerra Fria e necessitam colher os frutos". A visão unilateral contrariou os próprios aliados da Otan. Um presidente despreparado, cercado de assessores de linha-dura e ligados a obscuros *lobbies*, começou a reabrir focos de tensão, enquanto abandonava o papel de mediador em conflitos, como o do Oriente Médio, que mergulhou numa espiral de violência. No governo Bush, prevaleceu a vertente apoiada pelos falcões Dick Cheney, Donald Rumsfeld e Condoleezza Rice (respectivamente, vice-presidente, secretário de Defesa e assessora de Segurança Nacional).

O Escudo Antimísseis se tornou uma forma de manter a supremacia militar, sendo a Otan o instrumento de tal política na Europa. Além disso, ele afrontou a Rússia, que tendeu a radicalizar sua diplomacia e a associar-se à China (o outro alvo da iniciativa), criando um sério problema geopolítico. Por outro lado, houve crescentes divergências comerciais, as pressões pela abertura dos mercados europeus na área da agricultura e da indústria cultural e a competição tecnológica (envolvendo até alta espionagem). Atacou também a proposta de criação de um exército europeu independente da Otan. Assim, a evolução dos acontecimentos tem levado o núcleo duro da UE a divergir de Washington.

A DISPUTA POR UMA NOVA ORDEM PARA O NOVO SÉCULO (1991-2021) 175

Em relação à Rússia e à China, diversos incidentes geraram tensões, reintroduzindo um clima de Guerra Fria. Na Ásia, Bush adotou uma atitude de confronto com a Coreia do Norte, o que desgostou, igualmente, a Coreia do Sul, interessada numa distensão com a do Norte (*Sunshine Policy*) e na discussão da permanência ou não das forças norte-americanas estacionadas no território sul-coreano. Essa estratégia, bastante simplista, visava a recriar tensões como forma de manter as tropas norte-americanas, num esquema voltado mais contra a China do que contra a Coreia do Norte. Para Taiwan, a Casa Branca voltou a vender armamento sensível, estimulando novamente um discurso independentista e provocações antichinesas.

Na manhã de 11 de setembro de 2001, aviões de linhas aéreas domésticas norte-americanas foram jogados contra as torres do World Trade Center em Nova York e contra o Pentágono em Washington, enquanto um quarto, que provavelmente visava à Casa Branca, era abatido. O mais fantástico atentado terrorista da história atingia pela primeira vez o território metropolitano norte-americano, golpeando os maiores símbolos do poder financeiro e militar dos EUA (e do Ocidente). As evidências apontavam para a organização Al-Qaeda, liderada pelo saudita Osama Bin Laden, e para o regime talibã do Afeganistão, que lhe dava abrigo. Apoiando-se na comoção mundial e alegando que, "quem não está conosco, está contra nós", Bush desencadeou a Guerra ao Terrorismo, que teve como primeiro alvo o Afeganistão. Invadido e dominado o país, a presença militar norte-americana em bases na Ásia Central gerou tensão com Rússia, Irã e China, bem como desequilibrou as relações entre Índia e Paquistão. Mas Bin Laden e o *mollah* Omar, líder dos talibãs, não foram encontrados.

Os EUA desejavam, em termos geopolíticos, cravar uma cunha entre a Rússia e a China. Um dos objetivos parece ser o de inviabilizar a OCX, bem como o de debilitar a aliança da China com países como Paquistão e privá-la dos recursos petrolíferos da região, desacelerando o crescimento econômico chinês. Por outro lado, a "guerra contra o terrorismo", instrumentalizada como guerra contra o mundo árabe e islâmico, serviu para inviabilizar qualquer possibilidade de acordo entre Israel e a Palestina, uma vez que a ação dos radicais palestinos se expressava sob a forma de atentados suicidas. Seguiram-se medidas de segurança com custos elevadíssimos, cerceamento das liberdades civis e um reforço das atitudes belicistas e unilateralistas, que não paravam de surpreender a comunidade internacional. Mas tudo isso deu à administração norte-americana um eixo definido de política externa, embora com crescente resistência mundial, começando pelos próprios aliados norte-americanos. Depois de 11 de setembro, a expressão "terrorismo" passou a integrar a linguagem cotidiana em todo o mundo. Contudo, trata-se de um termo empregado de forma ampla e inadequada, com fortes conotações políticas. Assim, tem sido objeto de manipulação, para justificar uma nova agenda internacional.

Ainda durante a guerra no Afeganistão, autoridades norte-americanas declararam que outros países representavam uma ameaça à América, devendo ser invadidos, o que inquietou a opinião pública e os meios diplomáticos. Esse *eixo do mal*, como definiu o presidente Bush em sua linguagem religiosa pentecostal, seria integrado por Líbia, Síria, Irã, Coreia do Norte e, em certa medida, Cuba. Durante o ano de 2002, a Casa Branca deixou clara a intenção de atacar o Iraque, país acusado de possuir armas de destruição massiva e conexões com a rede Al-Qaeda. Curiosamente, Bagdá estava restabelecendo relações diplomáticas com diversas nações e sairia do embargo, que se tornara insustentável na ONU. Contratos para exploração de petróleo iraquiano estavam sendo firmados por Saddam com Rússia, Alemanha e França. Para evitar a guerra, a ONU enviou inspetores para confirmar se tal armamento existia ou não.

Concretamente, a administração Bush desejava obter uma condenação da ONU ao regime iraquiano para depor Saddam Hussein como parte da guerra ao terrorismo. Contudo, a França, a Alemanha e a Rússia, com apoio da China (o *eixo da paz*), recusaram-se a aceitar a guerra sem que os inspetores concluíssem as investigações e obtivessem provas. Ao lado de Washington estavam apenas a Inglaterra de Tony Blair, a Austrália e países europeus de segunda linha, como Espanha, Polônia e Itália (o *eixo da guerra*). Mesmo nações como Turquia e Arábia Saudita, aliadas norte-americanas, recusavam-se a apoiar um ataque ao Iraque. Os EUA simplesmente desistiram de obter qualquer base jurídica para o ataque e resolveram contornar a ONU, agindo unilateralmente. Nem mesmo a Otan pôde ser acionada, pois seu mecanismo foi bloqueado pela ameaça de veto belga-franco-alemão.

No dia 20 de março de 2003 teve início a guerra, com os anglo-americanos encontrando resistência nas duas semanas iniciais. Mas em um mês o regime desaparecia, e o Iraque era ocupado por tropas anglo-americanas e aliadas. Entretanto, as ameaças de uma extensão das operações à Síria e ao Irã tiveram de ser deixadas de lado, devido a uma resistência insurgente na região central, à qual se somou a permanência dos combates no Afeganistão, dois anos depois de esse país haver sido ocupado.

No contexto da guerra ao terrorismo, o Oriente Médio é visto como o maior fator desestabilizador. De fato, ele é uma região-pivô. Os EUA atacam essa região pelos recursos, pela posição geopolítica e, especialmente, porque ela é indefesa, sem poder militar ou potências protetoras. Além disso, ela é culturalmente estigmatizada. No plano global, gritantes violações dos direitos humanos, insucessos militares e elevados custos deslegitimaram a diplomacia e a liderança norte-americanas. No âmbito doméstico, a resistência à guerra (pelo elevado número de baixas) e o impacto econômico, fruto do descaso e da guerra, deixaram o país endividado e em recessão. No último ano de governo, teve início a crise do *subprime*, que logo afetaria a economia norte-americana e mundial. O legado da era Bush era amargo para seu sucessor.

Obama e a crise mundial

A eleição do afro-americano Barack Obama teve um significado inequívoco, pois ele era o oposto de Bush, uma resposta ao caos que lhe fora legado (socioeconômico interno e militar externo). A crise se aprofundou em 2009: paralelamente, sinais de debilidade emergiam com os escândalos das grandes corporações, envolvendo o alto escalão do governo e a crise econômica persistente. Obama não era um afro-americano típico, oriundo das camadas pobres, descendente de ex-escravos. Era filho de um membro da elite do Quênia e de uma antropóloga branca de classe média. Mas ele procurou desenvolver políticas sociais, como criar um sistema universal de saúde pública que, surpreendentemente, não existe nos EUA. Quarenta milhões de norte-americanos não têm qualquer tipo de assistência médica. E o desemprego e a perda de residências por inadimplência batiam recordes.

As principais consequências do conflito já eram observáveis em suas causas, ou seja, antes da guerra. O declínio da produção norte-americana, os endividamentos externo e interno e o crescente excesso de importações (o deficit comercial anual, que era de 100 bilhões de dólares em 1990, atingiu mais de meio trilhão em 2003) fizeram o país depender agudamente da produção e do investimento estrangeiros, especialmente europeu e asiático. O saldo negativo nas contas norte-americanas tinha de ser coberto, a cada ano, pelo ingresso maciço de capital externo. Além disso, o hiperconsumo doméstico tornou o país dependente de outras regiões, que precisam ser mantidas sob influência dos EUA.

O problema é que os meios para tanto não mais existem. Se os Estados Unidos estão superarmados como nação, faltam-lhes os meios militares para poder controlar e estabilizar um planeta complexo, densamente povoado e problemático. Mais ainda, os sucessivos governos não têm conseguido criar uma estratégia coerente e, menos ainda, aplicá-la sistematicamente, optando por uma linha de menor resistência, caso a caso. Não podendo manter o controle econômico sobre o Japão e a União Europeia, muito menos desarmar ou fragmentar a Rússia (única potência com capacidade estratégico-militar equivalente), Washington optou por desenvolver um militarismo teatralizado contra os mais fracos, integrantes do *eixo do mal*, os países árabe-muçulmanos, que não possuem capacidade de defesa.

Ao exagerar perigos que não existem na dimensão apregoada, a Casa Branca encontra um campo de conflitos que lhe permite resgatar sua utilidade militar para a comunidade internacional, a qual, ao mesmo tempo, assiste a um show de poder que recomenda maior aceitação das necessidades da potência "protetora". O problema é que o ritmo e a forma com que essa política está sendo desenvolvida têm produzido o resultado oposto. O controle sobre o Oriente Médio, por sua vez, está mais longe de ser assegurado, pois o real problema é a ascendência

178 AS GRANDES POTÊNCIAS E OS CONFLITOS MUNDIAIS

cada vez mais reduzida sobre aliados antigos, como Turquia, Paquistão e Arábia Saudita, os novos "elos fracos" que ameaçam escapar do controle. Assim, a principal consequência da guerra do Iraque foi o aprofundamento das contradições que existiam antes dela.

Com o encerramento das operações militares convencionais no Iraque e o fim do regime de Saddam Hussein, começa a esboçar-se um novo mapa político no Oriente Médio. O proclamado poderio militar iraquiano não existia, a vitória anglo-americana foi relativamente fácil, e seguiu-se a difícil fase de estabelecer um regime iraquiano estável. A ocupação militar norte-americana foi ficando cada vez mais complicada, pois emergiram contradições internas do Iraque, anteriormente contidas por um regime autoritário: curdos de várias facções, xiitas empoderados, um centro sunita insurgente e um governo oriundo de uma oposição dividida e com poucas bases de apoio interno. Os custos da ocupação do Iraque foram qualitativamente maiores que no Afeganistão, onde uma guarnição estabelecida em Cabul garantia um governo sem poder real, sendo necessário pagar aos chefes tribais para combater os talibãs, que continuam ativos. Além disso, a apreensão dos vizinhos iraquianos, pró ou contra os EUA, tem um peso maior em relação ao Afeganistão (sem petróleo).

A questão central, no entanto, consiste no que fazer depois. Nesse sentido, mais uma vez, o Ocidente e as petromonarquias do golfo procuram agir pela linha de menor resistência, escolhendo o alvo mais fácil, no caso a Síria, país sem petróleo e encravado entre regimes pró-americanos. As intervenções norte-americanas almejam ser rápidas, contundentes e pontuais, colocando um regime amigo no poder e se retirando. Esse regime tem de ser autossustentado economicamente, com base nos recursos locais. Mas as guerras se estenderam por longos anos, e os EUA tiveram que começar a se retirar sem atingir os objetivos.

Pior, após a Primavera Árabe, os aliados norte-americanos começaram a agir por conta própria, comprometendo a estratégia estadunidense. Por um lado, os europeus, a Arábia Saudita, as pequenas petromonarquias do golfo e a Turquia buscavam redefinir o poder no Oriente Médio, apoiando grupos radicais islâmicos sunitas contra os regimes laicos. Por outro, os EUA tentavam negociar o contencioso nuclear com o Irã, para afastá-lo do Brics e obter apoio para estabilizar o Afeganistão e o Iraque. Mas a desestabilização da Síria e a ferrenha oposição israelense a qualquer acordo com o Irã complicaram a situação. A insurgência sunita iraquiana e síria se encontravam estagnadas, pois a Rússia apoiou o regime de Assad em Damasco. Entretanto, em 2013 surgiu o movimento Estado Islâmico, radicais sunitas que consideram a Al-Qaeda do falecido Bin Laden um movimento arcaico. Dotados de meios de transporte, comunicação e armamento extremamente modernos (financiados pelas petromonarquias), jovens criados na Europa e nos Estados Unidos lideram milícias locais. Promovendo ações de extrema crueldade, eles lograram controlar um imenso espaço na Síria e no Iraque, tendo aberto outras frentes em nações conflagradas da região. A Síria, a Líbia e o Iêmen estão em guerra civil desde 2011, o Afeganistão, desde 2001, e o Iraque, desde 2003.

Muitos veem nas ações político-militares unilaterais iniciadas na administração Bush (e continuadas pelos falcões que permaneceram na gestão Obama) uma retomada do poder norte-americano, configurando uma nova hegemonia "unipolar" no século XXI, que, como a anterior, seria novamente norte-americana. Ou, então, um caos geral, com o mundo mergulhando numa espécie de Guerra dos Cem Anos religiosa (ou civilizacional). Na verdade, trata-se de uma reação para evitar uma tendência histórica que emerge lentamente, a de construção de um sistema mundial multipolar, regulado pela ONU, num quadro de equilíbrio de poder entre EUA/Nafta, União Europeia, Rússia/UEE, Japão/Tigres Asiáticos, China, Índia/ Associação da Ásia do Sul para a Cooperação Regional (Saarc), Irã, África do Sul/Comunidade para o Desenvolvimento da África Austral (Sadc) e Brasil/Mercado Comum do Sul (Mercosul)/ América do Sul, como assinalou o politólogo brasileiro Hélio Jaguaribe.

Os EUA temem a formação de uma constelação eurasiana que, pelo peso geográfico, econômico, militar e demográfico, torne a América uma periferia envelhecida dentro do sistema mundial. Os polos emergentes tendem a construir um sistema mundial multipolar, com equilíbrios de poder de geometria variável, em que as organizações multilaterais, como a ONU, ganhariam novo vigor, reformadas devido ao estabelecimento de uma nova correlação de forças. A intervenção no sul da Eurásia, com os objetivos geopolíticos de obstaculizar a formação de um megaespaço econômico, de desarticular os "impérios continentais" que ressurgem e de controlar as fontes produtoras de petróleo, constitui uma meta dificilmente alcançável para a potência marítima norte-americana.

A tendência que se configurou durante a gestão Obama foi fortalecer a posição norte-americana na Ásia Oriental para conter a China, enquanto se tenta construir um bastião ocidental. O chamado *pivô da Ásia* (2011) estabeleceu maior presença norte-americana no Mar da China Meridional, manutenção das tropas no Japão e na Coreia e criação do Comando Militar do Indo-Pacífico, que estreitou as alianças com Índia, Austrália e Nova Zelândia, além de desgastar a cooperação sino-nipo-coreana por meio da Parceria Transpacífica, comandada pelos EUA. A recriação da Quarta Frota (Atlântico Sul) e o estabelecimento do Comando África (Africom) sinalizam a formação da chamada Comunidade Atlântica. O petróleo das duas margens do Atlântico Sul está próximo dos EUA, com baixo custo de transporte e de defesa. A aproximação com a América Latina e a África visa a consolidar a região sob controle de Washington, fazendo a China refluir delas. Esse fenômeno tem relação direta com os escândalos de corrupção que atingem a Petrobrás e as grandes empresas construtoras internacionalizadas do Brasil, por exemplo. Trata-se de desmontar os esquemas de negócios, que sempre existiram e passaram a ser parcialmente controlados pelas potências emergentes. Os recursos, mercados e oportunidades de negócios são garantidos, via espionagem cibernética, para os EUA e os aliados norte-americanos da Commonwealth britânica.

Os eixos do poder mundial e a competição América *versus* China

Potências: elementos de poder e alianças internacionais

A identificação das potências mundiais é algo corrente nos campos da Ciência Política e do discurso político-jornalístico. Todavia, na maioria das vezes, desconsidera os elementos qualitativos e as dinâmicas intrínsecas à evolução da política internacional. Os estudos da área de Relações Internacionais e Defesa têm como um dos seus objetivos primordiais a mensuração do poder mundial, identificando e classificando hierarquicamente as grandes e médias potências. Os critérios utilizados para tanto são, contudo, bastante discutíveis, uma vez que se baseiam, predominantemente, em elementos quantitativos, organizados segundo teorias previamente estabelecidas, muitas vezes a-históricas.

Geralmente levam em conta a superfície geográfica do país, as riquezas naturais (agrícolas e minerais), o peso de sua economia (em geral, o Produto Interno Bruto total e *per capita*) e o tamanho e a estrutura da população. Também são considerados a posição geopolítica, o pertencimento a organizações internacionais influentes (G-7, Organização para a Cooperação e Desenvolvimento Econômico, Otan, Conselho de Segurança da ONU), a estabilidade político-institucional e, *last but not the least,* a dimensão e a qualidade das Forças Armadas. Geralmente esses itens são quantificados e tabelados, produzindo um *ranking* das potências e, a partir daí, uma série de reflexões estratégicas e cenários geopolíticos.

Sem dúvida, trata-se de elementos basilares, mas a forma como se articulam e sua importância relativa estão relacionadas com outros elementos qualitativos. Em primeiro lugar, há a evolução histórica (cada Estado-Nação tem as próprias características específicas). Em seguida, estão o nível de desenvolvimento social e econômico, o grau de articulação das elites no poder, a existência ou não de um projeto nacional, as conexões internacionais, o posicionamento no sistema mundial, entre outros. Um país pode ter um poder militar expressivo e uma economia de grande porte, mas se encontrar em declínio por uma transformação na economia mundial e pelo surgimento de polos de poder desafiantes. Além disso, apesar de ser detentor

A DISPUTA POR UMA NOVA ORDEM PARA O NOVO SÉCULO (1991-2021) 181

de uma economia forte e de capacidade militar quantitativa, algumas vezes, tem limitações de soberania que dificultam a conversão desses elementos em um instrumento eficaz de ação. A tabulação dos elementos materiais de poder pode gerar, assim, uma concepção estatística errônea e uma apreciação estratégica equivocada.

Na época moderna e contemporânea, com o surgimento e a afirmação do sistema mundial, formaram-se na Europa Estados dinásticos absolutistas, os *players* do Ancien Régime. Depois, a Revolução Francesa introduziu o elemento ideológico (mudança radical *versus* conservadorismo) e o nacional nas relações internacionais. O Congresso de Viena (1815), por sua vez, introduziu a noção de *equilíbrio de poder* entre as *potências* — Grã-Bretanha, França, Rússia, Prússia e Império Austro-Húngaro (Kissinger, 1973). Paralelamente, emergiam o nacionalismo e o Estado-Nação. Mais tarde, como resultado da Primeira e da Segunda Guerras Mundiais, as potências europeias passaram a ser consideradas *potências médias* (especialmente quando perderam os impérios coloniais), enquanto os Estados Unidos e a Rússia (transformada em União Soviética) se tornaram *superpotências*. Alguns Estados do Sul Geopolítico (Terceiro Mundo) também foram incluídos no rol das *potências médias* (ou *regionais*). Mas os paradigmas explicativos e a realidade internacional se tornaram fluidos com o encerramento da Guerra Fria.

Assim, o que já era complicado numa fase de liderança reconhecida e de hegemonia, no quadro de uma fase de transição, pode ser ainda mais complexo e incerto. Nesse sentido, o objetivo aqui é o de buscar contribuir para uma compreensão da *posição de poder* dos Estados no quadro do sistema internacional pós-Guerra Fria, em particular, no século XXI. Trata-se de uma visão exploratória, pretendendo dar conta das ações em curso e de possíveis tendências para o futuro imediato no contexto da crise econômica, desde 2008, e da desarticulação em andamento da própria "globalização".

Mais do que por rivalidades ideológicas ou geopolíticas, o que conta é a posição político--econômica que ocupam na estrutura de poder mundial. Nesse contexto, o primeiro grupo da política internacional contemporânea se aglutina no *eixo militar-rentista anglo-saxão*: Estados Unidos, Canadá, Reino Unido, Austrália, Nova Zelândia e, apenas parcialmente, Israel. Trata-se das nações hegemônicas que detêm recursos militares, diplomáticos, financeiros, tecnológicos, de inteligência e de comunicações. Estando na fase pós-industrial rentista, vivem dos recursos das demais nações, empregando para tanto os meios mencionados anteriormente.

O segundo é o *eixo industrial desenvolvido* da União Europeia, do Japão e dos Tigres Asiáticos. Com um capitalismo industrial produtivo avançado e elevado nível de vida das populações, ele se diferencia do primeiro, pois esse grupo carece dos recursos de poder tradicionais, como os militares, e de plena soberania. Foram protegidos durante a Guerra Fria, mas hoje a situação é incerta, e as tensões com o primeiro grupo são crescentes. Muito do que vier a ocorrer depende da atitude política a ser adotada por nações relevantes do eixo, como a Alemanha e o Japão, os derrotados da Segunda Guerra Mundial.

O terceiro consiste no *eixo industrial heterodoxo emergente*, integrado pelas grandes nações do Brics, especialmente a China e a Rússia, além da Turquia e do Irã, onde as estruturas de poder e a participação do Estado na economia são relevantes. Trata-se do que se denomina *semiperiferia*. Como o grupo anterior, seu objetivo imediato e prioritário é o de evitar um conflito armado de dimensões globais e manter seu desenvolvimento econômico. Com recursos para se defender, eles não conseguem projetar poder em escala planetária e dependem, em certa medida, da atitude que vier a ser adotada pelo segundo eixo.

Por fim, o quarto é o *eixo agrário, mineral e demográfico periférico*, integrado pelas nações médias e pequenas da América Latina, da África e da Ásia geográfica (que inclui o Oriente Médio). Possuem recursos humanos, agrícolas ou minerais abundantes (inclusive energia), mas não detêm capacidade militar ou articulação diplomática, tendendo a agir de maneira fragmentada e constituindo uma zona em disputa pelos demais eixos. O Brasil e a África do Sul parecem estar absorvidos por suas agendas políticas internas e correm o risco de passar a integrar esse grupo.

O eixo militar-rentista anglo-saxão dominante

O grupo dominante da política mundial é integrado no *eixo militar-rentista anglo-saxão*: Estados Unidos, Canadá, Reino Unido, Austrália e Nova Zelândia. Mais do que uma simples "comunidade linguística", ele representa uma continuidade dos impérios marítimos e de sua geopolítica. Ele é o herdeiro da hegemonia liberal britânica do século XIX e de seu império colonial posterior, bem como das alianças (e dos resultados) das duas guerras mundiais contra as potências médias (Alemanha e Japão) e da Guerra Fria antissocialista/antissoviética.

Trata-se das nações coletivamente em posição hegemônica, as quais detêm recursos militares, diplomáticos, financeiros, tecnológicos, de inteligência e de comunicações logísticas e informacionais. Tendo atingido a fase pós-industrial rentista (no último quarto do século XX), depende de recursos das demais nações, empregando para tanto os meios já mencionados. Com a atual Revolução Científico-Tecnológica em curso, particular atenção deve ser dada aos três últimos aspectos, que têm revolucionado as relações internacionais e os sistemas de defesa.

O acordo denominado UK-USA (United Kingdom and United States of America), estabelecido na segunda metade dos anos 1940 entre Washington e Londres, deu origem ao sistema de informações e espionagem eletrônico Echelon, conhecido como tal nos anos 1980. Esse sistema, baseado na Inglaterra, recolhe, processa e compartilha informações entre os países que constituem os *cinco olhos*: Estados Unidos, Canadá, Reino Unido, Austrália e Nova Zelândia. Anteriormente voltado a questões militares contra o Pacto de Varsóvia durante a Guerra Fria, ele passou, nos anos 1980, a incluir a espionagem industrial e política, inclusive em relação a aliados da Otan na União Europeia, como foi denunciado no Parlamento Europeu em 2000.

Ele não engloba apenas o território metropolitano desses países, mas também um conjunto de pequenas ilhas e pontos estratégicos em todos os oceanos e continentes. Um dos pontos do sistema de espionagem mundial Echelon, por exemplo, localiza-se na ilha britânica de Ascensão, no centro do Oceano Atlântico. Trata-se não apenas de "antenas" do sistema, mas igualmente de bases militares e/ou paraísos fiscais, os últimos, conectados à praça financeira de Londres. O Reino Unido soube se adaptar ao seu declínio hegemônico por meio de uma aliança com os Estados Unidos, com ambos os países convergindo nas votações do Conselho de Segurança da ONU.

Os Estados Unidos constituem a liderança do grupo, com o dólar, a diplomacia, as Forças Armadas, a indústria cultural e o controle quase exclusivo dos meios de comunicação eletrônica e de organizações internacionais. Os demais, no entanto, não são "dominados", e, sim, partes integrantes e ativas (embora discretas) do grupo. Israel, tangencialmente, está associado ao grupo, mas tem uma agenda regional própria, mantém certa independência e é uma potência nuclear. Há também apêndices europeus associados, do ponto de vista estratégico, como Espanha, Portugal, Holanda, Dinamarca, Polônia, Hungria, Croácia, Romênia, Bulgária e os países bálticos (Lituânia, Letônia e Estônia).

Embora sejam membros da União Europeia, assim como o Reino Unido até o Brexit, o foco na área de Defesa desses países tem sido a convergência com o eixo anglo-saxão. No Sul Geopolítico (Terceiro Mundo), podem ser mencionados Chile, Colômbia, Marrocos, Quênia e Arábia Saudita (mas Riad tem margem de autonomia) como parceiros do eixo e agendas de "aliados regionais" dos anglo-saxões, exercendo influência em seu entorno. Mas esses países não apresentam os requisitos de poder anteriormente enumerados para serem integrantes do grupo ou a capacidade de influir nas decisões e estratégias ou são desejados como sócios pelos *big five*.[3]

O eixo industrial desenvolvido e semissoberano

O segundo grupo é o *eixo industrial desenvolvido* da União Europeia, do Japão e dos Tigres Asiáticos. Com um capitalismo industrial produtivo avançado e elevado nível de vida das populações, ele se diferencia do primeiro, pois esse grupo carece dos recursos de poder tradicionais (exceto a França), como os militares, e de plena soberania. Foram protegidos durante a Guerra Fria, mas hoje a situação é incerta, e as tensões com o primeiro eixo são crescentes. Muito do que vier a ocorrer depende da atitude política a ser adotada por nações relevantes do eixo, como a Alemanha e o Japão, os derrotados da Segunda Guerra Mundial, e da França, que tem se revelado incapaz de agir estrategicamente de forma coerente.

A composição do eixo se baseia nas antigas potências médias que se industrializaram no fim do século XIX (Europa Central e Japão) e após a Segunda Guerra Mundial (restante da Europa e Tigres Asiáticos). Durante a Guerra Fria, foram enquadradas como membros da Otan (Europa) ou de pactos bilaterais de defesa na Ásia Oriental. No caso dos integrantes do grupo fascista (Berlim, Roma e Tóquio), há sérias limitações institucionais e militares à plena soberania. Não se trata apenas das tropas e bases militares norte-americanas em seu território (algumas em nome da Otan), mas dos óbices à constituição de uma tecnologia e de indústrias bélica e aeroespacial próprias. Também pesa muito o fato de serem Estados

---

3 Alusão aos cinco animais africanos capazes de se defender sozinhos: o leão, o elefante, o búfalo, o rinoceronte e o leopardo. No caso, trata-se dos Estados Unidos, Canadá, Reino Unido, Austrália e Nova Zelândia.

A DISPUTA POR UMA NOVA ORDEM PARA O NOVO SÉCULO (1991-2021) 185

reconstituídos por forças de ocupação após 1945, com uma elite moldada pelos vencedores, hoje dividida e sem visão estratégica.

O caso francês é emblemático, pois, dentre os países desse eixo, detém uma posição única: potência nuclear, membro permanente do Conselho de Segurança da ONU, detentor de uma rede de bases ao redor do mundo e de uma tecnologia e indústria aeroespacial independentes. Mas é forçoso reconhecer que, desde as guerras napoleônicas, a França perdeu o dinamismo como potência militar, e as únicas guerras que venceu foram em aliança com outras potências. Com a Alemanha, forma o *hardcore* da União Europeia, mas desde os anos 1970 parece mergulhada numa crise de identidade estratégica. Já na Alemanha e no Japão, com tecnologia e economias ultra-avançadas, as elites parecem sofrer da síndrome do pós-Guerra Fria, sem conseguir definir um projeto coerente de ação internacional. O caso da relação da Alemanha com a Rússia e os Estados Unidos é emblemático, com interesses econômicos convergindo com Moscou e a agenda de defesa ainda vinculada a Washington.

Na Ásia Oriental, com Japão, Coreia do Sul e Taiwan, ocorre o mesmo em relação aos Estados Unidos e à China. Crises militares artificialmente fomentadas mantêm um estado de insegurança permanente, visando a limitar a convergência entre os Tigres e o Dragão chinês. Para tanto, basta provocar a Coreia do Norte, que reage da forma esperada e desejada, para manter o alinhamento aos esquemas securitários de Washington. Todavia, a "guerra comercial" entre os EUA de Trump e a China significa mais uma disputa de renegociação entre parceiros, pois o real conflito econômico e tecnológico, muito mais complexo e multidimensional, está ocorrendo entre os Estados Unidos e a União Europeia, em particular, a Alemanha.

Na mesma linha, vale lembrar que Samuel Huntington (1996, p. 195) definiu que o coração do Ocidente se encontrava no Atlântico Norte, e que a Otan era a organização articuladora. Assim, o dilema da União Europeia e do Japão/Tigres é que suas relações econômicas com os EUA enfraquecem, enquanto crescem com o Brics, particularmente China e Rússia. Mas os vínculos diplomático-securitários com Washington, bem como o arranjo entre as elites dirigentes das duas margens do Pacífico, seguem fortes.

As revoluções coloridas chegaram à Europa com o Brexit, os movimentos políticos "populistas" no poder e a violência radical desestabilizadora (como os coletes amarelos franceses). O desrespeito aberto às normas comunitárias, os atentados terroristas, separatismos e migrações massivas induzidas formam parte de um mesmo processo. Evidentemente há uma base sociológica para tal fenômeno, com o gradual naufrágio do Estado de bem-estar social e o esvaziamento do universo da política tradicional, mas há uma sincronização. Steve Bannon não é um "rebelde sem causa".

186 AS GRANDES POTÊNCIAS E OS CONFLITOS MUNDIAIS

O eixo industrial heterodoxo emergente semiperiférico

O terceiro grupo consiste no *eixo industrial heterodoxo emergente*, integrado pelas grandes nações do Brics, especialmente a China e a Rússia, além da Turquia e do Irã, onde a participação do Estado no desenvolvimento representa traço determinante. Trata-se do que é conceituado como *semiperiferia*, o alvo explícito dos Estados Unidos de Donald Trump e sua *America first*. Como o grupo anterior, seu objetivo imediato é evitar um conflito armado de dimensões globais e manter seu desenvolvimento econômico. Com recursos para se defender, eles ainda não conseguem projetar poder militar global e dependem da atitude que o segundo eixo vier a adotar. Mas alguns deles têm poder de dissuasão e estão se tornando mais assertivos na medida em que a crise iniciada em 2008 e as tensões mundiais se aprofundam.

Rússia e China são membros permanentes do Conselho de Segurança da ONU e, assim como a Índia, potências nucleares. A China mantém o regime socialista com um projeto de desenvolvimento multifacético globalizado, com altas taxas de crescimento, que já tornaram o país a segunda economia do mundo. E esse avanço produtivo está sendo acompanhado do incremento tecnológico e de capacidade de defesa. O Estado chinês abarca 22% da população mundial e goza de estabilidade interna e de autonomia internacional. Seu projeto de desenvolvimento "socialista de mercado" se assemelha à Nova Política Econômica (NEP) soviética dos anos 1920, só que internacionalizada. Suas conexões comerciais, financeiras e tecnológicas, tanto com os países capitalistas desenvolvidos quanto com os em desenvolvimento, têm transformado a geoeconomia mundial, em particular nas áreas periféricas.

Já a Rússia representa mais uma potência *reemergente*, pois é herdeira da superpotência soviética derrotada, após severo enfraquecimento e declínio nos anos 1990. A capacidade tecnológica, a indústria aeroespacial e armamentista, bem como a capacidade de defesa, tornam-na o único Estado com capacidade de rivalizar estrategicamente com os Estados Unidos. Todavia, ela sofre de algumas debilidades, pois sua governança ainda é frágil. Não apresenta um partido estruturante (como na China ou na época soviética), a sociedade sofreu grandes transformações e fragmentação, e a população está declinando. Além disso, do ponto de vista geopolítico, seu entorno (o "exterior próximo") e as conexões internacionais denotam fragilidades, apesar da criação da UEE (que agravou o problema ucraniano).

Quanto ao elefante indiano, observam-se um crescimento econômico e crescente presença internacional, mas com um desconcertante atraso social da população, em acelerado crescimento, que ultrapassará a chinesa em poucos anos. A população chinesa está estabilizada e envelhece, enquanto a russa já envelheceu e regrediu numericamente. Mas esses dois países têm amplos territórios e recursos naturais, ao contrário da Índia. Embora o *status* nuclear indiano tenha sido chancelado pelos Estados Unidos, o país enfrenta graves desafios securitários, tanto externos (China e Paquistão) quanto internos (terrorismo, separatismo e guerrilha maoista Naxalita).

Brasil e África do Sul pós-Apartheid conheceram desenvolvimento acelerado no início do século XXI e, justamente com a Índia, criaram o Fórum de Cooperação Trilateral Ibas em 2003. Mas, nos anos recentes, ambas as nações vivenciaram sérias crises de governabilidade e estagnação econômica, carecendo, atualmente, de um projeto estratégico. Da mesma forma, as duas nações perderam o protagonismo no campo da integração regional. O Brasil, em particular, encontra-se no limiar de ser rebaixado ao quarto eixo, que será analisado adiante. Dois Estados que lograram avanços econômicos e político-militares foram a Turquia e o Irã, adquirindo uma posição e um *status* semelhantes ao do Brics. Mas ambos se encontram numa linha de fratura geopolítica extremamente vulnerável e denotam certa fragilidade doméstica e internacional.

O Brics, que adquiriu suas características de polo de poder em 2009 (em resposta aos desdobramentos da crise de 2008), tem desenvolvido mecanismos econômicos e diplomáticos consideráveis, embora não constitua um "bloco", e sim um fórum. Além de integrar as nações do Ibas, há uma outra organização importante, que é a OCX, surgida em 1996, englobando China, Rússia, Cazaquistão, Quirguistão e Tadjiquistão. Posteriormente, Uzbequistão, Índia e Paquistão passaram a integrar essa organização (além de outros Estados observadores). Ela possui um foco econômico e securitário e articula um polo eurasiano, que representa um pesadelo estratégico para os EUA (BRZEZINSKI, 1998). Todavia, Rússia e China são aliados, *ma non troppo*, pois ambos os países têm agendas parcialmente divergentes e competem na região.

As grandes nações emergentes constituem uma espécie de semiperiferia, em que a acumulação prévia de capital as coloca numa posição de projeção econômica global, gerando uma situação em que o crescente peso econômico conflitua com a ordem política mundial preexistente. A Rússia de Putin não é apenas uma potência energética (gás, petróleo e urânio), mas as empresas russas internacionalizadas desse setor possuem uma crescente presença internacional. Ao lado disso, Moscou voltou a ser um grande exportador de armamentos avançados. Já a China, além da crescente presença econômica na África e na América Latina, lançou iniciativas eurasianas arrojadas, como a Nova Rota da Seda e o Obor (*one belt, one road*). Elas configuram a emergência de uma zona-pivô terrestre, que recria os elementos básico da geopolítica clássica, com novos elementos econômicos.

O eixo agrário, mineral e demográfico periférico

Por fim, o quarto é o *eixo agrário, mineral e demográfico periférico*, integrado pelas nações médias e pequenas da América Latina, da África e da Ásia geográfica (que inclui o Oriente Médio). Possuem recursos humanos, agrícolas ou minerais abundantes (inclusive energia), mas não detêm capacidade militar ou articulação diplomática, tendendo a agir de maneira fragmentada e constituindo uma zona em disputa pelos demais eixos. O Brasil e a África do Sul, integrantes do Brics, parecem estar sendo "rebaixados", devido a suas agendas e disputas políticas internas, e correm o risco de passar a integrar esse grupo.

Dimensões estruturais

O Sul Geopolítico (Terceiro Mundo) abarca a América Latina, a África, a Ásia Ocidental (Oriente Médio), Central e Meridional, onde ocorre o crescimento demográfico mundial. Isso não apenas representa uma imensa reserva de mão de obra jovem e potencial mercado consumidor, mas gera, igualmente, um excedente populacional desocupado que produz crises migratórias e de refugiados de conflitos. A fronteira Estados Unidos-México e o Mar Mediterrâneo se tornaram zonas extremamente vulneráveis a esse fenômeno. O arco que vai do Paquistão ao Japão (excluindo a metade ocidental da China) abriga mais da metade da população mundial. E o Oriente Médio e a metade norte da África vivem forte desestabilização.

As democracias de consumo do norte, por seu turno, consomem enormes volumes de alimentos e matérias-primas (energia, minérios, entre outras), cuja produção e reservas se encontram no sul (PAIVA, 2011, p. 32). Esse fenômeno se agrava ainda mais com o aumento do consumo *per capita* nas nações emergentes e das classes médias urbanas de todo o Sul Geopolítico. Nele encontram-se vastos espaços para investimentos lucrativos (infraestrutura, mineração, serviços, agronegócio), num quadro de crescente competição intercapitalista, o qual opõe, principalmente, as antigas potências industriais e as emergentes da semiperiferia. Assim, essa parte do planeta é palco de uma disputa econômica e estratégica que se assemelha à que antecedeu a Primeira Guerra Mundial.

O Sul Geopolítico concentra, aproximadamente, dois terços dos Estados existentes (bastante desiguais), a maioria esmagadora deles com grande fragilidade político-social e debilidade militar e econômica. A agenda internacional desses consiste, simplesmente, na manutenção de sua existência como nação e das elites locais no poder. Muitas iniciativas de articulação da época da Guerra Fria, como o G-77 e o Movimento dos Países Não Alinhados, que buscavam formular uma agenda comum e aumentar o peso político da região na ONU, perderam o foco

A DISPUTA POR UMA NOVA ORDEM PARA O NOVO SÉCULO (1991-2021) 189

com o fim da bipolaridade. Com o ciclo neoliberal da globalização, a partir dos anos 1990, foram formuladas várias iniciativas de integração regional, mas elas esbarraram em dificuldades estruturais nos planos local e global. Assim, ainda que o PIB de muitas das nações do sul esteja crescendo, às vezes acima da média mundial, a vulnerabilidade política, a instabilidade econômica e a tensão social são crescentes.

Apesar das diferenças materiais e de alinhamentos em política externa, esses Estados têm em comum, estruturalmente, uma posição semelhante na economia mundial. De forma direta ou indireta, estão sujeitos às agendas formuladas pelas potências norte-atlânticas e às ações de Estados poderosos e de megaempresas transnacionais. Mas, nas diversas regiões que compõem o Sul Geopolítico, podem ser identificados alguns Estados-pivô, com certo protagonismo político e, eventualmente, econômico.

Regiões e Estados-Pivô

Na América Latina, após a "Onda Rosa" de governos de centro-esquerda com agenda social (mas sem romper com o neoliberalismo), a tendência é a reversão (por vários meios) de quase todos eles. E, juntamente com as mudanças internas, ocorre o esvaziamento dos projetos de integração (Mercosul) e de associação latino-americanos, como a Comunidade dos Estados Latino-Americanos e Caribenhos (Celac), bem como sul-americanos, como a União das Nações Sul-Americanas (Unasul). O Brasil, como analisado, encontra-se em uma situação política e econômica que o está conduzindo a uma posição de membro gigante desse quarto eixo, enquanto a Argentina já se encontra nele há algum tempo.

Na América do Sul, o Chile e a Colômbia mantêm um protagonismo estratégico pró--Washington, o primeiro, com exército poderoso e posição geopolítica bioceânica. A segunda, com longa cooperação com os EUA em contrainsurgência e combate ao narcotráfico, hoje joga um papel relevante na crise venezuelana. Já o México, embora siga integrado subordinadamente à economia dos Estados Unidos, exerce uma espécie de "protagonismo negativo ou involuntário", com a questão migratória e do narcotráfico jogando um papel importante. Já o maior interesse da administração Trump no subcontinente foi a agenda econômica e a contenção da crescente presença chinesa, com investimentos, serviços, comércio e construção de infraestrutura.

A África, muito mais do que a Ibero-América, hoje representa uma região em acirrada disputa geopolítica entre potências antigas e emergentes, o que inclui o espaço estratégico dos oceanos Índico e Atlântico Sul. A isso se somam o terrorismo na metade norte, golpes de Estado, guerras civis, como na República Democrática do Congo e no Sudão do Sul, e o co-

190   AS GRANDES POTÊNCIAS E OS CONFLITOS MUNDIAIS

lapso de Estados, como a Líbia e a Somália. O Marrocos segue como um aliado ocidental estratégico, com a questão pendente do Saara Ocidental e sua campanha, como um "cavalo de Troia" no sul, em prol da chamada Comunidade Atlântica (unindo o cenário norte-atlântico com o sul-atlântico). Já a África do Sul se encontra estrategicamente estagnada pelos efeitos da transição pactuada de saída do Apartheid, já não sendo mais a maior economia do continente, posição hoje ocupada pela populosa Nigéria.

Todavia, o continente tem uma dinâmica própria, e Estados que avançam econômica e politicamente. Angola, Nigéria e Etiópia se tornaram algo que, no contexto africano, poderia ser considerado como potências regionais. Ironicamente, os organismos de cooperação africanos têm desempenhado um papel crescente na cooperação econômica e na resolução de conflitos. O Djibuti, por sua vez, tornou-se um ponto nevrálgico não apenas pela posição geopolítica, na entrada do Mar Vermelho, mas também por abrigar bases de países, como França, EUA e China. O Quênia, igualmente, constitui um ponto de apoio estratégico ocidental. O Golfo da Guiné, com seus recursos petrolíferos, também ganhou uma posição estratégica. A clivagem principal no continente opõe os Estados Unidos e a França à crescente presença chinesa. Mas, ao contrário de certa narrativa vitimizadora, o que se observa é que tal situação tem conferido aos Estados africanos uma margem de autonomia política e econômica que nunca haviam desfrutado em 60 anos de vida independente.

O Oriente Médio, assim como a África, constitui uma região em acirrada disputa estratégica pela posição geopolítica e por recursos energéticos, só que de forma muito mais direta e violenta. Embora isso não seja algo inédito, atualmente possui um novo significado, não mais de antagonismos confinados regionalmente. Transformou-se no grande Oriente Médio, com a inclusão dos novos Estados do Cáucaso (Geórgia, Armênia e Azerbaijão) e da Ásia Central ex-soviética e do Afeganistão, palco do novo grande jogo ou grande tabuleiro. A Geórgia, o Azerbaijão, o Turcomenistão e o conflituado Afeganistão constituem um corredor pró-Otan que separa a Rússia e seus aliados da Ásia Central dos também aliados Irã, Armênia e Síria.

A Turquia, aparentemente, desistiu da aproximação com a União Europeia e aproximou-se da Rússia e do Irã, o qual é considerado uma ameaça por Israel, Arábia Saudita e as petromonarquias do golfo, exceto Catar e Omã. As clivagens políticas domésticas do Iêmen (bloqueado por Riad e devastado pela guerra civil) foram enquadradas pelo Irã e pela Arábia Saudita. O reino saudita vive uma luta interna dentro da elite dirigente (dezenas de facções de príncipes rivais) e constitui uma teocracia fundamentalista e uma monarquia absolutista que assumiu a associação com Israel. O país apresenta enorme importância petrolífera e financeira e é mentor e financiador de movimentos islâmicos fundamentalistas. Além das guerras civis interna-

A DISPUTA POR UMA NOVA ORDEM PARA O NOVO SÉCULO (1991-2021) 191

cionalizadas da Síria e do Iêmen, o Iraque segue sendo um terreno de embate, com a questão curda ocupando uma posição central.

Todavia, seria errôneo pensar que se trata de um embate entre sunitas e Ocidente contra xiitas. O que está em jogo é a tentativa das monarquias conservadoras e das potências ocidentais de derrubar os regimes laicos e modernizadores, que incluem a Síria, o Iêmen, o Egito, o Irã (que é modernizante) e a Turquia (que esfriou a relação com a Otan e se aproximou da Rússia). A intervenção formalmente "antiterrorista" ocidental no Iraque e no Afeganistão redundou em um fracasso, e a tentativa de derrubada do regime do Baas na Síria, igualmente, não teve êxito, abrindo espaço para a presença da Rússia na região.

Na Ásia Meridional, além da Índia, já analisada, o Paquistão (potência nuclear) tem se aproximado da China e do Irã. Mas é digno de nota o protagonismo e a autonomia relativa dos dez Estados integrantes da Associação das Nações do Sudeste Asiático (Asean). Formada por países ricos (Cingapura e Malásia) e pobres (Filipinas), monarquias e repúblicas, grandes e pequenos, socialistas e capitalistas, estáveis e instáveis e por regimes democráticos *à la* ocidental (Tailândia) e considerados autoritários (Mianmar), a Asean logra desenvolver uma agenda política autonomista comum. A associação representa um ponto de equilíbrio entre as gigantes China e Índia, apesar das tensões no Mar da China Meridional. Já na península coreana (junto com o Japão), as tensões locais se encontram enquadradas em antagonismos globais.

O imenso espaço do Oceano Pacífico está sob controle das potências marítimas, com a Austrália (chamada na região de "EUA do Pacífico") e a Nova Zelândia exercendo um papel importante, com o controle de inúmeros arquipélagos, assim como os Estados Unidos, a França e o Reino Unido. O Oceano Índico constitui, por sua vez, um espaço em disputa, com as três últimas nações (mais a Austrália) ocupando uma posição dominante, mas tendo que fazer frente à crescente presença naval chinesa e russa. Já o Atlântico Sul, por sua vez, tem seus pontos estratégicos no centro do oceano e nas passagens para os demais oceanos sob discreto controle do Reino Unido. Por fim, mesmo os espaços polares ártico e antártico se converteram em regiões em que a presença econômica e militar das potências capitalistas desenvolvidas rivaliza com a das emergentes.

Estruturas, processos e tendências

O encerramento da Guerra Fria e do sistema bipolar produziu novas realidades e desafios teóricos. Muitas tentativas de interpretação foram buscadas, mas parece claro que os EUA e as potências anglo-saxônicas que compõem o primeiro eixo de poder seguem dominantes, contudo, em um quadro de acelerada mutação e tendente à multipolaridade. Assim como Kissinger (1973) muito bem definiu em sua tese de doutorado o equilíbrio europeu de poder, há, no início do século XXI, um equilíbrio (instável) de poder global. Há dois níveis de clivagens internacionais, não exatamente superpostas: um político e outro econômico, que denotariam uma assincronia entre a estrutura de poder político e a de poder econômico.

As clivagens políticas, que afetam a distribuição do poder mundial, opõem China e Rússia (ou o núcleo duro do Brics) de um lado e as potências anglo-saxônicas de outro, tendo o grupo União Europeia e Japão como possíveis parceiros, embora recalcitrantes. Já as clivagens econômicas vão além da visão de "emergentes *versus* declinantes", como a administração Trump demonstrou. É certo que a Ásia se tornou o grande centro manufatureiro industrial mundial, mas a economia internacional possui uma dinâmica integrada e, contraditoriamente, conflitiva (*desenvolvimento desigual e combinado*). E o sistema mundial se caracteriza, como demonstrou Arrighi (1996), pela coexistência entre Estados territoriais e o capital, com mobilidade transnacional.

Assim, se, por um lado, *na condição de Estados nacionais*, os emergentes reclamam por uma fatia de poder compatível com seu crescente peso econômico, por outro, eles se encontram associados às grandes nações já desenvolvidas ou pós-industriais. Nesse contexto, a "guerra comercial" EUA-China se assemelha à EUA-Japão dos anos 1980. A China tem uma relação simbiótica com os Estados Unidos, e a disputa atual parece conter elementos de renegociação do "pacto" econômico entre ambos. O verdadeiro alvo da agressividade americana é a Europa nucleada em torno da Alemanha (concorrente de capitalismo avançado) e o reenquadramento de Estados semiperiféricos da região americana de controle geopolítico (caso do Brasil).

Isso não significa que tudo seguirá como era e que o poder americano/anglo-saxão tende a manter sua posição dominante. O historiador e demógrafo Emmanuel Todd (2003, p. 4) argumentou que

> [...] não haverá império americano. O mundo é demasiado vasto, diverso e dinâmico para aceitar a predominância de uma única potência. O exame das forças demográficas e culturais, industriais e monetárias, ideológicas e militares que transformam o planeta não confirma a atual visão de uma América invulnerável [...]. Um quadro realista [mostra] uma grande nação cuja potência foi incontestável, mas que o declínio relativo parece irreversível. Os Estados Unidos eram indispensáveis ao equilíbrio do mundo; eles não podem hoje manter seu nível de vida sem os subsídios do mundo. A América, pelo seu ativismo militar de teatro, dirigido contra Estados insignificantes, tenta mascarar seu refluxo. A luta contra o terrorismo, o Iraque e o "eixo do mal" não é mais do que um pretexto. Porque ela não tem mais a força para controlar os atores maiores que são a Europa e a Rússia, o Japão e a China, a América perderá esta última partida pelo domínio do mundo. Ela se tornará uma grande potência entre outras.

A DISPUTA POR UMA NOVA ORDEM PARA O NOVO SÉCULO (1991-2021) 193

As transformações geradas pelo mundo pós-moderno e neoliberal atingiram os países de forma diferenciada. O eixo anglo-saxão apresenta uma economia pós-industrial (finanças, tecnologia, serviços) que é mais *administrativa* (equilibrar orçamento), enquanto o eixo desenvolvido e o eixo emergente são *produtivos* (produtores de mercadorias). Já no Sul o enfraquecimento do Estado, o excedente populacional e o desenvolvimento insuficiente provocam criminalidade crescente e emigração, mas não dos mais miseráveis.

Além disso, as consequências sociais alteram a estrutura da sociedade. Enquanto no Norte as cidades se degradam (Detroit é o caso mais radical), no Sul surgem caóticas megalópoles, com criminalidade e poluição. O consumo de drogas em escala cada vez maior, além de um negócio lucrativo, representa uma forma de controle social da juventude e de marginalizados, que refluem para nichos e não se envolvem em política, tanto no Norte como no Sul. A terceirização e o trabalho fragmentado por aplicativo, bem como o "empreendedor" da "economia criativa", substituem a antiga classe trabalhadora sindicalizada.

De que forma esse estágio do capitalismo afeta as relações internacionais e a hierarquia entre potências? A imigração transforma o Norte por dentro, assim como ocorreu com o Império Romano, só que de forma diferente. Em Estados pós-coloniais, historicamente receptores de imigrantes (como Brasil e EUA), há certa assimilação, enquanto na Europa surgem crescentes tensões, em uma sociedade envelhecida e sem novos projetos políticos. Já no Sul, produtor de insumos, a atitude das elites é diferenciada, sendo o pior caso o da América Latina, que se encontra sem projeto e em acentuado retrocesso econômico. Com a revolução tecnológica e o avanço de outras regiões, está se formando um *gap* irrecuperável.

Na África e no Oriente Médio pós-Primavera Árabe, parece haver uma recomposição das elites dirigentes, com a sinalização de novos projetos nacionais e de alteração de alianças internacionais. Ressalte-se, todavia, que no Oriente Médio a situação segue contida por uma espécie de *guerra de posições*, enquanto na África há uma situação dinâmica de *guerra de movimentos*. Como Todd (2003) demonstra em sua obra, o mundo árabe e islâmico se encontra em processo de modernização demográfica e política. Na Ásia, especialmente na oriental, há realmente projetos e elites mais comprometidas com o desenvolvimento, apesar das contradições sistêmicas. Curiosamente, pouco se fala sobre o fato de o país com melhor performance econômica há décadas ser a República Popular da China, um Estado socialista.

A formação de um amplo espaço eurasiano interconectado (que acessa o Oriente Médio por terra) parece ser o grande temor dos estrategistas norte-americanos e de seus aliados. Com uma América que perde a utilidade para as demais nações, até quando o "antiterrorismo" seguirá sendo um vetor de ação eficaz? Nada parece lograr uma atualização da estrutura das Nações Unidas, surgem lideranças aventureiras, e as tensões se acumulam na ausência de estratégias definidas. Para completar, em 2020 o mundo foi sacudido pela pandemia da Covid-19, produzindo uma situação de agudização da crise que já se esboçava em 2019. A realidade que emergirá após a pandemia é de difícil previsão. Podem haver mudanças, mas também "mais do mesmo", pois, em 150 anos, os grupos políticos "progressistas" nunca estiveram tão carentes de uma agenda realista, e o cenário pós-Trump ainda está por se definir. Assim, mais do que nunca, é necessário refletir sobre as transformações em curso e seu impacto no jogo entre as grandes potências.

O terremoto Trump e o meteoro Covid-19: incertezas e perspectivas

O terremoto Trump e a pandemia abalam a globalização

Donald Trump, uma presidência antiglobalização

A eleição de Donald Trump, em 2016, foi surpreendente, e sua atuação internacional desconcertante provocou críticas de alguns e silêncio de outros. Ele venceu contra os democratas, a mídia, o estamento militar e, até, contra os caciques do próprio partido, com seu instinto empresarial e aventureirismo inconsequentes. Conforme André Araújo (2017, p. 9) vaticinou no início do mandato

> Donald Trump é um ponto fora da curva da normalidade, [...] não faz parte do *establishment*, [...] não tem experiência ou inteligência política, vai causar muita confusão [...]. Todavia, ele existe por uma razão concreta. A globalização trouxe benefícios a uma camada social dos EUA e imensos prejuízos a outra camada. Ao contrário do que pregava o Consenso de Washington, a globalização é um processo desequilibrado e pouco eficiente. [...] Trump é o resultado do fim de um sonho, mas não a solução para revivê-lo.

Determinado a recuperar a primazia econômica norte-americana, ele atropelou as organizações internacionais e seus próprios aliados, confrontou a Rússia e a China, abandonou acordos multilaterais e protagonizou uma diplomacia insólita no Oriente Médio.

O Nafta foi renegociado favoravelmente aos EUA, com Canadá e México sofrendo enorme pressão e ameaças de taxação comercial. A participação americana na Parceria Transpacífica foi cancelada, dando oportunidade para a China firmar um acordo semelhante em fins de

2020 com as demais nações da Ásia-Pacífico.[4] Para barrar a imigração ilegal de mexicanos e latino-americanos, foi iniciada a construção de um muro na fronteira, sendo dispensado um tratamento duríssimo aos imigrantes, inclusive com a separação de crianças. Enquanto isso, aumentou enormemente o assassinato de afro-americanos pela polícia, gerando movimentos de protesto no país e no exterior, ao mesmo tempo que o Obama Care era desmantelado. A aproximação com Cuba, também da gestão Obama, foi revertida, provavelmente para contentar o eleitorado cubano-americano da Flórida, com propósitos eleitorais. As mudanças de regime no continente, com a implantação de governos conservadores, por sua vez, tiveram forte apoio da Casa Branca. O caso da Venezuela foi o mais significativo, envolvendo interesses petrolíferos e, por consequência, uma tensão com russos e chineses, também interessados, que apoiavam o regime chavista de Maduro, o qual ainda se mantém no poder.

A Rússia de Putin, alegadamente simpatizante do presidente Trump, sofreu também enorme pressão econômica, militar e diplomática. Mas o caso mais sério foi a "guerra comercial" com a China, à qual Trump impôs taxações, pressionando por negociações com a finalidade de equilibrar a balança comercial. A competição sino-americana, contudo, não foi restrita ao plano bilateral, pois a África e América Latina foram pressionadas por uma assertiva campanha norte-americana antichinesa, especialmente no que diz respeito à tecnologia 5G (mais forte ainda na Europa). No Oriente Médio, os EUA adotaram uma enfática posição pró-Israel na questão palestina e fomentaram o reconhecimento diplomático do Estado judaico por parte de aliados árabes, como Marrocos, Emirados Árabes Unidos, Bahrein e Arábia Saudita (cooperação informal). O Irã foi pressionado com novos embargos, ainda mantidos pelos europeus, e com a retirada norte-americana do acordo nuclear. Mas os sucessos da diplomacia da Casa Branca para a região sofreram um sério golpe com a reação da Turquia, que esfriou a relação com a Otan e se aproximou da Rússia, inclusive adquirindo mísseis de última geração.

A Europa foi outra frente visada por Trump, que exerceu pressões comerciais, apoiou o Brexit e tentou forçar as nações do velho continente a aumentarem os gastos de defesa para 2% do PIB, como forma de financiar a Otan, gerando forte tensão na organização. Além disso, a pauta ambiental e a de direitos humanos da União Europeia foram alvo das políticas da Casa Branca durante a tumultuada gestão, inclusive com a saída do acordo climático. Steve Banon, embora não esteja mais formalmente ligado a Trump, difunde sua agenda entre os grupos conservadores antieuropeus, principalmente os europeus do leste. A concorrência de empresas norte-americanas com europeias (por exemplo, Boeing *versus* Airbus) tornaram a Alemanha um rival econômico, e foi inegável o esforço norte-americano para debilitar a

---

4 A Parceria Regional Econômica Abrangente, além da China, conta com Japão, Coreia do Sul, Austrália, Nova Zelândia e as dez nações da Asean.

integração europeia. Mesmo países aliados, como a Índia, foram vítimas de taxação comercial por parte dos EUA.

A agenda econômico-comercial de Trump parece ser a base de sua política. O deficit comercial norte-americano foi de 736 bilhões (sendo 347 com a China) em 2016, último ano da administração Obama, atingindo 879 (420 com a China) em 2018. Em 2020, com a recessão provocada pela pandemia, caiu para 486 (163 com a China), mas em 2019 o crescimento da economia norte-americana (bem como da mundial) estava declinando. Segundo dados oficiais do Tesouro dos EUA, o deficit do orçamento federal, que foi 1,5 trilhão durante a recessão 2009, era de 500 bilhões em 2015 (Obama), chegou a 1 trilhão em 2019 e ultrapassou 3 trilhões em 2020, durante a pandemia. A "prosperidade" do governo Trump se deveu a injeção de recursos do Tesouro e a criação de empregos precários, em meio à pressão extraeconômica sobre outras nações, que se tornaram importadoras, e não a um fenômeno de crescimento endógeno.

Assim, a nação que impulsionou e moldou as estruturas institucionais da globalização foi governada por quatro anos por um adversário desse processo, eleito por cidadãos e empresas norte-americanas que dela foram vítimas. Todavia, isso criou uma situação de anomia mundial. Mas, ainda segundo André Araújo (2017, p. 9),

> Trump pode fracassar, mas as causas que o elegeram continuam latentes e serão de difícil solução [...]. Cada país e região vai reagir de alguma forma. Se é possível ver alguma utilidade [nele, seria] a de desarrumar um pouco a globalização financeira e comercial que está sufocando o mundo, jogar água fria nos movimentos politicamente corretos que estão infernizando o planeta, desarranjar uma sufocante burocracia que está paralisando o crescimento mundial [...], ONGs, acordos de cooperação, *compliances* sem fim e sem lógica [...] que atrapalham empresas e cidadãos sem incomodar minimamente traficantes, criminosos e terroristas. Trump é uma espécie de inseticida, que vai colocar pânico no formigueiro até ser parado ou esgotar sua energia. Um acidente histórico como tantos outros.

Todavia, a vitória de Joe Biden, muito provavelmente, trará mais mudanças de forma do que de conteúdo. Os problemas estruturais dos EUA são sérios, e neles joga papel fundamental uma dualidade básica, cada vez mais difícil de conciliar: o país é tanto um Estado nacional quanto o coração do sistema mundial. O estilo do governo Trump, entretanto, pode induzir o analista ao erro. Como os casos do Oriente Médio (retirada de tropas do Iraque, da Síria e do Afeganistão) e da Coreia do Norte (insólito encontro com Kim Jong-Un) demonstram, ele considera o envolvimento militar um ônus financeiro e esteve em choque com o Pentágono e com os serviços de inteligência. De qualquer forma, ele não representa o pensamento republicano tradicional, demonstrando claramente uma visão empresarial.

A DISPUTA POR UMA NOVA ORDEM PARA O NOVO SÉCULO (1991-2021)   197

Se Obama foi mais voltado à agenda social no plano interno, do ponto de vista militar, ele e a secretária de Estado Hillary Clinton foram muito proativos. Então, os interesses econômico-comerciais defendidos por Trump ainda permanecerão, e os securitários devem ganhar prioridade equivalente. As clivagens internacionais provocadas na gestão que findou, além disso, estão sendo agravadas pelos múltiplos efeitos da pandemia da Covid-19, cujos contornos ainda não estão definidos. Há espaço para a retomada de alguns paradigmas anteriores, como o social e doméstico, mas, no geral, as rivalidades globais devem continuar, talvez de forma até mais assertiva. Além disso, o novo governo terá de equilibrar reivindicações contraditórias da ala esquerda dos democratas com as exigências de Wall Street e do Pentágono, além de buscar acalmar os derrotados, como forma de obter algum consenso e estabilidade.

A pandemia de 2020 e seus impactos internacionais

A origem da atual pandemia está envolta em teorias da conspiração, mas o que se sabe é que ela atingiu os fundamentos do sistema mundial baseado na globalização econômica, reforçando antagonismos nacionais e sociais. As dimensões e a velocidade da propagação do vírus são inéditas, pois o mundo está muito mais urbanizado e conectado do que em pandemias anteriores. Estratégias e narrativas dominantes simplesmente perderam sentido, deixando um vácuo que é preenchido por ações reativas de curto prazo. Mas será que a *hard politics* está paralisada, ou a crise cria condições para que determinados projetos sejam implementados quase sem oposição?

O analista deve ter sempre em foco o contexto no qual o objeto ou processo estudado se encontra, particularmente a situação precedente, para avaliar o provável impacto. Desde 2009 ocorre uma reação norte-americana e britânica como resposta à crise do *subprime,* da Libra e da Zona Euro, primeiro com Barack Obama e, depois, com Donald Trump. Ela consistiu em mais medidas de orientação neoliberal no nível interno e novas formas de conflitos no plano internacional. Donald Trump não criou a agenda, apenas assumiu-a com uma lógica empresarial, sem a mediação retórica diplomática e multilateral dos democratas, que também defendem *America first.* Havia quase dois anos o crescimento econômico mundial vinha desacelerando, fenômeno que se acentuou no fim de 2019, ameaçando a alegada recuperação econômica da administração Trump, em plena disputa eleitoral pela reeleição.

No contexto pré-pandemia, houve o Brexit, a tentativa de revolução colorida em Hong Kong,[5] a taxação de produtos chineses (além de pressões contra a tecnologia 5G) e franco-

---

5 A concessão de cidadania britânica tenta atrair quadros qualificados, capitais e empresas da ex-colônia para o Reino Unido pós-Brexit, visando a enfraquecer a China e a fortalecer a economia inglesa frente à União Europeia.

-alemães pelos EUA. Também ocorriam protestos massivos na Colômbia, no Equador, no Chile, no Líbano e no Iraque, que podem ser contidos ou explodir de forma mais intensa após o fim da quarentena. Foram ampliados, ainda, os embargos contra o Irã e a Venezuela, a pressão armamentista e petrolífera contra a Rússia (com a queda dos preços antes da pandemia) e o progressivo esvaziamento do sistema multilateral político e econômico. Os supostos ganhos norte-americanos nos anos recentes, além de enfraquecer as bases internacionais em que a própria liderança de Washington se apoia, esvaziaram-se com a recessão econômica causada pelo rápido avanço da pandemia nos Estados Unidos.

Durante a década anterior, as sociedades se fragmentaram política e socialmente e se desorientaram ideologicamente nas redes tecnológicas chamadas "sociais". O rápido avanço do trabalho por aplicativo e pela subcontratação de autônomos ("empreendedores") fragmentou o mundo do trabalho a tal ponto que o volume da ajuda financeira necessária aos precarizados surpreendeu os próprios governos. O contato virtual entre as pessoas, por meio de redes monitoradas e indutoras, diluiu qualquer forma de atuação política coletiva eficaz. Grande parte do convívio social se converteu em virtual, e a participação política se tornou eletrônica e inócua, confundindo fantasia e realidade. O *1984*, de Orwell, fundiu-se com o *Admirável Mundo Novo*, de Huxley, em um cenário sombrio.

Em entrevista em 2020, Noam Chomsky afirmou crer estar havendo a formação de uma internacional conservadora, que teria como resposta a emergência de uma internacional progressista. Esta seria baseada em personalidades progressistas, como Bernie Sanders, Estados que ajudam de forma material (China) ou com médicos (Cuba) e a sociedade civil, impulsionada por iniciativas solidárias (que, na verdade, são minoritárias). Tudo em oposição aos líderes conservadores dos EUA, Leste Europeu, Índia, entre outros. O problema é que muitas pessoas acreditam que basta postar mensagens de adesão ou apoio a uma iniciativa "politicamente correta" para que ela se torne realidade.

Chomsky é conhecido por sua visão crítica e ética, mas também por se orientar por uma espécie de *pensamento mágico*, sem uma análise mais acurada da realidade e suas contradições. Hoje, como durante a Grande Depressão dos anos 1930, muita gente pensa que a crise terá uma resposta progressista como reação lógica à gravidade e à brutalidade da situação atual. Todavia, o que está difícil pode se complicar ainda mais. Naquela época, o desemprego massivo e a mobilização resultante tiveram como resposta o fascismo, o nacionalismo genocida e a guerra mundial.

O que assusta é o impacto que o meteoro Covid-19 teve sobre a sociedade e a manipulação política da pandemia por autoridades, dos níveis internacional e nacional ao municipal. A classe média (segmento geralmente esclarecido) entrou em pânico irracional, recolhida em quarentena total e ignorando amplos setores da sociedade com empregos informais (também ilegais e refugiados), largados à própria sorte. Um verdadeiro salve-se quem puder, especialmente nas nações de menor desenvolvimento. O encerramento da população, em países pobres, sem políticas públicas consistentes, atingiu o paroxismo na Índia. O primeiro-ministro Modi avisou poucas horas antes a 1,4 bilhões de pessoas que haveria recolhimento total, criando pânico e tensão em uma população desorientada.

Charlatões postam "análises" recicladas, espalhando boatos. No Sul Geopolítico, parlamentares em reuniões por videoconferência, às vezes à noite, aprovam reformas que terão impacto social negativo duradouro. Sindicatos esvaziados são obrigados a aceitar formas de flexibilizar ainda mais o trabalho, para evitar desemprego total, enquanto algumas grandes empresas são socorridas. Na confusão reinante, até mesmo pessoas sérias defendem o *home office* antissocial e antitrabalhista, em que o empregado paga os custos logísticos, e as pessoas perdem a dimensão coletiva do trabalho. E as lutas políticas seguem seu curso e até aceleram, com a população desmobilizada em casa.

A pandemia evidenciou a existência de dois grupos de Estados: um está sendo eficiente no manejo da crise (Coreia do Sul, China, Alemanha, Vietnã), e outro, ineficiente (o caso norte-americano é paradigmático, para não falar dos periféricos). Simplesmente há governo e estrutura de *saúde pública* nos primeiros, enquanto o modelo de *saúde privada* produziu uma tragédia desnecessária nos Estados Unidos, onde grande parte da população não pode pagar. No Brasil, o debilitado Sistema Único de Saúde (SUS) se mostrou mais abrangente do que a medicina privada, que atende a um número limitado de pacientes. E muitos deles vão ser obrigados a deixar os planos de saúde privada por redução de renda ou desemprego. Na Europa também é visível a diferença entre o modelo ainda majoritariamente público em países da União Europeia, em contraposição ao inglês, debilitado e cada vez mais privado.

Em lugar de fixar-se nos números absolutos, dever-se-ia considerar a proporcionalidade *per capita* e as condições sociais das vítimas. Daí surgiria um mapa muito diferente. Mas o interessante é que essa diferença entre *Estado e mercado* é ocultada por acusações sobre a responsabilidade pelo surgimento ou disseminação do vírus. A pressão psicológica induzida e o domínio das redes talvez obscureçam um juízo mais embasado sobre a necessidade da manutenção de redes públicas de saúde e de governos que, efetivamente, tenham meios de implementar políticas públicas, por oposição ao Estado mínimo ou fragmentado em rivalidades políticas. Em um quadro de crescente xenofobia, a China e o imigrante são apontados como inimigos. E já não se fala mais em refugiados.

O quase desaparecimento das viagens de trabalho e de turismo, que eram massivas, a redução drástica do comércio, a semiparalisia da produção e a queda do consumo tornam incerto o cenário econômico futuro da globalização. Muitos analistas acreditam que a pandemia abriu espaço para políticas keynesianas econômica e socialmente progressistas. Todavia, isso depende da dimensão política, que é pouco considerada. Durante a Grande Depressão, os Estados Unidos e a Alemanha nazista adotaram políticas de tipo keynesiano, mas com meios e objetivos diametralmente opostos.

A ajuda emergencial aos desempregados é sustentável por um período prolongado e comparável ao socorro às grandes corporações privadas em vias de falência? A estatização, total ou parcial, de companhias aéreas em dificuldade pode ser uma forma de cobrir prejuízos privados com recursos públicos, para depois reprivatizarem. Afinal, a maioria dos governos segue políticas liberais e não visa a utilizar o Estado como base de um modelo de desenvolvimento, e, sim, como ferramenta de gestão da crise, exceto a China e outros poucos países. A própria sociedade, em grande medida, absorveu uma visão individualista, consumista e cultural neoliberal. Mas que rumo tomará sua frustração futura, quando se der conta de que o mundo não voltará a ser o mesmo após a pandemia?

Por outro lado, a crise econômica está implicando uma gigantesca transferência de patrimônio social e nacional. Há segmentos que sairão da crise enriquecidos, e outros, arruinados, pois o impacto da crise é desigual. Muitos países se encaminham para um quadro de colapso, enquanto outros estão em melhor posição de impor suas agendas, mesmo que relativamente enfraquecidos. O desemprego massivo e as novas regras trabalhistas, supostamente emergenciais, para salvar empregos, podem conduzir o modelo neoliberal a uma espécie de apoteose, em que uma sociedade amedrontada aceitará a situação passivamente, pois a única crise identificada é a sanitária.

Imagens de ruas desertas de pessoas, mas, às vezes, com animais silvestres passeando curiosos, levantam uma contradição que, ao mesmo tempo, assusta e encanta. A crise gerada pela pandemia demonstra que o modelo social vigente está seriamente desgastado e carece de capacidade de mudar (mas pode prosseguir por inércia). Todavia, a sociedade está confusa e amedrontada, o que é politicamente perigoso. Não parece haver, por um lado, uma internacional dos governos conservadores, baseada em identidades ideológicas, porque eles estão divididos e têm interesses materiais conflitantes. Por outro, em 150 anos, os "progressistas" nunca estiveram tão fragmentados e confusos. Esse é o impasse que está elevando a tensão do mundo, sendo o vírus apenas um elemento catalizador.

Há espaço para governos, por razões de sobrevivência, alterarem o rumo de sua estratégia de desenvolvimento, bem como certa margem de manobra, porque a questão nacional está retornando com força, mas pode tomar diferentes direções. A megaurbanização demonstrou ser contraproducente, e a utilização hedonista e irresponsável da natureza, como forma de obter

A DISPUTA POR UMA NOVA ORDEM PARA O NOVO SÉCULO (1991-2021) 201

lucro fácil, encontra-se sob tensão redobrada. O espaço para uma política de estímulo a obras públicas está aberto, mas, como em 1929, importantes interesses se opõem.

Por fim, a crise pode gerar situações de tensão internacional provocadas por necessidades políticas internas e, como nos anos 1930, desembocar em conflitos armados. A Índia, por exemplo, com crescimento demográfico acelerado e problemas de governança, pode se tornar um elemento de instabilidade, com o agravante de ser uma potência nuclear. Outros não têm a mesma capacidade e posição geopolítica. Conflitos como os do Iêmen, do Afeganistão e da Síria praticamente desapareceram dos noticiários e das análises acadêmicas. É bem provável que a China não aceite um rebaixamento na hierarquia do poder mundial, e que um dólar valorizado propicie aos EUA maior capacidade financeira de investimento externo, sem uma base material compatível. O capital seria utilizado para adquirir patrimônio já existente, não gerando nova atividade produtiva, como no caso dos investimentos asiáticos em infraestrutura e geração de energia, fomentando perigosas disputas na periferia. São questões especulativas, abertas à reflexão, em um momento em que o mundo se encontra em situação incerta.

Incertezas e tendências do século XXI

A estratégia do caos e as bases de uma nova estabilidade

O mundo vive hoje quatro crises simultâneas: uma crise econômico-financeira, uma crise ambiental e energética, uma crise ideológica e uma crise política (como acomodar a China na nova geopolítica mundial). Há estruturas que não tendem a mudar, pois o sistema internacional continuará sendo capitalista: uma estrutura política internacional baseada na ONU e uma estrutura mundial com a permanência da liderança norte-americana. Em termos de tendências, ocorrem a aceleração do progresso científico-tecnológico e a rápida transformação da economia, cada vez mais global, com o crescente protagonismo de grandes corporações internacionais.

Há regiões do mundo mergulhadas em conflitos caóticos de baixa, média ou, até mesmo, alta intensidade, que parecem significar ausência de estratégia. Todavia, a *permanência do caos é, ela mesma, uma estratégia indireta de conflitos entre Estados*. As nações desenvolvidas têm dificuldade em recrutar exércitos convencionais, recorrendo a outros meios menos onerosos política e economicamente. As *guerras híbridas* passaram a empregar também empresas privadas de segurança, guerras por procuração (travadas por aliados regionais), milícias locais, redes políticas internacionais, revoluções coloridas para mudança de regime e guerra cibernética. Trata-se de um espaço que é amplamente explorado por redes terroristas e grupos de fanáticos, que muitas vezes ignoram para quem estão lutando.

O caos das megacidades, que crescem aceleradamente e se multiplicam pelo planeta, saturadas de automóveis e criminalidade (local e transnacional), soma-se aos problemas ambientais, climáticos e demográficos. Se, por um lado, a população mundial cresce cada vez mais lentamente, por outro, ela envelhece rápido e de forma desigual, produzindo crescentes migrações do sul para o norte, gerando tragédias e xenofobia. A era da grande mobilidade, social e espacial, também é a do medo e da incerteza face ao futuro. E não apenas o comércio e os investimentos cruzam as fronteiras, mas, igualmente, os delitos transnacionais, como o tráfico de armas, drogas, pessoas, animais e a lavagem de dinheiro.

Seria tentador afirmar que as promessas do século XXI estão sendo frustradas, dando lugar a um cenário catastrófico. Mas a realidade histórica tem duas faces. A alfabetização, a digitalização e a inclusão social são fenômenos universais inegáveis, ainda que temperados por uma crescente desigualdade relativa e um hiperindividualismo. A tese do empobrecimento generalizado, assim como a de Malthus[6] no passado, simplesmente não se cumpriu. Produtos baratos vindos da Ásia ampliaram a sociedade de consumo para nações e classes sociais antes excluídas, integrando bilhões de pessoas, mas com inegáveis e graves impactos ambientais.

O aumento do consumo em nações periféricas e semiperiféricas, bem como por classes populares em todo o mundo, implicou uma pressão sobre recursos naturais, como matérias-primas, alimentos e combustíveis. Tal processo afeta a planilha de custos do capitalismo, pois a apropriação gratuita de recursos não renováveis declina aceleradamente, e o custo dos renováveis se torna maior. Essa dimensão da questão ambiental gera conflitos, mas provocará inevitáveis mudanças, inclusive por questões climáticas. As formas de produzir e os padrões de consumo serão, obrigatoriamente, reajustados em médio prazo, sob pena de se mergulhar num caos planetário sem retorno.

Da mesma forma, o desemprego estrutural e o envelhecimento da população (com impacto previdenciário) obrigarão a que, além da questão ambiental, a questão social seja incluída na agenda da globalização. Cabe lembrar que a dificuldade crescente de financiar as aposentadorias e os serviços sociais de saúde pública se deve também, em grande parte, à criação de empregos precários, estagiários e autônomos, que não geram contribuições previdenciárias. Por fim, a democratização das relações internacionais se impõe, na medida em que há um divórcio entre o poder político-militar formal de antigas potências e o crescente poder das

---

6 Malthus previa fome generalizada, pois considerava que a população crescia numa progressão geométrica, enquanto a produção de alimentos crescia numa progressão aritmética.

A DISPUTA POR UMA NOVA ORDEM PARA O NOVO SÉCULO (1991-2021)   203

potências emergentes. Assim, a multipolaridade emergente cria bases para uma reforma da ONU e de outros organismos internacionais, gerando mecanismos e instituições para a gestão multilateral dos grandes problemas mundiais. Mas os grandes interesses estabelecidos reagem com determinação.

Há uma transformação profunda em marcha, e seus efeitos agregadores e desagregadores se manifestam simultaneamente. Sob a superfície da pós-modernidade do norte e suas ramificações meridionais, o sul emerge e influencia o rumo dos acontecimentos. Mesmo a aparente loucura da realidade cotidiana do Oriente Médio faz parte de um processo de modernização em marcha, como bem o demonstrou o historiador e demógrafo francês Emmanuel Todd. A Europa, com suas guerras religiosas, também viveu uma experiência semelhante nos séculos XVI e XVII. Em meio à violência aparentemente caótica, havia um mundo novo nascendo. Como hoje, com o ressurgimento de antigos impérios terrestres e novos fluxos mundiais, dentro de uma nova geografia econômica.

A compreensão da realidade e das tendências do século XXI é problemática, não mais pela falta de informações, mas pelo seu excesso. Como separar o relevante do efêmero, a realidade da fantasia? É necessário entender os movimentos históricos atualmente em curso e não se deixar impressionar pelo sensacionalismo ou pelo catastrofismo propagados exageradamente por meio dos grandes meios de comunicação. Contudo, é inegável que o mundo desenvolvido vive uma grave crise ideológica e o declínio de valores, que lembra a obra *A Decadência do Ocidente,* escrita por Oswald Spengler após a Primeira Guerra Mundial. Os grandes projetos sociopolíticos foram substituídos por narrativas fragmentadas de gênero, raça, individualismo alienado e niilismo. Como se a humanidade houvesse entrado em uma guerra suicida contra si mesma, uma autodestruição sem qualquer objetivo racional.

A ausência ou fragilização do emprego produziu uma grave fragmentação do mundo laboral, com a universalização do trabalho terceirizado, precário, autônomo e por aplicativo, gerando queda de arrecadação dos Estados (que se soma ao envelhecimento populacional). Isso não apenas traz consequências graves no tocante à degradação de mercados, quanto também produz reações disfuncionais e perigosas por parte dos perdedores. Nas grandes cidades, novos centros da vida econômica pós-moderna, as classes abastadas se isolam em bairros e condomínios protegidos, enquanto, no plano internacional, os países desenvolvidos se fecham aos imigrantes vindos da periferia. Estes afluem em grande número do campo para a cidade no sul e desta para o norte, devido aos efeitos sociais da reestruturação econômica. Depois de cinco séculos de migrações do norte para o sul, desde os anos 1970 observa-se a inversão do fluxo.

O protesto social, às vezes manifestado como revolta, ainda não encontrou partidos e lideranças capazes de torná-lo um projeto inovador, sem uma força política coerente contra um

204 AS GRANDES POTÊNCIAS E OS CONFLITOS MUNDIAIS

neoliberalismo que começa a perder sua funcionalidade. Também é preciso considerar que tem crescido politicamente a influência das máfias, de atores sociopolíticos obscurantistas, de fenômenos religiosos retrógrados, e que existe uma ampla audiência para movimentos irracionalistas de direita (e mesmo de esquerda). Muitas vezes, é inevitável uma comparação com o fim da Idade Média europeia. Trata-se da Nova Idade Média, à que se refere o conceituado analista financeiro Alain Minc (1994, p. 55):

> [...] de repente, tudo se inverte: espaços imensos voltam ao estado de natureza; as máfias não parecem mais um arcaísmo em vias de extinção, e, sim, uma forma social em plena expansão; uma parte das cidades escapa à autoridade do Estado e mergulha numa inquietante extraterritorialidade; milhões de cidadãos, no coração das cidades mais ricas e mais sofisticadas, cambaleiam na sombra e na exclusão: novos bandos armados, novos saqueadores, nova *terra incognita*.

Todavia, não se trata de um colapso, mas de uma transição, e há que diferenciar globalização (um processo histórico objetivo) e neoliberalismo (uma forma de regulação do capitalismo globalizado). A Revolução Científico-Tecnológica, que impulsiona a globalização, tende a ser *socialmente condicionada*. Essa revolução e a economia globalmente conectada, pelo nível alcançado em termos de produtividade do trabalho, criaram condições históricas para que todas as necessidades materiais da humanidade possam ser equacionadas. E isso poderá ser obtido por meio de uma *ação política*, uma vez que a ideia de que existe uma lógica econômica que, *a priori*, implicaria, inevitavelmente, uma marginalização social é questionável. Isso porque o neoliberalismo constitui, essencialmente, apenas uma forma conservadora de regulação do gigantesco processo de modernização atualmente em curso. Ou seja, essa modernização pode ter distintos desdobramentos.

Os estudos demográficos da ONU indicam uma progressiva redução do crescimento da população mundial e seu envelhecimento. Em meados do século XXI, ela se estabilizará e, mesmo, sofrerá certa redução a partir de 2100. Segundo o Relatório da População Mundial (ONU, 2019), a população passará, em 30 anos, de 7,7 bilhões para 9 bilhões em 2050 e quase 11 em 2100. A taxa atual de crescimento é de 1,1% e cairá para 0,4% no fim do século, com grande percentual de idosos. Enquanto a Europa, o Japão, as Coreias e a Rússia já estão em redução demográfica, parte do Oriente Médio, China e Brasil estão em estagnação (e envelhecimento). O sul da Ásia, a Índia (que ultrapassará a China muito em breve), a África e alguns países do Oriente Médio, todavia, seguem crescendo e gerando ondas migratórias. Metade dos nascimentos do mundo ocorrerá, em 2050, em apenas nove países: Índia, Nigéria, Paquistão, República Democrática do Congo, Etiópia, Tanzânia, Indonésia, Egito e Estados Unidos (devido aos imigrantes recentes). A disputa por recursos naturais e as crises de governabilidade serão imensas.

Por fim, as ondas de violência e fanatismo contemporâneas representam radicalizações que acompanham processos de modernização em curso, como no mundo islâmico (da mesma forma que na Europa há três séculos). O próprio terrorismo global é um fenômeno transitório. Dessa forma, o planeta tende a se estabilizar em meados do século, apesar das atuais aparências em contrário. A questão ambiental, igualmente, sinaliza para um esgotamento da sociedade de consumo massivo e do padrão de acumulação de capital dos últimos cinco séculos. Assim, apesar das aparências, o futuro próximo poderá ver as tendências coletivas se imporem sobre o fundamentalismo individualista. Para tanto, basta superar a contradição, recentemente agravada, entre a capacidade produtiva e as relações trabalhistas, por meio de uma mudança do paradigma societário.

A nova geopolítica mundial e os desafios para o Brasil

Quanto ao Brasil, a população deverá se estabilizar em torno de 2050 (230 milhões, com 30% acima de 60 anos de idade), quando ainda não terá sido ocupado todo o território nacional. Isso representa um fator crítico em termos estratégicos, pois a nação pode se tornar simultaneamente idosa e não desenvolvida. Em 2017, o Brasil foi ultrapassado pelo Paquistão e, até 2100, será ultrapassado por Nigéria, Etiópia, República Democrática do Congo, Tanzânia, Egito e Angola, perdendo 50 milhões de habitantes no fim do século (180 milhões). Nesse contexto, o Brasil se torna, cada vez mais, um destino de imigrantes de países pobres. Com imensos recursos naturais disponíveis, o país atrairá a cobiça não apenas das grandes potências industriais, mas também de população de nações demograficamente saturadas e sem recursos.

O Brasil tem aproximadamente 16% da água doce do mundo, o que o torna uma "Arábia Saudita da água". Isso num quadro em que a defesa deve considerar a existência de uma forma de "guerra terceirizada" sendo disseminada pelo mundo. Segundo Alfredo Costa Filho (2011, p. 26):

> Desde o princípio da civilização, as grandes disputas contavam com uma espécie de homeostase da paz; quando um lado perdedor chegava ao consenso de que arriscava ter grandes perdas ou mesmo desaparecer, seus líderes tendiam a buscar um caminho de armistício. Isso acabou nos conflitos atuais do Iraque e do Afeganistão [e da Síria]. Um exemplo: aos efetivos militares dos Estados Unidos no Iraque, da ordem de 150 mil, há que acrescentar agora outro contingente de similar tamanho, não uniformizado, porém com similares regalias jurídicas. Pertence às grandes corporações, envolvidas em logística e reconstrução. Mesmo que as autoridades militares tenham interesse em reduzir a tem-

206 AS GRANDES POTÊNCIAS E OS CONFLITOS MUNDIAIS

peratura do conflito ou mesmo finalizá-lo, podem encontrar fortes resistências por este lado corporativo e terceirizado. Esta "novidade estratégica" cria uma nova situação mundial e cabe aos países emergentes acender, também aqui, um "alerta prospectivo" de adequada intensidade.

Segundo o general Luiz Eduardo Rocha Paiva (2011, p. 31), "há um eixo do poder mundial cujo estudo permite identificar as áreas de fricção. O eixo liga EUA, União Europeia, Rússia, China e Japão, sendo os destinos do mundo, em linhas gerais, por eles traçados". Conforme o autor, as nações ocidentais atingiram um nível de bem-estar muito elevado e, como democracias, tendem a influenciar os governos de seus Estados a manterem essa situação, consumindo grandes quantidades de recursos naturais. Seus territórios possuem esses recursos, mas eles são economizados para momentos críticos. Assim, torna-se necessário ter acesso livre às matérias-primas de outras regiões ricas em recursos naturais, projetando poder político, especialmente para as zonas estratégicas, como as passagens oceânicas e as áreas de ligação entre os continentes. "O jogo do poder mundial não é uma questão entre *bons e maus*, pois não existe essa classificação conceitual nas relações internacionais" (PAIVA, 2011, p. 31, grifo do autor).

Nas guerras do Oriente Médio e da Ásia Central, os Estados Unidos buscam evitar a emergência de uma potência regional hegemônica, garantir o suprimento de petróleo para si e controlar a distribuição desse recurso energético para as potências emergentes em rápida industrialização, como a China. Também visam a fraturar a formação de um espaço eurasiano unificado, o grande pesadelo geopolítico dos impérios marítimos anglo-saxões. Visivelmente, há uma estratégia de cerco e contenção à China (a Coreia do Norte não é um inimigo relevante). Assim, a suposta "amizade" entre Trump e Putin tampouco foi fruto de inexperiência do presidente norte-americano, mas um jogo inteligente de atrair o mais débil dos gigantes eurasianos (sendo os outros a China e a União Europeia). A Rússia constitui uma *ponte terrestre* territorial entre a Ásia Oriental e a Europa, uma potência militar com indústria aeroespacial de tecnologia própria (sendo EUA e França as outras duas únicas) e energética (gás, petróleo e urânio). Afastando a Rússia de ambos, seria possível lidar, separadamente, com a UE e a China (como também sinalizado por Kissinger), mas as pressões dos democratas inviabilizaram tal estratégia.

A aliança sino-russa é frágil, mais reativa do que qualquer outra coisa. Moscou teme o crescimento de Pequim, pois a gigantesca Sibéria tem 10 milhões de habitantes, enquanto apenas a Manchúria chinesa possui 100 milhões de habitantes e grandes indústrias carentes de matérias-primas e combustíveis. Sabendo disso, os EUA e a Otan podem oferecer uma aliança à Rússia, de preferência enfraquecida, e também uma Rússia que pode colaborar na guerra ao terrorismo no Oriente Médio. O cerco à China, por sua vez, faz com que esse país busque

A DISPUTA POR UMA NOVA ORDEM PARA O NOVO SÉCULO (1991-2021) 207

penetrar em regiões alternativas, até então estrategicamente secundárias, como a África e a América do Sul, o que confere, automaticamente, um interesse geopolítico crucial aos oceanos Índico e Atlântico Sul. Ainda segundo Paiva (2011, p. 34),

> a reativação da Quarta Frota [americana] não se deve apenas à descoberta das reservas petrolíferas do pré-sal na plataforma continental brasileira. Na realidade o Atlântico Sul aumentou em muito a sua importância por ser uma área de crescente exploração mineral e comércio de recursos energéticos e, também, um espaço de projeção sobre a rica e cobiçada Antártica [com sua reserva de água doce]. O Oceano Atlântico é uma área de interesse do Brasil, junto com a orla ocidental africana e a própria África como um todo. E o que acontecerá ali? Uma convergência de oportunidades, portanto, de interesses do eixo de poder, da Índia e do Brasil. Se todos têm oportunidades no mesmo lugar, ocorrerão choques e conflitos.

O gigante chinês também está projetando seus interesses para a América do Sul, uma região de influência norte-americana, apresentando-se, inclusive, como um grande investidor, além de parceiro comercial de peso, e já estão sendo acompanhados pela Rússia e pela Índia. Tal fenômeno, ao lado da projeção dos EUA para a região, compromete a liderança brasileira na América do Sul. Paiva lembra que, no século XIX, a China teve sua exploração compartilhada pelas grandes potências imperialistas, e que isso pode acontecer com o Brasil. "Existe a possibilidade de, em vez de conflito, as potências do eixo optarem por uma composição para a exploração dos recursos da América do Sul. A China, que antes não apoiaria uma intervenção na Amazônia, agora o fará, pois os recursos dessa região passaram a ser do seu interesse" (PAIVA, 2011, p. 35).

E a Amazônia não representa apenas um espaço de exploração econômica e problemas ambientais, mas uma região-pivô de grande relevância geoestratégica, pois abarca sete países (inclusive a União Europeia, via Guiana Francesa) e três bacias hidrográficas (Amazônica, do Prata e do Orinoco). "Quem tiver a soberania sobre a Amazônia brasileira poderá liderar [a integração sul-americana, ou bloqueá-la]. E o Brasil começa a perder o controle sobre a região, não por causa de ameaças militares, mas por 'novas ameaças'", segundo Paiva (2011, p. 37):

> A região é um vazio de poder rico em recursos naturais, o Estado está ausente, e há um vazio populacional. É uma região ainda não integrada ao núcleo do poder nacional [...]. A questão ambiental, em si, não é uma ameaça militar ao Brasil, mas pode ser o pretexto de ameaça, assim como as questões indígenas e do crime organizado. Há [ainda] a indigência militar brasileira e a ação de ONGs 'cavalos de Troia', as ligadas a interesses internacionais (EUA, França, Reino Unido e Países Baixos, além de organismos internacionais e grupos empresariais) e as [Guianas] como potenciais "cabeças de ponte" da OTAN [...]. Para que [as potências] gastariam recursos militares num conflito na Amazônia e so-

freiram uma guerra de resistência interminável e de resultado duvidoso naquela região, se os mesmos interesses podem ser obtidos de forma indireta?

O maior país da América Latina e pivô da região sul-americana, assim como o restante do continente, carece cada vez mais de um projeto estratégico e de desenvolvimento de longo prazo. Constantes divisões e mudanças políticas, estagnação econômica e alienação das novas gerações criam sombrias perspectivas para um projeto de nação, em que até o idioma português está definhando. Um número crescente de brasileiros cogita ou tenta emigrar para os Estados Unidos, Canadá ou Europa, visando a "pegar uma carona" no desenvolvimento alheio. Em 2022 o Brasil completará dois séculos de independência política e poderia obter um lugar junto ao grupo de potências aqui estudadas. Mas para tanto necessita superar a mentalidade colonizada e o sentimento de inferioridade. Há recursos humanos e materiais, bem como o *ethos* de uma civilização em formação, mas falta-lhe projeto, o qual talvez se torne inadiável frente aos desafios mundiais, que se agravam a cada dia. A história diplomática brasileira mostra que é conveniente manter autonomia e evitar alinhamentos rígidos na disputa entre grandes potências, bem como buscar a integração com os vizinhos sul-americanos, como forma de evitar a ingerência delas na região.

REFERÊNCIAS BIBLIOGRÁFICAS

ABI-SAD, Sérgio Caldas Mercador. *A potência do dragão*: a estratégia diplomática da China. Brasília: Editora da Universidade de Brasília, 1996.

ACIOLY, Luciana; MORAES, Rodrigo de. (org.). *Prospectiva, estratégia e cenários globais*. Brasília: Ipea, 2011.

ADSHEAD, Samuel Adrian M. *China in World History*. 3. ed. London: MacMillan Press, 2000.

ALBUQUERQUE, José Guilhon. Bill Clinton: um presidente para que século? *Política Externa*, São Paulo, v. 1, n. 4, p. 79-94, 1993.

ALI, Tariq. *Confronto de civilizações*: cruzadas, jihads e modernidade. Rio de Janeiro: Record, 2002.

AMIN, Samir. *O vírus liberal*. A guerra permanente e a americanização do mundo. Lisboa: Campo das Letras, 2015.

ARAÚJO, André. Trump em 200 anos de História. *In*: *Solidariedade Ibero-Americana*. Rio de Janeiro: MSI, 2017.

ARRIGHI, Giovanni. *O longo século XX*. São Paulo: Unesp, 1996.

BENDER, Thomas. *A Nation Among Nations*. America's place in world history. Nova York: Hill and Wang, 2006.

BENZ, Wolfgang; GRAML, Hermann. *El siglo XX*: III - Problemas mundiales entre los dos bloques de poder. México: Siglo XXI, 1982.

BENSAADA, Ahmed. *Arabesque$*. Les révoltes arabes. [Montréal]: Investig'Ation, 2015.

BLAIR, Alasdair. *The European Union since 1945*. Harlow: Pearson, 2010.

BRZEZINSKI, Zbigniew. *El gran tablero mundial*: la supremacía estadunidense y sus imperativos geoestratégicos. Barcelona: Paidós, 1998.

BUZAN, Barry; WAEVER, Ole. *Regions and Powers*. The structure of International Security. Cambridge: Cambridge University Press, 2003.

CADERNOS ADENAUER. *Potências emergentes e desafios globais*. Rio de Janeiro: Fundação Konrad Adenauer, 2012.

CALGANO, Alfredo Eric; CALGANO, Alfredo Fernando. *El universo neoliberal*. Madrid, Buenos Aires: Alianza, 1995.

CALVOCORESSI, Peter; WINT, Guy. *Guerra total*: la Segunda Guerra Mundial en Oriente. Madrid: Alianza Editorial, 1988.

CHANDRA, Bipan; MUKHERJEE, Mridula; MUKHERJEE, Aditya. *India since independence, 1947-2000*. New Delhi: Penguin Books India, 2000.

COLIN, Roberto. *Rússia, o ressurgimento da grande potência*. Florianópolis: Letras Brasileiras, 2007.

CORM, Georges. *Pour une lecture profane des conflits*. Paris: La Découverte, 2015.

COSTA FILHO, Alfredo. Desenvolvimento, prospectiva e defesa. *In*: ACIOLY, Luciana; MORAES, Rodrigo de. (org.). *Prospectiva, estratégia e cenários globais*. Brasília: Ipea, 2011. p. 21-28.

CRUZ, Getúlio de Souza. *Ambientalismo e indigenismo*. Porto Alegre: Leitura XXI, Nerint-UFRGS, 2016.

DALZIEL, Nigel. *The Penguin Atlas of the British Empire*. London: Penguin Books, 2006.

DEFARGES, Philippe Moreau. *Introdução à Geopolítica*. Lisboa: Gradiva, 2003.

DEMKO, George; WOOD, William. (ed.). *Reordering the world*. Geopolitical perspectives on the 21st century. Boulder: Westview Press, 1999.

DIRETORIA de História Militar do Departamento do Exército dos EUA. *As grandes decisões estratégicas da*

Segunda Guerra Mundial. Rio de Janeiro: Biblioteca do Exército, 2004.

DITTAMER, Lowell; YU, George (ed.). *China, the Developing World and the new global dynamic.* Boulder: Lynne Rienner Publishers, 2010.

DONALDSON, Robert; NOGEE, Joseph. *The foreign policy of Russia.* Nova York: M. E. Sharpe, 2002.

DUNBABIN, J. P. D. *The Post-Imperial Age.* The great powers and the wider world. London, Nova York: Longman, 1994.

FLACH, Elmir. *A unificação alemã no contexto das relações germano-soviéticas (1985-1990).* Porto Alegre: Editora da UFRGS, 2007.

FOSSAERT, Robert. *El mundo en el siglo XXI*: una teoría de los sistemas mundiales. México: Siglo XXI, 1994.

FULBROOK, Mary. *História concisa da Alemanha.* São Paulo: Edipro, 2016.

CORTÁZAR, Fernando Garcia de; ESPINOSA, José Lorenzo. *Historia del mundo actual*: 1945-1992. Madrid: Alianza Editorial, 1992.

HALL, John Whitney. *El Imperio Japonés.* México: Siglo XXI, 1985.

HALLIDAY, Fred. *Repensando as relações internacionais.* Porto Alegre: Editora da UFRGS, 1999.

____. *Two hours that shook the world*: september 11, 2001, causes & consequences. Londres: Saqi books, 2001.

HARVEY, David. *Condição pós-moderna.* São Paulo: Loyola, 1993.

____. *A brief history of neoliberalism.* Oxford: Oxford University Press, 2005.

HEAELE, M. J. *Contemporary America*: Power, dependency and globalization since 1980. Oxford: Miley-Blackwell, 2011.

HILDEBRAND, Klaus. *The foreign policy of the Third Reich.* Berkeley, Los Angeles: University of California Press, 1973.

HILL, Ronald. *Soviet Union.* Politics, economics and society. Londres, Nova York: Pinter Publishers, 1989.

HOBSBAWM, Eric. *A era dos impérios (1875-1914).* São Paulo: Paz e Terra, 1988.

____. *Era dos extremos*: o breve século XX (1914-1991). São Paulo: Companhia das Letras, 1995.

____. *Nações e nacionalismo desde 1780.* São Paulo: Paz e Terra, 1991.

____. *Guerra y paz en el siglo XXI.* Barcelona: Critica, 2006.

HOROWITZ, David. *De Yalta au Vietam.* Paris: Union Générale d'Éditions, 1973.

HUNTINGTON, Samuel. *O choque de civilizações e a recomposição da ordem mundial.* Rio de Janeiro: Objetiva, 1996.

____. *A terceira onda*: a democratização no final do século XX. São Paulo: Ática, 1994.

JAMESON, Frederic. Cinco teses sobre o marxismo atualmente existente. *In*: WOOD, Ellen; FOSTER, John (org.). *Em defesa da história.* Marxismo e pós-modernismo. Rio de Janeiro: Jorge Zahar, 1999.

KALDOR, Mary. *New & old wars.* Organized violence in a global era. Cambridge: Polity Press, 1998.

KASEKAMP, Andres. *A history of the baltic states.* Londres: Palgrave, Macmillan, 2010.

KEEGAN, John. *Uma história da guerra.* São Paulo: Companhia das Letras, 1995.

____. *História ilustrada da Primeira Guerra Mundial.* Rio de Janeiro: Ediouro, 2004.

KEERAN, Roger; KENNY, Thomas. *Socialism betrayed.* Behind the collapse of the Soviet Union. Nova York: International Publishers, 2008.

KENNEDY, Paul. *Ascensão e queda das grandes potências.* Rio de Janeiro: Campus, 1989.

____. *Preparando para o Século XXI.* Rio de Janeiro: Campus, 1993.

KINDER, Hermann; HILGEMANN, Werner. *Atlas histórico mundial.* Madrid: Istmo, 1992. (v. 2).

KISSINGER, Henry. *Sobre a China.* Rio de Janeiro: Objetiva, 2011.

____. *Ordem mundial.* Rio de Janeiro: Objetiva, 2015.

____. *Diplomacy.* Nova York: Simon & Schuster, 1999.

____. *O mundo restaurado.* Rio de Janeiro: José Olympio, 1973.

KOLKO, Gabriel. *¿Otro siglo de guerras?* Barcelona: Paidós, 2003.

KOTKIN, Stephen. *A sociedade incivil*: 1989 e a derrocada do comunismo. Rio de Janeiro: Objetiva, 2013.

____. *Stalin.* Rio de Janeiro: Objetiva, 2017.

KRUGMAN, Paul. *El internacionalismo "moderno".* Barcelona: Crítica, Grijalbo Mondadori, 1997.

LÉVESQUE, Jacques. *L'URSS et sa politique internationale.* Paris: Armand Colin, 1980.

REFERÊNCIAS BIBLIOGRÁFICAS **211**

LIST, Georg Friedrich. *Sistema nacional de economia política*. São Paulo: Abril Cultural, 1983. (Coleção Os Economistas).

LOTH, Wilfried. *Stalin's unwanted child*: The Soviet Union, the German question and the founding of the GDR. Nova York: St. Martin's Press, 1998.

MCDERMOTT, Kevin. *Stalin, Revolutionary in an Era of War*. Houndmills: Palgrave, MacMillan, 2007.

MACKERRAS, Colin; TANEJA, Pradeep; YOUNG, Graham. *China since 1978*. Melbourne: Addison Wesley Longman Australia, 1998.

MINC, Alain. *A Nova Idade Média*. São Paulo: Ática, 1994.

MOORE JUNIOR, Barrington. *As origens sociais da ditadura e da democracia*. Lisboa: Cosmos; Santos: Livraria Martins Fontes, 1975.

OSTERHAMMEL, Jürgen; PETERSON, Niels. *Globalization, a short history*. Princeton, Oxford: Princeton University Press, 2005.

PAIVA, Luiz Eduardo Rocha. Principais áreas de fricção no mundo atual: reflexos para a defesa nacional. *In*: ACIOLY, Luciana; MORAES, Rodrigo de (org.). *Prospectiva, estratégia e cenários globais*. Brasília: Ipea, 2011. p. 29-48.

PARKER, R. A. C. *El siglo XX*: Europa 1918-1945. México: Siglo XXI, 1982.

PECEQUILO, Cristina Soreanu. *A Política Externa dos Estados Unidos*. Porto Alegre: Editora da UFRGS, 2011.

_____. *A União Europeia*. Rio de Janeiro: Elsevier, 2014.

PROENÇA JUNIOR, Domício; DINIZ, Eugênio; RAZA, Salvador. *Guia de estudos de estratégia*. Rio de Janeiro: Jorge Zahar, 1999.

RAMONET, Ignacio. *Guerras do século XXI*. Petrópolis: Vozes, 2003.

RICUPERO, Rubens. *A diplomacia na construção do Brasil (1750-2016)*. Rio de Janeiro: Versal, 2017.

ROCHE, Alexandre. Tensões da Primavera do mundo árabe-sunita. *Ciências & Letras*, Fapa, Porto Alegre, n. 51, 2012.

SCHMIDT, Elizabeth. *Foreign Intervention in Africa*. From the Cold War to the War on Terror. Cambridge: Cambridge University Press, 2013.

SCHULZINGER, Robert. *American diplomacy in the twentieth century*. Nova York, Oxford: Oxford University Press, 1996.

SILVA, Igor Castellano da. *Congo, a Guerra Mundial Africana*. Porto Alegre: Leitura XXI, 2012.

SOROS, George. *La burbuja de la supremacía norteamericana*. Buenos Aires: Sudamericana, 2004.

SPELLMAN, William M. *Uncertain Identity*. International migration since 1945. London: Reaktion Books, 2008.

STUENKEL, Oliver. *Post Western World*. How emerging powers are remaking global order. Cambridge: Polity, 2016.

SUSSMAN, Gerald; KRADER, Sascha. Template Revolutions: Marketing U.S. Regime Change in Eastern Europe. *Westminster Papers in Communication and Culture*, University of Westminster, Londres, v. 5, n. 3, p. 91-112, 2008.

TAYLOR, Alan John Percivale. *The Habsburg Monarchy 1809-1918*. Londres: Penguin Books, 1990.

_____. *A Segunda Guerra Mundial*. Rio de Janeiro: Zahar, 1979.

THOMPSON, Edward *et al*. *Exterminismo e guerra fria*. São Paulo: Brasiliense, 1985.

TOYNBEE, Arnold Joseph. *A América e a Revolução Mundial*. Rio de Janeiro: Zahar, 1963.

THER, Philipp. *Europe since 1989*. A History. Princeton, Oxford: Princeton University Press, 2014.

_____. *The dark side of nation-states*. Nova York, Oxford: Berghahn, 2016.

TODD, Emmanuel. *Depois do Império*. A decomposição do sistema americano. Rio de Janeiro: Record, 2003.

_____. *Allah n'y est pour rien!* Loubiana: Arretsurimages.net, 2011.

UEHARA, Alexandre Ratsuo. *A política externa do Japão no final do século XX*. São Paulo: Annablume, Fundação Japão, 2001.

VALLADÃO, Alfredo. *O século XXI será americano*. Petrópolis: Vozes, 1995.

VELLE, Alexandre del. *Guerras contra a Europa*. Rio de Janeiro: Bom Texto, 2003.

VISENTINI, Paulo. *A Primeira Guerra Mundial e o declínio da Europa*. Rio de Janeiro: Alta Books, 2014.

_____. *O Eixo e a URSS na Segunda Guerra*. Porto Alegre: Leitura XXI, Nerint-UFRGS, 2020.

_____. *Os paradoxos da Revolução Russa (1917-1991)*. Rio de Janeiro: Alta Books, 2017.

_____. *O caótico século XXI*. Rio de Janeiro: Alta Books, 2015.

_____. *A África na política internacional*. Curitiba: Juruá, 2009.

____. *As relações diplomáticas da Ásia*. Belo Horizonte: Fino Traço, 2011.

____. *O grande Oriente Médio*. Rio de Janeiro: Elsevier, Campus, 2014.

____. *A África e as potências emergentes*: nova partilha ou cooperação Sul-Sul? Porto Alegre: Leitura XXI, Cebrafrica-UFRGS, 2013.

VISENTINI, Paulo; ADAM, Gabriel; VIEIRA, Maíra; SILVA, André; PEREIRA, Analúcia. *Brics*: as potências emergentes. Petrópolis: Vozes, 2013.

WALLERSTEIN, Immanuel. *O declínio do poder americano*. Rio de Janeiro: Contraponto, 2004.

____. *World-systems analysis*. Durham: Duke University Press, 2004.

WATSON, Adam. *A evolução da sociedade internacional*. Brasília: UnB, 2004.

WESTAD, Odd Arne. *The Global Cold War*. Cambridge: Cambridge University Press, 2007.

WRIGHT, Stephen (ed.). *African foreign policy*. Boulder: Westview Press, 1999.

WIESEBRON, Marianne; GRIFFITHS, Richard (org.). *Processos de integração regional e cooperação internacional desde 1989*. Porto Alegre: Editora da UFRGS, 2008.

Índice

Símbolos

11 de setembro de 2001, 151, 175

A

Acordo
de Maastricht, 165
Naval Anglo-Germânico, 64
Sykes-Picot, 41
Acordos
de Genebra, 92
de Paris (1973), 117
Adam Smith, 11
Adolf Hitler, 58
Agência
Central de Inteligência (CIA), 86
de Informação Comunista (Kominform), 86
Aiatolá Khomeini, 121, 129
Aliança
sino-americana, 116
Washington-Pequim, 111
Al-Qaeda, 175
American way of life, 79, 97, 111, 155
Apartheid, 119
Arabian-American Oil Company (Aramco), 95
Arco das Crises, 121
Aristocracia operária, 31
Armistício de Compiègne, 49
Associação
Europeia de Livre-Comércio (AELC), 97

Internacional dos Trabalhadores (ou Primeira Internacional), 30
Ato Único Europeu (1986), 165
Augusto Pinochet, 124

B

Barack Obama, 177, 197
Batalha
da França, 70
de Cuito Cuanavale, 135
de Guadalcanal, 72
de Kursk, 73
de Stalingrado, 74
Belle Époque, 25
Bill Clinton, 154
Bombardeio de Dresden, 83
Boris Ieltsin, 143
Brexit, 11, 168, 171, 195
Brics, 2, 161

C

Capitalismo
de livre investimento, 82
organizado, 81
CEE, 106
Chiang Kai-Shek, 52, 91
Churchill, 82
Comando África (Africom), 179
Comércio do ópio, 23
Companhia das Índias Orientais, 20
Comunidade
Atlântica, 179

de Estados Independentes (CEI), 144, 158
de Nações (Commonwealth), 1
dos Estados Latino-Americanos e Caribenhos (Celac), 189
Econômica Europeia (CEE), 97
Comunismo, 3
Conferência
de Addis Abeba (1963), 102
de Algeciras (1906), 35
de Bandung (1955), 96
de Berlim (1885), 18, 27
de Bretton-Woods (1944), 81
de Casablanca (janeiro de 1943), 74
de Colombo (1954), 92
de Dumbarton Oaks (1944), 81
de Genebra (1954), 92, 97
de Lausanne (1932), 58
de Locarno (1925), 56
de Paz em Versalhes, 53
de Potsdam, 82
de Quebec (agosto de 1943), 74
de São Francisco, 81
de Teerã (1943), 74
de Washington (1921-1922), 53
de Washington, V, 74
de Yalta, 82
do Cairo (novembro de 1943), 74
dos Países Não Alinhados, primeira, 97
Econômica de Moscou, 85
para a Segurança e Cooperação na Europa (1975), 109, 138

214 AS GRANDES POTÊNCIAS E OS CONFLITOS MUNDIAIS

Conflito URSS-Iugoslávia, 88
Congresso
  de Viena (1815), 1, 11, 79, 181
  dos Povos do Oriente, 52
Conselho de Assistência Mútua
  Econômica (Came ou
  Comecon), 89
Conversações de Camp David, 107
Cordão sanitário antissoviético, 47
Crise
  balcânica, primeira, 36
  de 1929, 56
  de Julho de 1914, 37
  de Suez, 99
  do capitalismo, 127
  do Euro, 168
  do Marrocos, primeira, 35
  do Marrocos, segunda, 36
  dos mísseis (1962), 104
  do socialismo, 136
  do subprime, 5, 176, 197
  econômica de 2008, 152, 168
Cúpula da Liga Árabe, 107

D

Darwinismo social, 26
Declaração Balfour, 41
Democracia liberal, 25
Deng Xiaoping, 118, 137
Descolonização da África, 102
Diáspora chinesa, 159
Diplomacia
  do Ping-Pong, 109
  secreta, 73
  triangular, 74
Donald Trump, 151, 194
Doutrina
  da contrainsurgência, 124
  da Soberania Limitada dos
    Países Socialistas, 109
  de Guam, 109
  Truman, 85

E

Eixo, aliança fascista, 65
Eixo do mal, 176

Entente Cordiale, 28, 34
Estado Islâmico, 178

F

Fascismo, 51
Fim da União Soviética, 141
Fordismo, 4, 17, 81
Fórum de Cooperação Trilateral
  Ibas, 187
Francis Fukuyama, 152
Franklin D. Roosevelt, 57, 72, 82
Frente
  de Libertação de Moçambique
    (Frelimo), 103
  de Libertação Nacional do
    Vietnã (Vietcong), 117
  Farabundo Martí de Libertação
    Nacional, 121
  Nacional de Libertação de
    Angola (FNLA), 103, 119
Fundo Monetário Internacional
  (FMI), 81, 137

G

Gengis Khan, 2
Geopolítica, 31
George W. Bush, 168, 174
Giuseppe Garibaldi, 12
Glasnost, 134
Globalização, 4
  neoliberal, 151
Golpe de Praga, 87
Grande Depressão, 3, 82
Grupo
  de Cliveden, 63
  Guuam, 164
Guerra
  ao Terrorismo, 151, 175
  Balcânica, primeira, 36
  da Coreia, 92
  da Crimeia (1853-1856), 22
  das Malvinas, 130
  de independência da Argélia,
    100
  do Afeganistão, 115
  do Chifre da África, 120

do Golfo, 129, 156
do Iraque, 178
do Ópio (1839-1842), a primeira,
  23
dos Ducados Dinamarqueses,
  14
dos Seis Dias, 107
dos Sete Anos (1756-1773), 9
dos Trinta Anos (1618-1648),
  10, 39
do Vietnã, 109, 117
do Yom Kippur, 107
Franco-Prussiana (1870-1871),
  15
Fria, 2, 79, 103, 115
Mundial, primeira, 2, 28
Mundial, segunda, 2, 56, 79
russo-japonesa, 34

H

Harry S. Truman, 83
Ho Chi Minh, 92

I

Império
  Alemão (II Reich), 1
  Austro-Húngaro, 15
Internacionalismo, 81
Invasão da Manchúria, 62

J

Joe Biden, 196
John Hobson, 26
Josef Stálin, 77

K

Keynesianismo, 4, 81

L

Lênin, 55
Levante de Soweto, 119
Liga das Nações (LDN), 44, 64

M

Mandato Britânico na Palestina,
  96

ÍNDICE 215

Mao Tsé-Tung, 52, 91
Marcha sobre Roma (1922), 50
Margaret Thatcher, 130, 139
Massacre do Setembro Negro, 107
Mercosul, 189
Mikhail Gorbachov, 134
Mohamed Ali, 21
Movimento
  dos Países Não Alinhados, 106, 124, 188
  New Jewel, 121
  operário, 30
  Popular para a Libertação de Angola (MPLA), 119
  socialista, 31
Muammar Al-Kadafi, 120, 170
Multipolarização das relações internacionais, 106

N

Nacionalismo, 30
Nafta, 194
Nasserismo, 107
Nazifascismo, 3
Nazismo, 58
Neoautoritarismo, 138
Neoguelfismo, 11
Neoliberalismo, 133
Nova Guerra Fria, 139
Novos Países Industrializados (NPI), 132

O

OCX, 187
ONU (Organização das Nações Unidas), 74, 153, 201
  Conselho de Segurança da, 81, 139
  FAO, 82
  OIT, 82
  OMS, 82
  Unesco, 82
  Unicef, 82
Operação
  Barbarossa, 71
  Overlord, 75

Valquíria, 75
Organização
  da Unidade Africana (OUA), 102
  de Cooperação de Xangai (OCX), 151, 158
  do Exército Secreto (OAS), 101
  do Povo do Sudoeste Africano (SWAPO), 103
  dos Estados Americanos (OEA), 104, 130
  dos Países Exportadores de Petróleo (Opep), 112
  do Tratado de Segurança Coletiva (OTSC), 164
  do Tratado do Atlântico Norte (Otan), 87
  do Tratado do Centro (Otcen), 92
  do Tratado do Sudeste Asiático (Otase), 92
  Mundial do Comércio (OMC), 159
  para a Libertação da Palestina (OLP), 107, 130
Osama Bin Laden, 175
Otan (Organização do Tratado do Atlântico Norte), 2, 167
Otto von Bismarck, 13

P

Pacto
  Anti-Komintern, 65
  de Varsóvia (1955), 98, 108, 141, 167
  Germano-Soviético, 69
  Nazi-Soviético, 68
  Tripartite, 66
Pan-arabismo, 107
Pandemia da Covid-19, 5, 194
Pan-eslavismo, 35
Pangermanismo, 30
Parceria Transpacífica, 179
Partido Democrático do Povo Afegão (PDPA), 122
Pax

Americana, 2, 79, 105
Britannica, 1, 7
Paz
  de Lausanne, 53
  de Westfália (1648), 3, 10
Pearl Harbor, 72
Perestroika, 134, 142
Período pós-Guerra Fria, 154
  síndrome do, 185
Plano
  Dawes (1924), 56
  Marshall, 85, 97
  Tanaka, 62
  Young (1930), 58
Política de Boa Vizinhança, 57
Populismo peronista, 125
Pós-modernidade, 127
Primavera
  Árabe, 5, 151, 170
  de Praga, 108
Processo de descolonização, 101
Projeto Guerra nas Estrelas, 126
Protocolo de Kyoto, 174

Q

Questão do Oriente, 10

R

Reforma Religiosa, 8
Regime militar brasileiro, 124
República Democrática Alemã (RDA), 88
Resistência Nacional Moçambicana (Renamo), 128
Restauração Meiji, 1, 24
Revolta
  camponesa dos Taiping, 24
  da Cabília, 96
  das Pedras (Intifada), 130
  dos Boxers (1900), 24
  dos Cipaios, 20
  dos Mau-Mau (1952-1954), 101
Revolução
  Africana, 119
  alemã, 49
  Americana, 11

Chinesa, 91
Científico-Tecnológica (RCT),
4, 113, 135, 204
comercial, 2
Cubana, 104, 110, 124
de 1848, 13
de 1905 na Rússia, 34
de Abril, 123
de Fevereiro (1917), 43
de Outubro (1917), 44
de Veludo, 140, 171
dos Cravos, 118, 120
Etíope, 121
Francesa, 3, 11
Indochinesa, 117
Industrial, 3
Industrial, primeira, 10
Industrial, segunda, 29
Industrial, terceira, 113
Iraniana, 121
Liberal-Burguesa, 10
Meiji, 15
Russa de 1917, 39
Socialista, 88
Soviética, 126, 148
Sul-Iemenita, 121
Vietnamita, 118
Revoluções
Burguesas Tardias, 15
coloridas, 171, 185
Ronald Reagan, 115, 126, 139

S

Saddam Hussein, 129, 176
Salazarismo, 120
Salvador Allende, 124
Síndrome do Vietnã, 117
Sionismo, 42, 107
Sistema
bismarckiano, 26
de Bretton-Woods, 81
de Versalhes, 54
de Westfália, 79
de Yalta, 4
mundial bipolar, 79
Smart power, 172

Sociedade de massas, 29
Stálin, 82

T

Teoria
do bombardeio estratégico, 70
do dominó, 125
Tigres Asiáticos, 132, 138
Tratado
de Berlim (1926), 56
de Frankfurt, 17
de Nanquim, 23
de Não Proliferação Nuclear
(TNP), 156
de Rapallo (1922), 55, 63
de Resseguro, 18
de Roma (1957), 97
de Saint-Germain-en-Laye, 53
de Versalhes, 62
de Zurique, 12
Interamericano de Assistência
Recíproca (Tiar), 104, 130
Norte-Americano de Livre-
Comércio (Nafta), 153
Tríplice
Aliança, 36
Entente, 35
Truman, 94

U

União
das Nações Sul-Americanas
(Unasul), 189
Econômica Eurasiana (UEE),
164
Europeia, 165
Nacional para a Independência
Total de Angola (Unita), 119
Soviética, 47
criação em 1922, 47

V

Vladimir Putin, 156, 164

W

Winston Churchill, 70

X

xá Reza Pahlavi, 121
XX Congresso do Partido
Comunista da União Soviética
(PCUS), 98

Y

Yasser Arafat, 107